PO…

NOUVELLES

Traductions de Rotislav Hofmann
revues et corrigées par Wladimir Troubetzkoy

Introduction, notes, bibliographie et chronologie
par
Wladimir Troubetzkoy

GF-Flammarion

ISBN 2-08-070886-4

NOUVELLES

La littérature russe
dans la même collection

DOSTOÏEVSKI	*Crime et Châtiment.* *L'Idiot.* *Récits de la maison des morts.* *Notes d'un souterrain.* *Le Joueur.* *L'Éternel Mari.*
GOGOL	*Les Ames mortes.* *Récits de Pétersbourg.* *Le Révizor.* *Tarass Boulba.*
POUCHKINE	*La Fille du Capitaine.*
TCHÉKHOV	*La Cerisaie.* *La Steppe.* *Oncle Vania. Les Trois Sœurs.*
TOLSTOÏ	*Anna Karénine.* *Maître et Serviteur (nouvelles et récits, 1886-1904).* *La Mort d'Ivan Ilitch (nouvelles et récits, 1851-1885).*
TOURGUÉNIEV	*Premier Amour.*

INTRODUCTION

LES SURPRISES DU CŒUR ET DE L'ESPRIT

Du *Nègre de Pierre le Grand* (1827) à l'*Histoire du village de Gorioukhino*, qu'il faut sans doute situer en 1835, comme *Les Nuits égyptiennes*, en passant par *Les Récits de feu Ivan Pétrovitch Belkine* (1830), *Doubrovski* (1833), *La Dame de pique* (1834) et *Kirdjali* (1834), c'est à toute la naissance de la prose russe que nous assistons, celle qui va se déployer avec Dostoïevski, Tolstoï et Tchékhov. Plusieurs de ces textes sont inachevés, nous n'avons pas retenu le *Roman par lettres* (1829), *Roslavlev* (1831) et d'autres textes encore plus fragmentaires (*Nadenka*, 1828-1830 ; *Au début de 1812...*, 1829 ; *Les invités se réunissaient à la maison de campagne...*, 1828-1830 ; *Au coin d'une petite place...*, 1830-1831 ; *Mémoires d'un jeune homme*, 1830 ; *Mon destin se décide, je me marie*, 1830 ; *Extrait*, 1830 ; *Roman aux eaux du Caucase*, 1831 ; *Souvent, je pensais...*, 1833 ; *Un Pelham russe*, 1834 ? ; *En 179* je revenais...*, 1835 ; *Nous passions la soirée à la campagne*, 1835 ? ; *Roman sur la vie romaine*, 1833-1835 ; *Maria Schoning*, 1834-1835) qui, tous, présentent l'intérêt de nous faire entrer dans le laboratoire pouchkinien. Textes à peine esquissés et textes abandonnés sur le métier nous renseignent sur les choix de Pouchkine, sur les changements de direction opérés par cet inlassable poète qui, autour de 1830, cherchait tous les moyens de rendre possible une prose russe, entravée par le poids d'une déjà lourde tradition poétique, et surtout par une influence de l'étranger qu'il faut bien qualifier d'aliénante.

Il aurait fallu aussi prendre en compte les projets dont nous ne possédons que les plans, au nombre d'au moins six, dont *Le Diable amoureux* (1821-1823), manifestement inspiré de Cazotte (1772), et qui avait fait l'objet, de la part de Pouchkine, d'une brillante improvisation orale, recueillie et publiée par V. Titov en 1829 sous le titre *Une petite maison isolée sur l'île Vassilievski* dans l'almanach du baron Delvig, ami de Pouchkine et, sans aucun doute, avec l'aval de ce dernier. Pouchkine, à travers Titov, s'y montre un grand maître du fantastique, à nous demander pourquoi il n'a pas cultivé un genre si à la mode. Si Pouchkine ne voulait pas tomber dans ce genre « allemand », ténébreux et confus à souhait, trop pratiqué, à son avis, déjà par le roman noir anglais, le conte hoffmannien et les adaptateurs russes des romantiques allemands (*Lenore*, de Bürger, transposée par V. Joukovski, dans la ballade *Svetlana*, 1812, dont il se moque, par exemple dans *La tempête de neige*, en 1830), il reste qu'il est un fantastique quand même, on hésite, après *Le marchand de cercueils*, après *La Dame de pique*, et l'on s'interroge sur les anciens parapets qui devaient borner le monde tel que le Siècle des Lumières en avait tracé les contours...

A nous pencher sur ce nid précieux d'oisillons d'avenir — ces textes sont tous courts et subtils comme des manifestes pour une nouvelle littérature, le plus long, *Doubrovski*, ne fait pas, en russe, cent pages, et *La Dame de pique*, quarante — nous ne pouvons que regretter que Pouchkine n'ait pas vécu (il est mort en duel en janvier 1837) pour faire succéder les fruits que l'on pouvait attendre de la promesse de pareilles fleurs. Cette marche à la prose que Pouchkine commence vers la fin des années 1820, et qui est une marche vers le roman en même temps que Pouchkine marche vers l'histoire, est aussi, paradoxalement, un retour vers la poésie, dictatorialement exclue de l'écriture pouchkinienne en 1827 avec *Le*

Nègre de Pierre le Grand : elle revient dans le tissu du texte dès les *Récits de Belkine*, lors de l'automne enchanté, quand Pouchkine est encerclé à Boldino, près de Nijni-Novgorod, par le choléra qui ravage la Russie avant d'atteindre Paris, elle confère à *La Dame de pique*, en 1834, tout son charme prodigieux et son incroyable résonance. Ajoutée au merveilleux populaire qui fait de la vie un subtil conte de fées, la poésie de Pouchkine, qui est fille d'un don et d'un tempérament souriants unis à une appropriation complète de la culture européenne et de la culture russe naissante, va culminer dans « la Merveilleuse histoire de la fille du Capitaine Mironov, de l'enseigne Griniov, du brigand Emelka Pougatchov et de l'impératrice Catherine », sur qui s'interrompt la mélodie du Mozart des lettres russes. Car le secret de Pouchkine est aussi fait de musique, et l'alacrité de certains *Récits de Belkine*, en particulier le tout dernier, *La Demoiselle-paysanne*, titre qui est à la fois un accord majeur, un coup d'archet et un programme de comédie, une fin heureuse après les drames des quatre autres récits, se prolonge dans *Les Nuits égyptiennes*, au cours desquelles Pouchkine met en scène le mystère de l'inspiration poétique, sertit de prose un poème somptueux qui parle à la fois de la condition du poète au XIXe siècle, sur un mode proche de la satire, et d'amour et de mort, de Cléopâtre et de ses charmes inégalables qui valent une vie, qui valent de mourir.

L'histoire de la prose pouchkinienne est ainsi l'histoire d'une quadrature tentée entre prose pédestre et poésie ailée, manquée en 1827 en faveur d'un roman psychologique sévère, réussie avec le réinvestissement, sous forme de réseaux de symboles, d'images et de thèmes suggestifs, de la prose par la poésie. N'oublions pas non plus que, pendant l'automne doré de 1830 où, reclus au fond de la vieille Russie, Pouchkine écrit *Les Récits de Belkine*, il écrit, exactement en même temps, les *Petites Tragédies* (*Le Chevalier avare, Mozart et Salieri, L'Invité de pierre, Le Festin pendant la peste*) qui sont elles aussi des échantillons, ceux d'un théâtre à venir, elles aussi des formes courtes et parfaites qui ne demandent, telles des fleurs japonaises en papier, qu'à se déployer dans nos esprits en feux de résonances infinies. Plus d'un rapprochement thématique peut être fait entre cette prose et ces vers dramatiques.

Chacune des œuvres en prose de Pouchkine demanderait une étude de réception : Pouchkine joue sur nos attentes littéraires, pour les décevoir toutes et nous placer devant un paysage inattendu. Il nous faudrait être comme ses héros, et surtout ses héroïnes, gavés de romans, français et anglais du XVIIIe siècle et des premières décennies du XIXe, et qui s'attendent à ce que leur vie se coule dans les moules forgés par les romans : Pouchkine sauve ceux qui savent se laisser surprendre par les tours de la vie, mais — *perseverare diabolicum* — il perd ceux et celles qui ont un livre à la place du cœur, de préférence celui qu'ils tiennent à la main et qui leur sert de mode d'emploi pour la vie. Il y a quelque chose de nabokovien avant la lettre dans cette volonté de tailler des « costumes de sapin », des cercueils, aux personnages faits de stéréotypes livresques et aux auteurs qui nourrissent l'imagination qui tient lieu de cœur et d'esprit aux lecteurs eux-mêmes : comme Vladimir Nabokov, dans *La Méprise* (1932), est l'exécuteur de Hermann Karlovitch, qui se prenait pour un auteur alors qu'il n'est que la doublure éculée d'un grand nombre de personnages déjà écrits (dont son homonyme, le héros de *La Dame de pique*), Alexandre Pouchkine se peint sous les traits sévères et comiques d'Adrian Prokhorov, le fabricant de cercueils qui trône au beau milieu des *Récits de Belkine*, et il mène le convoi de la littérature russe et occidentale.

« Ne serait-il point une parodie ? » (*Už ne parodija li on ?*) s'interroge, angoissée, Tatiana Larina quand Onéguine est parti, après avoir répondu à son incroyable, à son adorable lettre d'amour, par une lettre si polie, si délicate, si insensible : n'est-il que les livres de sa bibliothèque, que vient feuilleter en son absence la pauvre Tania, jeune fille stendhalienne, qui a tout lu mais tout abandonné parce qu'elle aime sans remède ? Au final pathético-comique d'*Eugène Onéguine*, le héros ayant enfin et un peu tard compris qu'il ne pouvait aimer que Tatiana — mais elle est mariée, désespérée elle tient la lettre qu'Onéguine aurait dû lui écrire jadis, Eugène est entré, il est tombé à ses pieds, quand survient le mari, un homme aux cheveux blancs, un prince, un général... — répond celui, agréablement comique, de *La Demoiselle-paysanne*, où Alexis Bérestov surprend sans apprêts Lisa Mouromskaïa lisant avec la joie que l'on imagine la lettre où il refuse de l'épouser (!), mais heureusement Lisa ne fait qu'une avec la bronzée Akoulina. Les deux œuvres s'achèvent sur ces deux scènes tout à fait semblables, écrites *au même moment*, l'auteur nous épargne la suite, le dénouement, mais nous devinons bien que si le premier est inconvenant et absurde (Eugène risque de se faire traiter comme l'amant qu'il n'a même pas su être), le second est la *coda* mozartienne d'une heureuse journée des dupes, une déroute de comédie qui va se prolonger en marche nuptiale. *La Demoiselle-paysanne* est achevée le 20 septembre 1830, *Eugène Onéguine* le 25 : les deux fins renvoient l'une à l'autre, l'une est le double et le possible, ou l'impossible, de l'autre.

Ce sont de petits antiromans que Pouchkine écrit alors, des brûlots lancés contre une certaine prose, raison pour laquelle il les achève et les publie en octobre 1831. Ils déplurent évidemment à beaucoup de lecteurs, car ils contrariaient leurs habitudes de penser et de sentir.

Pouchkine et Stendhal.

L'auteur occidental à qui l'on peut le mieux comparer Pouchkine dans sa recherche d'une prose authentique est Stendhal. Avant 1830, on relève déjà, sans qu'ils se connaissent, une grande ressemblance typologique entre eux. Après 1830, Pouchkine a lu *Le Rouge et le Noir* avec admiration, il s'inspire certainement du personnage de Julien Sorel pour peindre la nature ardente et ambitieuse de Hermann, dans *La Dame de pique* (1834).

Comme le montrent les travaux de Larissa Volpert, Stendhal et Pouchkine, sans se connaître donc, se consacrent à la recherche du « vrai romantisme », et occupent chacun, à l'époque, une position passablement dissidente qui fait d'eux des incompris. Au moment où Stendhal, dans *Racine et Shakespeare* (1823-1825), développe une théorie du drame « vraiment romantique », Pouchkine, en exil à « Mikhaïlovskoïé », écrit une « tragédie vraiment romantique », *Boris Godounov* (1825), et cherche la formule du « drame national » (*narodnaja drama*). La même année où Stendhal se tourne vers la fiction romanesque, avec *Armance, ou quelques scènes d'un salon de Paris en 1827*, Pouchkine écrit ses *Chapitres d'un roman historique*, que les éditeurs posthumes, persuadés que Pouchkine avait voulu écrire un roman sur son ancêtre abyssin Abram Pétrovitch Hannibal, élevé par Pierre le Grand dont il était le filleul, ont baptisé *Le Nègre de Pierre le Grand*. A l'automne de 1830, Pouchkine, bloqué à Boldino par les cordons de quarantaine placés contre le choléra, se livre aux mêmes expériences sur la prose que Stendhal, dont *Le Rouge et le Noir* est paru en France la même année, et qu'il n'a pas encore lu.

L'un et l'autre battent en brèche à la fois le schématisme classique français et les outrances caricaturales des romantiques, et ils demandent à Shakespeare le secret de la vérité et de la complexité de ses personnages. Si Octave de Malivert fait songer à Hamlet, Othello se profile derrière le sombre Ibrahim. *Armance* et *Le Nègre de Pierre le Grand* sont les deux premiers romans psychologiques européens, après *Adolphe* de Benjamin Constant (1815) dont Pouchkine s'inspire pour peindre les amours d'Ibrahim et de la comtesse Léonore.

Surtout, comme le montre admirablement L.I. Volpert (v. bibliographie), tous deux, hommes nourris de la littérature et de la philosophie des Lumières, ont de l'activité littéraire à peu près la même conception. Ils étudient les passions sur eux-mêmes, multiplient les jeux de rôles en société, ouvertement ou de manière plus dissimulée, en campant dans les salons les personnages bien connus de Saint-Preux (J.-J. Rousseau, *La Nouvelle Héloïse*, 1761), Gustave de Linard (Madame de Krüdener, *Valérie*, 1803), Valmont (Choderlos de Laclos, *Les Liaisons dangereuses*, 1782), Lovelace (*Clarissa Harlowe*, 1748). Tous deux, sans se connaître, parviennent aux mêmes opinions en ce qui concerne la nature et la valeur des passions, plus explicitement chez Stendhal que chez Pouchkine, moins analyste et théoricien que ce dernier.

> Je ne connais [les passions] que par les romans. Mes tableaux seront des copies de copies [...] Notre idéal de bonheur se forme d'après les romans. Arrivés à l'âge où nous devrions être heureux, soit nous n'éprouvons pas les sentiments auxquels nous nous préparions, et si nous les éprouvons, ils ne sont pas du tout comme dans les romans.
>
> (Stendhal, *Filosofia Nuova*)

Telle est la « nouvelle philosophie » de l'existence et de l'écriture qui commande la production littéraire du Français comme du Russe, et qui est de faire sauter la carapace de stéréotypes psychologiques littéraires qui fait écran entre le public et la « vraie vie » : les romans de naguère trompent sur la réalité de la vie, qui est surprise du cœur comme de l'esprit, le roman nouveau doit peindre ces surprises, défaire ce que le roman d'hier ou d'avant-hier a fait.

Au constat désabusé de Stendhal répond cependant l'optimisme allègre des *Récits de Belkine* qui sont chacun l'histoire d'un heureux imprévu : si les héros stendhaliens connaissent bonheur et vérité, c'est dans des moments exceptionnels qui sont *des fuites du monde*, qui se placent *in articulo mortis*, entre la sentence et la guillotine (Julien), en haut d'une tour-prison, les héros pouchkiniens, eux, croient au bonheur des « voies communes », un bonheur dans le monde, car le bonheur, c'est de vivre, de sentir, de penser et d'aimer.

Stendhal et Pouchkine, tenant par là les promesses du siècle précédent, sont les premiers à montrer, et au même moment, en Europe, des femmes passionnées qui ne soient pas des femmes coupables ou des femmes perdues. Pouchkine en 1827 (la comtesse Léonore) comme Stendhal en 1830 (Madame de Rênal) peignent des femmes certes « infidèles » mais justifiées et pleines d'un charme intact, sachant aimer sans arrière-pensées et avec une admirable abnégation, des femmes qui valent mieux que bien des hommes, dont l'ascension consiste précisément à s'élever jusqu'à elles. Pouchkine, en 1827, a lu *Adolphe* de Benjamin Constant, roman dans lequel, à côté du triste héros qui ne peut sentir parfois qu'à condition de feindre toujours, comme le Don Juan de *L'Invité de pierre* (1830), on trouve une femme plus mûre, qui aime pour la dernière fois et qui en meurt. Léonore, comtesse D..., rappelle Ellénore, séduite par Adolphe. Toutes deux aiment des hommes plus jeunes qu'elles, de manière entière et même despotique. Le charme premier de leurs amants, ce qui fait céder ces femmes tendres, c'est qu'ils renoncent à toute prétention, à toute exigence de possession, c'est qu'ils font montre d'une adoration désintéressée ne demandant, pour ne pas mourir dans la désolation, que la permission de les voir chaque jour : une femme que l'on n'attaque pas est une femme sans défense. Don Juan le sait, comme il sait que les fruits tombent inéluctablement quand ils sont mûrs. Si *Adolphe*, livre de chevet de Pouchkine, est le précurseur en France comme en Russie du roman psychologique, Benjamin Constant a le tort, selon Pouchkine, de moraliser le dénouement : rien n'est plus étranger à la morale que l'amour, qui ne fait jamais que ce qu'il veut. Le héros de Constant se repent, il s'accuse de la mort d'Ellénore : sur les marges de son exemplaire, Pouchkine écrit « Des blagues ! » (*vran'e*), la comtesse D..., nous apprend un Russe (qui revient) de Paris, le jeune

Rimski-Korsakov — l'ancêtre du compositeur — n'est pas morte, elle a pris un nouvel amant. Moscou ne croit pas aux larmes, pour reprendre un dicton russe connu, mais le Nègre de Pierre le Grand en grince des dents, et la seconde partie du roman ne va pas améliorer l'opinion de cet avatar d'Othello sur les femmes : nous verrons une jeune fille de haute famille, Natalia Rjevskaïa, promise par la volonté du tsar Pierre à Ibrahim, mais qui aime le charmant Valérien, essayer de mourir de chagrin et d'amour, mais sans y parvenir. « Elles » sont, dans la réalité, plus coriaces que dans les romans et, de toute manière, un mariage odieux vaut bien un suicide. Décidément, Pouchkine est un homme atroce : on disait la même chose, et pour les mêmes propos, du gros Beyle.

La vie a plus d'un tour, et les amoureux ont du génie, s'ils sont sincères, c'est ce que montrent les *Récits de Belkine.* Tout cela, ce sont des découvertes pour la littérature russe comme pour la littérature française. Deux autres sujets mériteraient de longs développements, l'élaboration d'une prose romanesque moderne, en France comme en Russie, une même exploration de la psyché humaine à travers la peinture de la folie.

Stendhal comme Pouchkine, mais surtout Pouchkine, qui continue à être un grand poète — ce que tant de grands prosateurs français, Chateaubriand, Balzac, Stendhal, ont tant regretté de ne pas être — mènent, pour parvenir à écrire en prose, une véritable guerre contre la poésie, qui est une des raisons de l'incompréhension d'un public acquis à la poésie, en France comme en Russie. Stendhal apparaît comme un épigone atypique et plus ou moins excentrique des stylistes et des philosophes du XVIIIe siècle, Balzac salue *La Chartreuse* en 1839, mais n'y voit qu'un traité moderne sur le machiavélisme, une œuvre dans la ligne des Idéologues de la fin du siècle (Cabanis, Destutt de Tracy). Et puis, ils semblent ne croire à rien : le sérieux de Stendhal, pas plus que celui de Pouchkine, n'est celui, naïf, débordant, des romantiques.

Quant à Pouchkine, sa prose, rompant avec la frénésie tourmentée des romantiques russes, avec leurs excès somptuaires en épithètes et en tropes bizarres, ne semble témoigner que d'un pâlissement de sa Muse : pour beaucoup, Pouchkine finit en prose, ce n'est pas à la naissance du roman que nous assistons, c'est à la mort du Poète...

Octave de Malivert, personnage des plus curieux, des plus contrariants, si nous pensons que le lecteur s'attend à la séduction puis à la capitulation corps et âme la plus complète d'une héroïne aussi belle et touchante que possible, est un impuissant et un fou, un héros démuni, donc, des deux moyens de parvenir aux fins que se propose le roman. Armance, cependant, héroïne éponyme forcée au stoïcisme, n'en acquiert que plus de prix : Russe d'ailleurs, par son père, décembriste exilé en Sibérie l'année précédente, beauté un peu sculpturale, comme on les imagine depuis Paris, « romaine », pauvre, douée d'un esprit profond, elle ressemble à Pauline du *Roman par lettres* de Pouchkine, qui date de 1829.

Ibrahim n'est pas Octave, il n'est pas un *babilan*, loin s'en faut, mais ce « nègre » au milieu des perruques poudrées de la Régence et des boyards maladivement racistes que Pierre le Grand a déportés dans le monde moderne en les déportant dans le marais finnois où il bâtit sa capitale, Saint-Pétersbourg, est un névrosé : s'il a si fort aimé la comtesse D..., c'est qu'elle l'avait considéré non comme un animal exotique bizarre et intéressant, mais comme un homme. Cependant c'est lui qui, anticipant sur son refroidissement inévitable à l'égard du « nègre » qu'il demeure, a pris l'initiative de la rupture; et si, pour ce futur Othello, l'idée d'épouser une Rjevskaïa flatte son orgueil de « nègre », il accepte de l'épouser en forçant son consentement, ce qui n'annonce rien de bon pour la suite des événements.

Mais c'est surtout Hermann, de *La Dame de pique*, qui est intéressant. Héros certainement inspiré de Julien Sorel, il est fou, bien avant que la catastrophe de la « dame de pique » ne le précipite à l'asile. L'« idée fixe » qui l'obnubile a depuis longtemps dévasté son esprit et son cœur, bien avant qu'il apprenne le « secret » des trois cartes. Stendhal et Pouchkine ont des lectures communes, Pinel, le grand réformateur de Bicêtre, et ses disciples. Julien est un fou qui, par son attentat incompréhensible contre Madame de Rênal, met sa tête sur l'échafaud, au moment où il pouvait en fait réussir (Mathilde était enceinte, Julien tenait le Marquis de la Mole, tout s'arrange toujours dans le grand monde de la Restauration : il lui suffisait de persister dans son comportement d'ambitieux cynique et froid). Mais si folie et bonheur sont pour Stendhal du même ordre, si on vit chez lui de moment de folie en moment de folie, que ce soit par l'amour ou par la musique, folie et bonheur restent séparés chez Pouchkine, pour qui le bonheur est la raison du monde. En général, les œuvres en prose de Pouchkine sont, et de manière plus conséquente et plus délibérée que chez Stendhal, une école de bonheur : si folie et mort planent sur les amours naissantes, sont clairement indiquées les voies du salut comme sont clairement balisées celles de la perte, le dernier mot reste au bonheur, à condition que les amants renoncent à lire, ou bien lisent Pouchkine...

Le premier essai en prose,
Le Nègre de Pierre le Grand *(1827).*

L'histoire, qui préoccupe intensément Pouchkine, est toujours liée, dans son esprit, à celle, fort intéressante, de ses ancêtres. L'idée erronée de ses éditeurs était que le héros central du roman projeté serait Ibrahim, figure directe de l'ancêtre maternel historique de Pouchkine, Abram Pétrovitch Hannibal (1697?-1781), enfant-otage d'un prince abyssin, élevé au sérail du sultan de Constantinople et donné en cadeau à Pierre le Grand qui s'en fit le parrain.

En fait, Pouchkine n'a rédigé que les chapitres préparatoires d'un roman dont le sujet aurait été l'infidélité de la femme du « nègre ». Pour faire de celui-ci un Othello, Pouchkine a profondément modifié la biographie de son noir ancêtre et mélangé les généalogies de son ascendance maternelle et de son ascendance paternelle, les Pouchkine. L'époque de l'action n'est pas celle du mariage de son ancêtre Abram Pétrovitch (1731), mais celle de son arrière-grand-père paternel, un Pouchkine, en 1722, lequel est mort fou après avoir, dans un accès de jalousie démente, égorgé sa femme en couches, vrai Othello bien que point « nègre ». Pouchkine ne fait pas épouser à Ibrahim Eudoxie Dioper, fille d'un Grec capitaine des galères de Pierre le Grand, mariage peu éclatant, mais celle qu'un autre Pouchkine, son arrière-grand-père, par sa mère cette fois, a épousée, Natalia Rjevskaïa, fille d'un très noble boyard, et donc l'une de ses ancêtres maternelles directes.

Roman historique, ces *Chapitres*, écrits en 1827, doivent se conformer à la poétique définie par Walter Scott, qu'ailleurs Pouchkine suit fidèlement. L'histoire doit être présentée selon une manière domestique, le héros principal doit être une figure privée, non un acteur historique réel. Pouchkine a, certes, montré le plus possible son héros sous l'angle de la vie privée (les épisodes de sa vie à Paris, le brouillage généalogique, la « pouchkinisation » avant la lettre), il reste pour tous un personnage historique connu, au point que les contemporains de Pouchkine l'ont confondu avec A.P. Hannibal. Notre sympathie pour lui, qui force une jeune fille à l'épouser contre son gré, ne peut qu'être mise en question, malgré notre compréhension pour son « complexe de nègre ». Une héroïne qui, malgré de louables efforts, n'a pu mourir de chagrin et accepte le mariage avec l'intention arrêtée de tromper son mari avec l'élu de son cœur serait peu sympathique et en tout cas peu respectable. Pouchkine ne montre jamais des « héroïnes » de cet acabit : en 1830, il achève *Eugène Onéguine* sur « la pauvre Tania » mariée à un prince, vieux général; elle reconnaît aimer Onéguine, mais elle oppose à sa flamme tardive une inébranlable fidélité à son mari :

... je lui ai été donnée
Je lui serai fidèle à jamais.

En fait, nous possédons deux plans, datés de 1833-1835, qui nous éclairent sur la manière dont Pouchkine songeait à achever son roman et sur les fins qu'il poursuivait. L'histoire aurait été centrée sur les amours du fils d'un streletz exécuté après les révoltes qui marquèrent le début du règne de Pierre le Grand avec la fille d'un boyard promise au « nègre du tsar ». La rivalité entre Valérien et Ibrahim se serait transformée en amitié et le « nègre », *homo novus* de l'ère historique nouvelle, aurait réconcilié Valérien, figuration de la lignée ancienne des Pouchkine, avec le tsar réformateur. La *tragédie* avait représenté les temps prépétroviens (*Boris Godounov*, 1825) : le *romanesque* — le roman aurait pu s'appeler « Valérien et Nathalie » — prend en charge le XVIIIe siècle, le déclin des Pouchkine, naguère hauts et puissants boyards. « Valérien » n'est un nom ni russe ni historique, c'est un nom de héros de roman. Non point donc roman historique, mais bluette, ce projet avait le tort d'être une histoire idéalisée au point d'être idéaliste : les tsars et tsarines du XVIIIe siècle ne s'étaient nullement souciés de réconciliation entre les noblesses anciennes et les noblesses récentes et avec le pouvoir impérial, ni en particulier de la réconciliation des Pouchkine avec les empereurs, et le tsar actuel, Nicolas Ier, s'en souciait encore moins, qui refusait d'exercer sa clémence à l'égard des Décembristes et tenait à distance Pouchkine, qui aurait voulu occuper la place de « conseiller des tsars ». Voilà sans doute les raisons de fond qui amènent Pouchkine à ne pas poursuivre ce premier projet de roman.

Seconde raison, plus directement littéraire : Pouchkine, qui songe à la prose, considère que celle-ci doit se tailler sa place de haute lutte contre la poésie et s'en démarquer. La prose doit être informative, dénotative dirions-nous aujourd'hui, point de lyrisme, point de poésie. Le résultat est une narration objective, sèche, par un narrateur impersonnel et sans couleur. Mais Pouchkine renonce à ce parti pris d'écriture qui n'est qu'un renoncement à la poésie sans être une avancée artistique. Avec les *Récits de Belkine*, la poésie fait retour, elle infuse subtilement la prose nerveuse du poète.

L'accent trouvé, Les Récits de Belkine *(1830).*

Les *Récits de feu Ivan Pétrovitch Belkine, publiés par A.P.*, ou *Récits de Belkine*, remontent à un projet de l'automne 1829, mais ne furent composés, d'un seul jet, qu'en 1830, lors de l'automne de Boldino. L'ordre d'achèvement est le suivant : *Le Marchand de cercueils* (9 septembre), *Le Maître de poste* (14 septembre, en même temps que l'*Avant-propos de l'éditeur*), *La Demoiselle-paysanne* (20 septembre), *Le Coup de feu* (14 octobre), *La Tempête de neige* (20 octobre). Pouchkine, pour la publication fin octobre 1831, fit passer les deux derniers récits en tête, ce qui place *Le Marchand de cercueils* au milieu, sans doute point par hasard.

Plusieurs voix se superposent derrière celle de ce sympathique mais bien limité provincial, écrivain amateur au nom pittoresque (de *belka*, « l'écureuil »). L'*Avant-propos* fait parler le découvreur et l'éditeur des manuscrits « A.P. », plutôt incompétent, pour l'essentiel, c'est-à-dire les données sur l'auteur et l'œuvre qu'il veut faire connaître, car il cède aussitôt la parole à un respectable voisin de propriété de l'auteur. La partie de cache-cache continue ; Ivan Belkine nous apprend qu'il n'a jamais pu inventer un sujet, il ne fait que rapporter des anecdotes qui lui ont été racontées par le conseiller titulaire A.G.N. (*Le Maître de poste*), le lieutenant-colonel I.L.P. (*Le Coup de feu*), le commis B.V. (*Le Marchand de cercueils*), la demoiselle K.I.T. (*La Tempête de neige* et *La Demoiselle-paysanne*). Chacun de ces narrateurs de rencontre colore son récit de sa personnalité typée, et de son mauvais goût littéraire : style hussard et tour romanesque du brave lieutenant-colonel, pédantisme un peu pesant du conseiller titulaire amateur d'observations de voyage, rudesse savoureuse du commis, sentimentalisme maniéré de la sucrée demoiselle. A quoi il convient de surimposer la voix assez particulière d'Ivan Belkine, passionné d'écriture mais incapable de faire autre chose que rapporter les paroles d'autrui (dans l'*Histoire du village de Gorioukhino*, nous verrons le même Belkine, après avoir tâté, en ordre décroissant de dignité, de tous les genres littéraires, en être réduit à l'histoire du trou perdu où il habite, et encore à la présentation brute des vieux journaux de ses ascendants immédiats et de la chronique du diacre du village, à quoi s'ajoutent, sources au moins aussi prestigieuses, les racontars, ceux d'Agrafiona Trifonovna, mère du staroste Avdeï et réputée maîtresse de l'intendant Garbovitski, et les papiers consacrés par les starostes à la moralité et à la condition matérielle des paysans). Le choix et le montage, bien sûr, reviennent à l'auteur Alexandre Pouchkine, représenté par l'éditeur « A.P. », qui n'a de cesse, tout comme Belkine, de déléguer autant que possible une parole dont il se refuse à assumer la responsabilité.

Tout cela suppose, de la part de Pouchkine, une assez remarquable capacité à changer de style comme de rôle, de voix comme de personnalité. Cela relève aussi d'une tradition de la polémique littéraire, que Pouchkine, ici comme ailleurs, tourne en dérision, de se dissimuler derrière un narrateur « autorisé », par sa simplicité ou son bon sens, vieillard à cheveux blancs, propriétaire méritant de province, ou, pour stigmatiser l'immoralité de tel ou tel roman, jeune fille de seize, de quinze, ou de quatorze ans : Pouchkine s'étonne et s'amuse que la littérature soit soumise à la dictature des esprits simples et incultes, des habitants des villages ou des petites jeunes filles. C'est pourquoi il choisit de se dissimuler derrière un personnage dont l'éducation, sous les auspices d'un diacre villageois, s'est arrêtée à l'âge de dix ans, et recourt à ces démissions successives des narrateurs les uns derrière les autres (A.P. ne fait qu'éditer Belkine, et ne prend la parole que pour la laisser au propriétaire de Nénaradovo ; Belkine lui-même se contente de rapporter des anecdotes présentées comme non fictives par leurs narrateurs qui, eux, sont fortement typés du point de vue littéraire, au point que nous pouvons nous demander si leurs préjugés littéraires permettent de croire vraiment à leurs histoires). Le manque d'imagination avoué de Belkine, plus l'incognito préservé des informateurs renforcent cependant l'impression d'authenticité et même de « réalisme ».

Mais c'est une réalité qui dépasse la fiction — cela ne s'invente pas, pourrait-on dire — et qui procède en fait de la plus savante des littérarités : derrière le timide A.P., derrière toutes ces *personae*, ces masques littéraires, c'est Pouchkine qui s'avance et qui s'amuse, et non un hobereau perdu atteint de graphomanie.

Feu sur le quartier général de la littérature!

Si les *Récits de Belkine* commencent par *Le Coup de feu*, ce n'est pas par hasard. Pouchkine ouvre le feu sans crier gare sur un certain nombre de cibles nationales et étrangères, un feu nourri et soutenu, très meurtrier, très bon pour les affaires du marchand de cercueils Adrian Prokhorov (A.P. : dans les premières versions du texte, il était Adrian *Serguéiévitch* Prokhorov, avec le même patronyme que Pouchkine), sous les traits duquel Alexandre Serguéiévitch Pouchkine s'installe, ou plutôt se réinstalle, déménageant de la poésie et ouvrant boutique de prose, au milieu exact des *Récits* afin de procéder à une revue littéraire comique dans la tradition des *Oies d'Arzamas* (la ville, un trou de province, était renommée pour ses élevages d'oies), la « société secrète » littéraire au sein de laquelle Pouchkine, « Grillon » noiraud et mélodieux (*Svercŏk*), fit ses premières armes en 1815, et où il était d'usage de célébrer ironiquement la « mort » des écrivains de l'autre bord, membres de la solennelle *Causerie* du terrible amiral Chichkov. Aujourd'hui, Pouchkine s'en prend à quasiment tous les écrivains russes, anciens ou contemporains, de Derjavine à Bestoujev-Marlinski, en passant par Fonvizine, Joukovski, Baratynskli et Karamzine : les *Récits* sont un jeu de massacre.

Le comique des *Récits* est de commencer le tableau de chasse par la présentation d'un chasseur, un redoutable artiste du pistolet, sombre, effrayant, plus romantique que nature et qui tue énormément... de mouches, qu'il cloue aux murs de sa maison, d'une main qui ne tremble jamais : mais il a beau tuer le temps à coups de pistolet, il ne parvient jamais à toucher aucune des cibles désirées. Normal : « Sylvio » est un mannequin, une charge littéraire d'un type éculé, il ne *vit* pas, sinon dans l'imagination romanesque du très jeune I.L.P., gavé de romans noirs et de poèmes romantiques, Sylvio ne peut donc faire mouche... Que reste-t-il à un tireur qui n'arrive pas à placer sa balle ? Se faire tirer par les Turcs au combat douteux de Skuliani, en compagnie de quelques klephtes et arnaoutes de l'acabit de Kirdjali, en 1821.

David M. Bethea, Sergej Davydov, Joseph T. Shaw, Paul Debreczeny (voir bibliographie), dans une série de remarquables travaux, ont renouvelé les études pouchkiniennes et la vision que nous devons avoir des *Récits de Belkine*.

Chaque récit commence par la mise en perspective de modèles littéraires qui sont autant de têtes de Turc. Pour le narrateur, le lieutenant-colonel I.L.P., doué d'une rare imagination romanesque, son idole, à qui il donne le nom byronien, un nom de guerre et de théâtre, sinon d'histrion, de « Sylvio », ne peut qu'être « le héros de quelque récit mystérieux » : s'avance dans la vie un personnage dont le tissu, le texte, est le papier noirci par l'évocation de ses innombrables doubles littéraires évanouis, dont il est lui-même le double théâtral. Car Sylvio est un double, un ectoplasme littéraire. Il est une création de l'imagination d'un jeune hussard — et *Le Coup de feu* est l'histoire du désenchantement, de la prise de conscience du brave lieutenant-colonel en retraite : ce qui naît de son malaise, après le récit du comte, c'est la consternation, il a compris ce qu'était, ce que valait l'idole de sa jeunesse — à partir de la tradition romantique anglaise (Byron : Giaour, Lara, Manfred, etc.) et française (Don Ruy Gomez de Silva, dans *Hernani*, de Victor Hugo), il a déjà servi, ô combien, dans le roman de bretteur russe (*breterskja povest'*) qu'Alexandre Bestoujev-Marlinski produit à la chaîne et qui mélange les procédés de Walter Scott à la phraséologie de Byron. A cela s'ajoute la figure de Guillaume Tell, reprise de l'œuvre de Schiller (1804) : les officiers du régiment se laisseraient en confiance tirer une poire (!) sur la tête par Sylvio. La balle du comte fusille un paysage suisse, c'est-à-dire Byron sur Schiller, Manfred sur Guillaume Tell, et celle de Sylvio enfonce le tout : c'est le romantisme de 1804 à 1824, de Schiller à Byron, mort à Missolonghi, qui vole en éclats. Encore une fois, il ne reste plus à Sylvio, dernière incarnation de Byron et de ses héros, qu'à anticiper, à Skuliani en 1821, la mort de son père en littérature en 1824. Héros de la liberté, ce personnage aux attaches « suisses » qui va mourir à Skuliani ? Il est permis d'en douter : c'est un dément qui se donne les airs d'un diable, un être affolé d'orgueil qui outrepasse son droit, même au vu des règles inhumaines du duel, et ressemble étonnamment à l'« invité de pierre », la statue du commandeur, dans la « petite tragédie » que Pouchkine compose au même moment à Boldino, venu prendre sa vengeance en obligeant le comte à regretter la vie au moment du plus grand bonheur. Criblé de références littéraires, Sylvio n'a pas de caractère, il est condamné par le destin, c'est-à-dire par Pouchkine, à rééditer sur le mode mineur la mort de son père manfrédien, Byron. Celui-ci, mort de maladie en Grèce, est mort à temps, sa générosité s'est montrée plus grande que la cause qu'il avait embrassée sans avoir eu le temps de la connaître. Pouchkine, lui, en a mesuré l'aune, car à Odessa, en 1824, il a vu les coulisses de la guerre et de l'Histoire que l'on est en train d'en écrire à travers toute l'Europe, il a vu de près les Grecs de l'Hétairie et les juge « un sale peuple composé de brigands et de boutiquiers » (lettre à P.A. Viazemski, 24-25 juin 1824). Sylvio a parcouru toute la gamme byronienne, il n'est pas mort en héros générateur de légende aux Thermopyles en compagnie de Léonidas, mais dans celle de gens de l'acabit de Cantacuzène, Saphianos et C°, chefs de klephtes et d'arnaoutes, il est mort bêtement dans une équipée irresponsable.

Une parodie du Roi des aulnes.

La Tempête de neige présente une importante intertextualité, qui renvoie à la ballade de Bürger, *Lenore* (1774), adaptée en russe par Joukovski (*Svetlana*, 1812) et au roman de Karamzine *Nathalie, fille de boyard* (1792). Cette histoire qui finit bien est l'œuvre de la sentimentale demoiselle K.I.T. nourrie des romans des deux siècles. Comme toute jeune fille russe élevée à la lecture des romans français et anglais, parus du temps des mères, sinon des grands-mères, au bon air de la campagne sous les pommiers du jardin, telle Tatiana Larina (*Eugène Onéguine*), Maria Gavrilovna nous est toujours montrée un roman à la main (et sous les armes, en robe blanche du matin sous un saule, afin de forcer la destinée, c'est-à-dire de faire du roman qu'elle lit la vie que le destin lui doit : le colonel Bourmine, mis en joue, succombera, comme déjà l'enseigne Vladimir). L'imagination livresque de la jeune fille, qui avait trouvé en Vladimir un partenaire et un complice dans l'exaltation romantique, la persuade que la vertu et la constance sont toujours récompensées, comme cela est montré dans la *Pamela* de Richardson. Elle veut jouer un jeu dangereux, à la limite du répréhensible, avec Bourmine : l'amener à déclarer son amour, pour jeter aussitôt sur leur flamme réciproque un interdit mystérieux qui a la saveur du meilleur romanesque. Mais le destin, symbolisé par la tempête providentielle dont Bourmine porte dans son nom le signe prophétique (*Burmin*, de *burja*, la tempête), lui réserve un tour auquel elle ne pouvait s'attendre : longtemps avant de se déclarer leur flamme mutuelle, ils étaient déjà mariés dans les règles !

Le père ne pardonne à la brebis égarée.

Le Maître de poste montre pour la première fois un héros de basse naissance, l'infime régistrateur de collège Samson Vyrine, tout juste issu du peuple. S'il ne possède aucune culture littéraire d'aucune sorte, son destin est tout de même commandé par les quatre gravures « allemandes » illustrant la parabole du *Fils prodigue*. Vyrine, comme tout Russe traditionnel, obéit d'autant plus à l'écriture qu'il s'agit des Écritures : la parabole du *Fils prodigue*, qu'il associe, comme il est écrit dans l'Évangile selon saint Luc (15, 1-32), à celle du *Bon pasteur*, a force de loi, elle est contraignante pour sa fille, qui *doit* revenir piteuse pour se faire pardonner, comme pour lui qui *doit* partir pour chercher la brebis égarée — en russe, le même mot désigne le fils *prodigue* et la brebis *égarée*, *bludnyj syn* et *bludnaja ovečka*. Lui aussi, comme Sylvio, comme les amants de *La Tempête de neige*, prétend forcer la vie sur le patron d'une écriture : c'est là leur péché, celui pour qui ils paient de leur vie leur aveuglement obstiné. Dounia semble avoir fait mentir les désirs assassins de son père, qui se tue à la boisson pour noyer et son chagrin et sa rancœur, Minski ne l'a pas jetée à la rue quand il en a eu assez d'elle, c'est une belle dame riche, avec trois enfants, qui vient pleurer sur la tombe du père, prodigue un peu tard. Ici encore, le sort est celui de toutes les surprises heureuses, mais si Dounia est richement entretenue, on ne nous dit pas si elle est mariée.

Roméo et Juliette *revu par Marivaux.*

La pièce de Shakespeare traite des amours « star-crossed » de jeunes gens séparés par les haines des pères : la tragédie rôde autour de *La Demoiselle-paysanne*, et le sujet des amours d'un noble et d'une paysanne a déjà été traité par Karamzine, dans *La Pauvre Lise* (1792). Mais la comédie veille : il y a une soubrette de bon conseil, Nastia, et Marivaux a déjà écrit *Le Jeu de l'Amour et du Hasard* (1730), où les maîtres se déguisent en valets pour régler des problèmes insolubles dans les conditions normales de l'existence. Mais si Lisa-Akoulina joue la comédie sans être percée à jour, elle empêche Alexis de se faire passer pour son valet, et ce qui pourrait être un drame n'est plus qu'un vaudeville, reposant sur des maquillages, des situations drolatiques et des changements de vêtements, qui tourne à l'opérette folklorique. L'épigraphe donne le ton : Bogdanovitch, l'auteur de *Douchenka*, est le seul auteur dont Pouchkine ne se moque pas, pour qui il ne prépare pas un cercueil dans son panthéon-cimetière. En effet, Bogdanovitch, en 1783, a su à la fois parodier et adapter dans un cadre russe *Les Amours de Psyché et de Cupidon* de La Fontaine (1669) : un Amour classique y tombe amoureux d'une Psyché russe, ce qui mêle culture européenne et folklore russe selon une formule que saura retrouver en musique Mikhaïl Glinka (l'opéra *La Vie pour le tsar*, 1836), pour le plus grand plaisir de Pouchkine. Comme Bogdanovitch dans *Douchenka*, Pouchkine, en annonçant le mariage d'Alexis Bérestov, Russe byronisant, et de Lisa Mouromskaïa, fausse paysanne Akoulina et avatar de Douchenka-Psyché, entonne l'épithalame des noces de la littérature russe et de la culture européenne, ainsi que les retrouvailles de ces deux jeunes Russes avec leur identité vraie : Alexis est Alexis, et Lisa est Lisa, rien n'empêche le bonheur, ce même bonheur qu'Eugène Onéguine, leur frère malheureux, vient de manquer par sa faute, parce qu'il était un romantique désenchanté, une « parodie » de son temps. Les familles se réconcilient, grâce à une petite jument courtaude et folle qui flanque sévèrement par terre Grigori Ivanovitch Mouromski : Ivan Pétrovitch Bérestov porte secours à son vieil ennemi, fin des hostilités entre les Capulet et les Montaigu, mais il faudra encore quelques épisodes vaudevillesques avant qu'Alexis, hors de lui de bonheur, se jette aux pieds de Lisa en criant « Akoulina ! Akoulina ! ». Un sarafane et des chaussons de tille, un pot de blanc anglais et un petit cheval imprévisible, et voilà comment la vie apparaît pour ce qu'elle est, une comédie, celle du bonheur, si tous sont naturels et rejettent toute pose.

Gorioukhino, allégorie du malheur russe.

L'*Histoire du bourg de Gorioukhino* n'a sans doute pas été achevée immédiatement après les *Récits de Belkine*, à Boldino en 1830, mais reprise en 1835. Le texte ne porte ce titre que depuis la grande édition Venguérov de 1910. Pouchkine, dans le manuscrit tiré au net que nous en possédons, l'appelle, vaguement, « chronique » (*letopis'*) et même transforme ce mot en un dessin d'un oiseau fantastique : si nous considérons que ce texte hilarant a été écrit en même temps que *La Fille du capitaine*, alors nous devons penser que l'*Histoire du bourg de Gorioukhino* représente le terme de l'évolution de Belkine, et de Pouchkine, vers le genre glorieux de l'histoire.

La moitié du texte est, en effet, consacrée à une histoire particulière, comment Ivan Pétrovitch Belkine en est venu à l'histoire : l'*Histoire du bourg de Gorioukhino* est le chef-d'œuvre d'Ivan Belkine, comment il est enfin parvenu à écrire, après ses *Récits*, de manière correcte, plaisante et avec aisance. Sur son trajet pour devenir écrivain, Ivan Pétrovitch Belkine passe comiquement par toutes les étapes, de la poésie à la fiction en prose avant d'atteindre le genre ultime, l'écriture de l'Histoire. En écrivant cette histoire d'Ivan Pétrovitch Belkine, c'est une histoire de la littérature russe comme une histoire de son évolution personnelle que Pouchkine écrit ironiquement. Dans les essais de Belkine pour trouver son expression, Pouchkine a représenté toute l'histoire littéraire de la Russie, depuis les chroniques historiques anciennes, jusqu'à l'époque contemporaine de Pouchkine, en passant par le classicisme du XVIIIe siècle et le romantisme du XIXe, l'épopée de Khéraskov, la tragédie de Soumarokov, la poésie romantique et la prose qui culmine avec l'*Histoire de l'État russe* de Karamzine (1818, vol. I-VIII), dont Belkine se présente comme le modeste continuateur.

Pouchkine écrit plusieurs histoires à la fois, une histoire parodique de la Russie, une histoire parodique de la littérature russe, et une parodie de sa propre évolution comme écrivain. Pouchkine, comme Belkine, se prépare à écrire l'histoire par un retour aux origines qui est un retour du jeune noble sur son domaine et auprès de ses paysans.

L'*Histoire du bourg de Gorioukhino*, dans sa seconde partie proprement historiographique, montre d'abord le passage du genre archaïque de la chronique (*letopis'*) à celui, moderne, de l'histoire (*istorija*), d'un ordre purement successif, sans intrigue, celui des calendriers et de la chronique du diacre de Gorioukhino, à celui de l'histoire, qui est un récit, une narration organisée ayant un sens. Karamzine, selon la formule célèbre que lui applique Pouchkine, est ainsi « le dernier de nos chroniqueurs et le premier de nos historiens ». L'*Histoire du bourg de Gorioukhino* parodie dans ses débuts l'ordre suivi par Karamzine, liste des sources utilisées, tableau géographique, ethnologique et statistique, rites, arts, puis narration proprement dite qui mène manifestement à un drame, que celui-ci soit une révolte quasi inéluctable contre l'intendant **, ou la ruine complète de Gorioukhino. Pouchkine craignait par-dessus tout le *bunt*, « absurde et impitoyable », dans lequel la Russie périrait, art et culture, et, en même temps, il voyait qu'elle se dirigeait inexorablement vers cette perspective apocalyptique : la suite des temps lui a donné raison, nous ne savons pas si la Russie se relèvera des orgies révolutionnaires du XXe siècle.

Cette histoire se rattache cependant à une longue tradition de parodie, commençant à celle, satirique, de l'histoire de l'Université de Paris (« sorbonagres » et autres « sorbonicoles »), dans le *Pantagruel* de Rabelais (1532). On la retrouve avec le prologue au *Don Quichotte* de Cervantès (1614), et surtout, plus récemment, avec *The Life and Opinions of Tristram Shandy, Gentleman*, de Sterne (1760-1767), qui commence par de doctes débats sur la possibilité de baptiser un enfant dans le ventre de sa mère et sur la possibilité d'un phénomène comme le nez de Slawkenbergius. Deux parallèles avec des histoires pour rire ont été notés, *Ein Auszug aus der Chronike des Dörfleins Querlequitsch, an der Elbe gelegen*, de Gottlieb Rabener (1742), traduit en russe en 1764 (*Sokraščenie, učinennoe iz letopisi derevni Kverlekvič*), et surtout, de Washington Irving, *A History of New York* (1809), traduite en français en 1827, et que Pouchkine possédait dans sa bibliothèque. Pouchkine fonde en Russie le genre de l'histoire parodique et allégorique, dont le plus illustre exemple est l'*Histoire d'une ville* de M.E. Saltykov-Chtchédrine (1869-1870).

Mais le sujet principal de l'*Histoire du bourg de Gorioukhino* demeure proprement littéraire, comme l'indique la récurrence insistante des termes formés sur la racine *pis-* désignant l'*écriture*, depuis les obsessions d'Ivan Pétrovitch Belkine pour devenir écrivain (*pisatel'*), jusqu'à la *lettre* (*pis'mo*) qui change le destin des habitants de Gorioukhino, avec l'arrivée d'un intendant singulièrement graphique, adoptant, pour s'adresser à eux, la silhouette de la lettre X ou de la lettre Φ. L'*Histoire du bourg de Gorioukhino* est une première étape vers l'écriture de *La Fille du capitaine*, quand les faits chaotiques de l'histoire russe s'organisent en une fiction littéraire éclairante et lumineuse.

Le brigand au grand cœur est-il possible en Russie ?

Doubrovski, malgré sa longueur, resta inachevé, sans doute parce que c'est la plus proprement romanesque des œuvres en prose de Pouchkine. Celui-ci part cependant de faits réels qui recoupent ses préoccupations de toujours. En 1832, son ami P.V. Nachtchokine lui raconte l'histoire d'un noble de Russie Blanche du nom d'Ostrovski, spolié de sa propriété dans les formes par son puissant voisin ; resté quelque temps sur ses terres, il s'était livré à des activités de brigandage aidé de ceux de ses serfs qui lui étaient demeurés fidèles, avant d'être arrêté. Au même moment, Pouchkine, qui prépare ce qui sera *La Fille du capitaine*, a rédigé deux plans mettant en scène Chvanvitch, un noble réellement passé du côté du rebelle Pougatchov (ce sera Chvabrine, dans le roman définitif). Le cas de ce noble devenu brigand lui apparaît comme une illustration significative du thème de la solidarité entre la noblesse de souche persécutée et le peuple opprimé. Doubrovski est un révolté malgré lui, amené à illustrer le thème bien connu à l'époque du « brigand au grand cœur », déjà traité par Schiller (le personnage de Karl Moor, dans *Die Räuber*, 1782), ou encore Walter Scott (Robin Hood, dans *Ivanhoe*, 1819). En 1832, paraît de D.N. Beguitchev, *La Famille Kholmski* (*Semejstvo Xolmskix*), sur un sujet analogue.

Le sujet de *Doubrovski* se rattache à la problématique générale de l'histoire russe après les réformes dramatiques de Pierre le Grand. Pouchkine est persuadé que la destinée du peuple est liée à celle de la vieille noblesse de souche brimée par la néonoblesse parvenue du XVIIIe siècle. Ruinée et rabaissée, la noblesse ancienne songe à la Révolution, et ce processus menace l'avenir de la société russe. Dans la mesure où, dans *Doubrovski*, le persécuteur du héros, Troïékourov, est lui aussi de noblesse ancienne, une évolution est perceptible dans la pensée de Pouchkine, qui abandonne ce que l'on peut appeler son utopie nobiliaire : le clivage historique ne passe plus entre noblesse ancienne et noblesse récente, mais entre noblesse au pouvoir et noblesse marginalisée. Le noble ancien déchu n'a le choix que de devenir homme de lettres, comme Pouchkine, ou... brigand : bientôt, il ne choisira plus, il sera à la fois *intelligent* révolutionnaire, homme de lettres et « brigand »...

Doubrovski apparaît comme un ensemble passablement décousu d'épisodes faiblement ou artificiellement reliés entre eux. Tout commence comme une histoire de Robin des Bois, un état social inique, une injustice éclatante, une spoliation odieuse, qui appellent un redresseur de torts, en la personne du jeune Doubrovski. Mais l'histoire de Doubrovski-Deforge fut jugée par les contemporains comme dénuée de toute vraisemblance et comme relevant du plus pur romanesque à la mode. Pouchkine s'inspire manifestement de Walter Scott (*The Bride of Lammermoor*, 1819, et *Rob Roy*, 1822).

Pouchkine, en effet, complique la problématique historico-sociale relativement simple du roman par une intrigue amoureuse qui la contrarie et la paralyse. Qui mène une vie d'*outlaw* se coupe, en effet, de la société et de ses lois : cette situation se transforme en drame personnel si le « brigand » aime une femme, sa mission, éventuellement généreuse, entre en contradiction avec son devoir moral envers elle, et, du coup, passe au second plan.

Des éléments du roman picaresque, du roman d'aventures et du roman noir ainsi que du roman psychologique entrent alors dans la composition du roman du brigand amoureux. Doubrovski se rapproche des personnages complexes de Vulpius

(*Rinaldo Rinaldini, chef de brigands*, 1797-1800) et de Nodier (*Jean Sbogar*, 1812, publié en 1818). Le brigand romantique appartient aussi à la même catégorie que les héros des grands poèmes byroniens : ténébreux, déchiré, de manière souvent fatale pour lui, entre son statut de chef de réprouvés et d'amoureux, il devient plus ambigu encore que complexe.

De plus, Doubrovski, malgré ces illustres parentés littéraires, n'est pas un Titan, un être de feu, de flamme et de volonté, mais un homme moyen qui essaie de concilier l'inconciliable. En revêtant le déguisement du précepteur Deforge, c'est le personnage de Saint-Preux qu'il endosse auprès de Maria Kirilovna, laquelle, telle Julie, finit en donnant une leçon morale à Doubrovski : à sa proposition de l'enlever, même une fois mariée au prince Véreïski, elle répond par un refus plein de stoïcisme et d'abnégation, comme Tatiana aux déclarations d'Eugène Onéguine. Écrit avant 1830 mais publié seulement en 1859, le roman du décembriste Nicolas Bestoujev, *Le Relais de Schlüsselbourg (Pourquoi je ne suis pas marié)* traite un thème tragique analogue et développe le devoir moral envers la bien-aimée : la vocation révolutionnaire exclut, par nécessité comme par honnêteté, le bonheur personnel, l'amour d'une femme, les joies de la famille.

Doubrovski perd ainsi de son intégrité, sans qu'on sache exactement quel est son centre d'intérêt principal : arrivé à un double échec, et sur le plan de ses activités de chef de bande, et sur celui de ses affaires amoureuses, Doubrovski ne peut que prendre congé du roman, sans qu'on puisse lui imaginer un destin ultérieur.

Le pharaon et le damier; Hermann, père de Raskolnikov.

La Dame de pique, courte nouvelle parue en 1834, eut tout de suite un immense succès. A.A. Chakhovskoï en fit une adaptation théâtrale dès 1836, sous le nom de *Chrysomania*. L'opéra célèbre de Tchaïkovski date de 1890. Dostoïevski fut toute sa vie fasciné par le personnage de Hermann, en qui Arkadi Dolgourouki, le personnage central du roman de Dostoïevski *L'Adolescent* (1875), voit « une personnalité colossale, un type extraordinaire né entièrement de Saint-Pétersbourg, le type de la période pétersbourgeoise ». Hermann servit de modèle à Dostoïevski pour peindre Alekseï Ivanovitch, le héros du *Joueur* (1866), et Raskolnikov, celui de *Crime et Châtiment* (1866).

Les critiques discutent à perte de vue pour essayer de percer le mystère des trois cartes gagnantes, pour déterminer si la comtesse est réellement apparue à Hermann pour lui en faire la révélation, etc. La bibliographie sur le sujet est immense, et la discussion sans fin. A notre avis, il suffit de rappeler avec insistance que tout, dans le récit, est vu à travers l'esprit dérangé et despotique de Hermann, lequel, déjà bien avant d'apprendre l'existence d'un « secret » de la vieille comtesse, voit le monde et la vie *comme un jeu de cartes*, comme une partie de pharaon, de même que, plus tard, Loujine, le héros de Vladimir Nabokov (*La Défense Loujine*, 1930), verra le monde comme un gigantesque damier d'échecs. Loujine est tout aussi fou que Hermann, et il se suicide quand la partie qu'il joue et dont il se croyait le « grand maître » se retourne contre lui. Hermann est d'ailleurs le nom que porte cet autre personnage fou de Nabokov qui prétend imposer ses règles à la vie et à autrui, faire des autres les pions de la partie démente qu'il s'imagine jouer (*La Méprise* [*Otcăjanie*], 1932), et qu'il perd pour son complet *désespoir* (qui est le sens du titre russe, et celui du titre américain, *Despair*), car il a joué contre plus fort que lui, l'auteur Vladimir Nabokov. Son ancêtre Hermann, dans *La Dame de pique*, présomptueux Allemand, devenu fou par excès de raison, a voulu trouver la martingale mythique des joueurs, ce qui est contradictoire par rapport à l'idée même du jeu, abolir le hasard d'un coup de dés, *jouer à coup sûr*, ce qui n'est plus jouer, car ce n'est plus risquer. Le hasard, qui est le destin impénétrable, et notre liberté, se sert des obsessions même de l'esprit de Hermann, pour tourner en dérision ses présomptions à la fois prométhéennes et « allemandes », mesquines : Pouchkine, grand joueur lui-même, comme plus tard Dostoïevski, sort vainqueur de ce duel truqué que le faux joueur Hermann a prétendu jouer contre la vie, contre lui.

Hermann, *Homme sans mœurs et sans religion* (épigraphe du chapitre IV), a partie liée avec le Diable, et on peut reconnaître les prémices du personnage dans *Le Diable boiteux* (1821-1823), dans Varfolomeï, celui d'*Une petite maison isolée sur l'île Vassilievski* (improvisation de Pouchkine publiée en 1829 par V. Titov), dans Iakoubovitch, le héros du fragment romanesque *Un roman aux eaux de Caucase* (1831). La même réputation mystérieuse et indue entoure Hermann et Sylvio, le héros satanique du *Coup de feu* (1830), mêmes crimes cachés au fond de la conscience qu'on leur prête sans raison. Hermann est, dans l'esprit de Lisavéta Ivanovna et de Tomski, lié à Méphistophélès et à Napoléon, à qui il ressemble physiquement. Méphistophélès apparaît chez Pouchkine dans les *Scènes tirées de Faust* (1825) et dans un *Fragment d'un projet de Faust* de la même année. S'il convient de noter que cette aura sulfureuse lui est prêtée par deux grands lecteurs de romans, à l'imagination au moins aussi enflammée que notre naïf lieutenant-colonel I.L.P., il reste que le projet de Hermann est bien un projet démoniaque, pour le succès duquel il est prêt à coucher avec une « sorcière » de quatre-vingt-sept ans, dont la hideur sénile, vue à travers la porte ne le fait même pas trembler, alors que la fraîche et jeune Lisavéta Ivanovna, qui l'attend dans sa chambre, lui est absolument indifférente, prêt à vendre son âme au diable, mieux, prêt à prendre sur lui tout péché du même ordre commis par la comtesse : Hermann est un Faust autrement conséquent que celui de Marlowe et de Goethe, il *propose* avec insistance et sans arrière-pensée son âme au Diable. Le plus mauvais tour que le Diable joue à l'homme est de ne pas exister, l'homme en est réduit à l'inventer, à le jouer : Hermann est vraiment le Diable à lui tout seul, en même temps qu'il est Napoléon, homme extraordinaire, « *muž čudesnyj* » (Pouchkine), comme on le voyait à l'époque romantique à travers toute l'Europe. Hermann est aussi l'au-delà du héros byronien, servant dans le Génie de l'armée russe, vraiment la dernière étincelle de la comète byronienne venue s'éteindre dans la folie, la nuit d'hiver et la neige mouillée de Saint-Pétersbourg.

Quelques mots sur les règles du pharaon, jeu d'origine italienne, ainsi nommé à la cour de Louis XIV car l'un des rois du jeu de cartes avait l'aspect d'un pharaon égyptien (le nom allemand du jeu était *Stoss*).

Le joueur, ou ponte, joue contre un banquier, en un véritable duel. Il tire au hasard, de son paquet de cartes à lui, ou choisit délibérément, une carte, qu'il pose face contre la table, et sur laquelle il dépose ou inscrit à la craie une mise en argent.

Le banquier, de son propre paquet, distribue les cartes en deux tas, en commençant par la droite.

Si une carte du banquier égale en rang à celle du ponte tombe *à la droite* du banquier, celui-ci gagne et ramasse la mise du ponte.

Si cette même carte tombe *à sa gauche*, le banquier perd, et doit verser au ponte une somme égale à la mise de ce dernier.

Tchaplitski avait perdu 300 000 roubles contre Zoritch. Il les regagna de la manière suivante. Il misa d'abord sur sa première carte 50 000 roubles. La deuxième carte distribuée par le banquier tombe à la gauche de celui-ci, identique à la carte sur laquelle Tchaplitski a misé : Tchaplitski gagne donc du premier coup (*sonica*).

Tchaplitski continue en *cornant* la seconde carte choisie, ce qui signifie qu'il double sa mise, soit 100 000 roubles. Cela s'appelle un *paroli*. Il gagne à nouveau.

Il corne sa troisième carte en forme de pont, toujours dans la même intention. C'est le *paroli-paix*, qui signifie doubler pour la seconde fois consécutive sa mise.

Il gagne, donc, trois fois de suite, soit en tout 400 000 roubles en trois gains successifs (100 000 — 200 000 — 400 000).

On peut miser toujours sur la même carte, cela s'appelle le *routé*. On peut jouer aussi petitement et prudemment, *jouer à la mirandole*, avec de petites mises, les gains étant retirés à chaque fois. Jouer deux fois à partir d'un rouble de mise, en remettant en jeu son gain une fois, s'appelle *le trois et le va*, gagner trois roubles en plus de la mise initiale d'un rouble (1 + 3) ; jouer les quatre roubles ainsi gagnés, c'est *le sept et le va* (1 + 7). On comprend le tour d'esprit de joueur de Hermann quand il dit que l'économie, la tempérance et le travail *tripleront, sextupleront* son capital : il pense en termes de *mise initiale* (son capital), de *trois et le va*, de *sept et le va*. De même, comme par un hasard vraiment très curieux, où nous ne pouvons nous empêcher de voir une projection des convictions si raisonnables de Hermann, les cartes magiques de Hermann sont censées être le trois, le sept et l'as. A noter que la carte suprême, l'as, est aussi la simple unité, la mise de base : c'est cette carte ambiguë qui jouera un mauvais tour à Hermann. Hermann voyait déjà sa vie comme une partie de cartes : l'économie (l'unité = l'as, le capital de base hérité), la tempérance et le travail sont des cartes qui rapportent à coup sûr. Il ne faut pas s'étonner si Hermann confère à ses cartes « magiques » les valeurs qu'il avait déjà attribuées à ces vertus cardinales « allemandes » qui gouvernaient sa vie. Comment Hermann, si organisé, si « allemand », s'y est-il pris pour perdre ? Car, s'il a perdu sur son troisième coup, c'est entièrement de sa faute : Hermann *aurait pu, aurait dû gagner*.

> Tchekalinsky commença de tailler, ses mains tremblaient. Une dame à droite, un as à gauche.
>
> — L'as gagne ! s'écria Hermann en retournant sa carte.

> — Votre dame est battue, observa d'un ton caressant Tchekalinsky.
>
> Hermann tressaillit. En effet, au lieu de l'as, il avait devant lui une dame de pique.

L'as est tombé *à gauche* du banquier, la dame à droite : si Hermann avait effectivement choisi un as, comme il était stipulé dans le « message » de la vieille comtesse, il aurait gagné selon la séquence 94 000 — 198 000 — 396 000 roubles, presque aussi bien que Tchaplitski.

Mais, croyant avoir posé face contre la table un as, il a en fait choisi une dame de pique. La dame du banquier, étant tombée *à la droite de celui-ci*, gagne donc et celle de Hermann est « tuée » (« *ubita* », selon le terme de jeu en usage en russe, quand nous disons en français « battue ») : l'ironie involontaire du banquier se passe de commentaire, puisque cette dame de pique semble faire un clin d'œil narquois à l'esprit halluciné de Hermann, exactement comme, lui avait-il semblé, avait fait la comtesse morte dans son cercueil. Ce clin d'œil imaginaire est aussi un signe de reconnaissance et un aveu : si Hermann, croyant avoir posé face contre la table un as, a en fait posé une dame, et une dame *de pique*, c'est *par un geste manqué*, parce qu'il continue à croire que la comtesse, d'outre-tombe, lui en veut, et la dame de pique est *le signe obligé, le signe nécessaire*, si l'on en croit *Le nouveau traité de divination* qui fournit l'épigraphe à *La Dame de pique* — et Hermann, qui a peu de foi mais beaucoup de superstition, *croit* dur comme fer à la cartomancie —, par lequel *doit* se manifester la malveillance de la comtesse qui, dans son esprit, poursuit Hermann. C'est le subconscient de Hermann, d'où son idée fixe a chassé tout autre pensée, qui lui a dicté de choisir non un as mais une dame de pique : Hermann, depuis la nuit où la comtesse lui est apparue (où il a cru qu'elle est apparue, où il a suscité l'apparition de cette mère de substitution), n'a plus de volonté, il obéit à ce qu'il pense être les instructions de la comtesse, et c'est lors de sa troisième mise, quand il *croit avoir vu* un as dans la carte qu'il a choisie, quand il a tiré par erreur (*obdernulsja*) une dame pour un as, et une dame de pique! qu'il *traduit* la malveillance, dont il est convaincu, de la comtesse morte, tuée par lui : il la fait « tuer » une fois de plus, en un mécanisme de répétition, par Tchékalinski. Mais c'est lui dont l'esprit éclate, le monde a eu raison de lui, il a échappé à son despotisme, Hermann a tout perdu, il ne lui reste plus qu'à se retirer du monde dans sa folie.

Le klephte tel qu'il est.

Kirdjali est un roman commencé puis abandonné en octobre-novembre 1834. L'épisode présenté de la vie de ce remarquable brigand fut publié dans la *Biblioteka dlja čtenija* du 1er décembre 1834. Pouchkine se sert des matériaux qu'il avait accumulés à l'époque sur le soulèvement d'Ipsilanti. L'histoire de Kirdjali lui avait été racontée alors par le même fonctionnaire Michel I. Leks qu'il avait retrouvé à Saint-Pétersbourg en 1834 et qui lui avait alors fait le récit de l'évasion de Kirdjali après qu'il eut été livré aux Turcs. Par une ironie de l'histoire, il semble que Kirdjali ait été pendu par ceux-ci, après treize années nouvelles de brigandages, le 24 septembre 1834, au moment même où M.I. Leks parlait de lui à Pouchkine.

Ce n'était pas la première fois que Pouchkine s'intéressait à l'histoire de Kirdjali. Déjà en 1821, à Kichiniov, le poème inachevé *Le fonctionnaire et le poète* fait allusion à ce fameux brigand. En 1828, Pouchkine commence un poème épique sur le même sujet. Manifestement, la personnalité hors du commun du célèbre klephte bulgare, « terreur des Moldaves », intéressait Pouchkine, toujours à l'affût de « personnages romantiques », c'est-à-dire extraordinaires et tranchant sur la prose courante de la vie. S'intéresser plutôt à un brigand qu'aux Grecs de l'Hétairie est significatif aussi du peu d'estime que

Pouchkine portait, après un enthousiasme initial, aux hommes d'Ipsilanti et consorts : Kirdjali est un parfait brigand, un égorgeur de villageois, mais au moins il ne se fait pas passer pour un héros de l'Histoire.

La princesse de la nuit.

Les Nuits égyptiennes, publiées après la mort de Pouchkine dans le tome VIII du *Contemporain*, en 1837, furent sans doute écrites à l'automne 1835, et représentent un second traitement d'un thème abordé la même année dans un projet de roman abandonné, *Nous passions la soirée à la campagne...* Le poème sur Cléopâtre est une version remaniée par deux fois, en 1827 et en 1835, d'un poème de 1824. Cléopâtre, la femme la plus belle du monde, celle qui a connu César et Antoine, pour qui les candidats à l'empire du monde rivalisaient d'ardeur, intéresse depuis longtemps Pouchkine, parce que, reine égyptienne, elle est une déesse, en elle sont symbolisés et le monde ancien, une haute antiquité qui va périr avec elle, et le pouvoir souverain du monde, l'amour et l'érotisme qui passent le joug même aux empereurs. Mieux encore, elle représente en son banquet et par sa folle et impudente proposition, le pouvoir magique et mystérieux de la poésie : si elle n'est poète, elle en proclame, face à la foule, la dignité sans égale, elle est la poésie du monde, nectar des vrais poètes, de ceux qui pensent que les baisers de la Muse valent de mourir pour les connaître.

Cette fête nocturne, pour ceux qui ne verront pas la pourpre de l'aurore et qui ont choisi la nuit, celle de Cléopâtre et celle de la mort, est un fantasme de poète : la fête de la poésie est un éclair entre les ténèbres, comme la vie de l'homme, cernée par deux néants, et elle ne peut avoir lieu que dans une antiquité reculée, exotique, elle-même en marge de deux mondes, quand Alexandrie va succomber sous Rome. En opposition à cette brillante allégorie du temps où la poésie descendait parmi les hommes, Pouchkine en présente le reflet dérisoire, la transposition médiocre dans une soirée mondaine consacrée à une improvisation poétique, à Saint-Pétersbourg, avec un Italien gueux et aux allures de charlatan et de cabot, un poète honteux et une plèbe mondaine sans foi ni flamme. Le monde a terni depuis que Cléopâtre a parlé, mais son défi reste lancé, que seul le poète peut relever.

Les Nuits égyptiennes rassemblent en un nœud vraiment gordien trois thèmes essentiels de la conception que Pouchkine se fait du poète et de la poésie, les relations du poète avec la foule, la nature de l'inspiration créatrice, la place de la poésie dans le monde contemporain.

Deux poètes représentent la poésie, Tcharski et l'Italien. Tcharski, traité avec un certain humour, est Pouchkine en 1830. Il en accentue les travers de poète honteux et de poète malgré lui, qui voudrait faire oublier qu'il est poète, et se le faire pardonner, alors qu'il ne connaît de félicité que dans ses moments d'inspiration. L'Italien ne peut éveiller que son horreur par la mascarade à laquelle il se livre volontairement : l'improvisateur adopte le déguisement même que la foule attend du poète, et ce gueux traîne-misère ne songe, fébrilement, qu'à l'argent pour lequel il se montre prêt à prostituer ce qui est le don caché, sinon le vice secret, de Tcharski. Celui-ci est parfois inspiré, mais à loisir et loin des yeux indiscrets : le tourment poétique, s'il est un bonheur, est une malédiction et un labeur. Pour l'Italien, c'est un gagne-pain, mais c'est aussi un mystère exaltant, car l'Italien est un *improvisateur*, il possède ce don que Tcharski lui envie, que Pouchkine enviait à Adam Mickiewicz, de pouvoir parler la langue des Dieux à la demande sur n'importe quel thème, quand inspiration et expression achevée coïncident sans aucune faille, sans plus donner droit de cité à la prose sans art et sans beauté du trébuchement de la vie.

L'Italien se prête à toutes les demandes triviales de la foule, il est charlatan et histrion de bas étage, habit noir et chemise blanche à col ouvert, politesses et contorsions indécentes de celui qui est « un tsar », devant une foule stupide et indifférente dont il dépend pour vivre. Pouchkine-Tcharski a depuis longtemps traité des rapports du poète avec la foule : quand il ne crée pas, le poète en est le membre le plus indigne, mais quand le don parle en lui, qu'elle tombe à ses pieds ! il ne la voit même pas, ses seuls rares interlocuteurs sont quelques poètes de la taille de son génie (*Le Poète*, 1827 ; *Conversation d'un libraire avec un poète*, 1824 ; *La Foule*, 1828 ; *Au poète*, 1830 ; *Mozart et Saliéri*, 1830, etc.).

Mozart, depuis 1830, est à l'arrière-plan de la pensée et de la vie du poète. Amadeus vient de boire le poison que lui a versé le besogneux méritant mais sans aucune étincelle de génie qu'est Saliéri : il va bientôt s'endormir, « pour longtemps » lui souhaite Saliéri, dans cette nuit d'où était venu l'homme en noir lui commander ce requiem qu'il composait pour sa propre mort (*Mozart et Saliéri*). Mozart est le poète selon Pouchkine : sa venue est un mystère et un don de Dieu, sa mission est de repartir en nous laissant quelques chants séraphiques ; arrivé de la nuit, il repart dans la nuit en ayant éclairé ce que nous prenions pour le jour.

L'improvisateur, homme en noir, le poète, Cléopâtre, princesse nocturne, parlent dans la nuit et transforment un banal festin, une soirée ordinaire, en surprise, en fête de l'esprit et de la vie.

Comme le poète, Cléopâtre méprise la foule de ses adorateurs futiles. C'est un défi qu'elle leur lance, en les prenant au mot : je suis la félicité suprême de la vie, dites-vous, hé bien ! je suis à vous en mercenaire, votre vie contre le plaisir suprême de la vie, le marché est égal, qui se dédira ?... L'attitude de Cléopâtre est celle même du poète, tous deux méprisent la foule, et lui lancent un défi qui est sa dernière chance de relèvement. Tous restent longtemps silencieux, bavards adorateurs de Cléopâtre maintenant sans mots, mondains qui ne répondent même pas à l'Italien qui les invite à proposer des thèmes poétiques.

Finalement, le thème osé en rougissant par une jeune fille laide, à la sensualité manifestement refoulée, est tiré aux sorts : l'Italien astucieux développe dans son discours tout ce qui permet un parallèle entre la fête chez Cléopâtre et la soirée de poésie à Saint-Pétersbourg.

Quel rapport, dira-t-on, entre la poésie et la sensationnelle prostitution offerte par Cléopâtre ? Le sens du marché proposé par la reine se lit dans toute l'œuvre de Pouchkine. L'amour est la volupté suprême, il se confond avec la volupté même de la vie, dont il est la forme la plus aiguë et la motivation la plus élevée : Vénus et sa royale servante rendent possibles les grandes pensées et les grandes actions, voilà pourquoi Cléopâtre et la poésie se confondent en un seul poème. Un homme digne de ce nom est un poète quand il a compris qu'il valait mieux mourir en ayant connu la vie sous sa forme la plus haute plutôt que, s'étant économisé pour traîner à l'« allemande » une vie ennuyeuse le plus longtemps possible, s'éteindre sans avoir vécu.

Le dernier cri de Don Juan, étreint par la pierre de mort, n'est pas un cri de peur, c'est un cri d'amour pour Donna Anna (*L'Invité de pierre*, 1830), Walsingham tient banquet dans la rue de la peste, il chantera jusqu'à ce qu'elle lui écrase la gorge (*Le Festin pendant la peste*, 1830) : ceux qui montent à la couche de Cléopâtre sont des stoïciens, des poètes, des maîtres de la vie.

Wladimir TROUBETZKOY.

NOUVELLES

LE NÈGRE DE PIERRE LE GRAND

Par la volonté de fer de Pierre
La Russie fut transformée.
N. Iazykov[1]

CHAPITRE PREMIER

... Je suis à Paris.
J'ai commencé de vivre au lieu de respirer.

DMITRIEV. Journal d'un voyageur[2].

Parmi les jeunes gens, envoyés à l'étranger par Pierre le Grand pour acquérir les connaissances nécessaires aux sujets d'un État en pleine transformation, se trouvait le propre filleul de l'Empereur, le nègre Ibrahim.

Ce dernier, ayant fait ses études à l'École militaire de Paris, en était sorti avec le grade de capitaine d'artillerie, s'était distingué lors de la Guerre de Succession d'Espagne[3] et, grièvement blessé, s'en était revenu à Paris. L'Empereur, malgré ses immenses travaux, ne cessait de s'informer de son favori et recevait toujours les appréciations les plus flatteuses, quant à sa conduite et ses progrès. Extrêmement satisfait de son filleul, Pierre le Grand l'avait appelé en Russie à maintes reprises, mais Ibrahim n'était point pressé de s'exécuter et trouvait divers prétextes pour se récuser : tantôt c'était sa blessure, tantôt le désir de parfaire sa science, tantôt enfin le manque d'argent. Et Pierre condescendait à ses requêtes, lui recommandait de se soigner, le remerciait de son zèle pour les études. Terriblement économe dans ses propres dépenses, il ne lésinait point quand il s'agissait de son protégé et lui envoyait force ducats, joints à des conseils paternels et à de prudents avertissements.

Les mémorialistes sont unanimes pour témoigner que rien ne pouvait se comparer à la frivolité, à la folie, au luxe des Français en ce temps-là. De l'austère dévotion, de la gravité et de la décence des mœurs de la Cour, qui avaient marqué les dernières années du règne de Louis XIV, il ne restait plus trace. Le duc d'Orléans, qui joignait de brillantes qualités à toutes sortes de vices, n'était, hélas, pas le moins du monde hypocrite. Les orgies du Palais-Royal n'étaient un mystère pour personne à Paris; et l'exemple en était contagieux. A la même époque, Law fit son apparition, et la soif d'argent s'ajouta à celle des voluptés et de la dissipation. Les domaines disparaissaient les uns après les autres; la moralité se perdait. Les Français riaient et calculaient; leur État s'écroulait sous les refrains folâtres des vaudevilles satiriques.

La société, cependant, offrait un tableau très divertissant. L'instruction et le besoin de s'amuser avaient rapproché toutes les conditions. La richesse, l'amabilité, la gloire, les talents, l'excentricité même — bref, tout ce qui pouvait alimenter la curiosité ou promettait de la joie — étaient accueillis avec la même faveur. Lettres, science et philosophie quittaient leur paisible cabinet pour paraître dans le grand monde, flatter la vogue et diriger ses goûts. La femme était reine, mais n'exigeait plus l'adoration de ses sujets. Une politesse superficielle tenait lieu, à son endroit, de profonde vénération. Les fredaines du duc de Richelieu, l'Alcibiade de cette nouvelle Athènes, appartiennent à l'histoire et donnent une idée des mœurs de l'époque :

Temps fortuné, marqué par la licence,
Où la folie, agitant son grelot,
D'un pied léger parcourt toute la France,
Où nul mortel ne daigne être dévot,
Où l'on fait tout excepté pénitence[4].

L'apparition d'Ibrahim, son aspect, sa culture et

son intelligence suscitèrent à Paris un intérêt général. Toutes les dames tenaient à voir chez elles « *le nègre du czar* » et se le disputaient. Plus d'une fois, le régent l'invita à ses joyeuses soirées. Ibrahim assista aux fameux soupers, animés par la jeunesse d'Arouet et la vieillesse de Chaulieu, les propos de Montesquieu et de Fontenelle. Jamais il ne manqua un bal, une fête ou une première représentation, se laissant emporter par le tourbillon mondain, avec toute l'ardeur de son âge et de son naturel.

Et cependant, la perspective de troquer cette brillante dissipation pour la simplicité de la cour pétersbourgeoise n'était pas la seule qui le retînt à Paris. D'autres liens, plus puissants l'attachaient à la capitale française : le jeune Africain aimait.

La comtesse de D..., bien qu'elle ne fût plus dans la prime fleur de sa jeunesse, était encore renommée pour sa beauté. A dix-sept ans, au sortir du couvent, on l'avait mariée à un homme qu'elle ne réussit pas à aimer et qui, du reste, ne s'en inquiéta jamais. La rumeur publique lui attribuait des amants, mais, bénéficiant de l'indulgence du grand monde, la comtesse jouissait d'une excellente réputation, car on ne pouvait lui imputer aucune aventure ridicule ou scandaleuse. Son salon était le plus en vogue, et la meilleure société parisienne se réunissait chez elle. Ibrahim lui fut présenté par le jeune Merville, qui passait pour être le dernier en date de ses amants, ce qu'il s'efforçait d'ailleurs de faire entendre par tous les moyens.

La comtesse reçut Ibrahim avec courtoisie, mais sans lui marquer une attention spéciale, et cela le flatta. D'ordinaire, on le considérait comme un prodige, faisait cercle autour de lui, l'abreuvait d'amabilités et d'interrogations, et cette curiosité, quoiqu'elle se couvrît de bienveillance, n'allait pas sans ulcérer son amour-propre.

La douce attention des femmes, qui est, en définitive, le but inavoué de presque tous nos efforts, loin de le réjouir, le remplissait d'amertume et d'indignation. Il avait, en effet, l'impression d'être, pour elles, une bête rare, une créature à part, égarée dans un monde qui n'était nullement le sien. Ibrahim en venait à envier les gens qu'on ne remarquait point et considérait leur insignifiance comme une faveur du sort.

La pensée que la nature ne l'avait pas créé pour une passion mutuelle le préservait de la suffisance et des prétentions de l'amour-propre ; ceci donnait un attrait rare à ses manières vis-à-vis des femmes. Sa conversation était simple et sérieuse. Elle plut à la comtesse de D..., qui était lasse des plaisanteries continuelles et des fines allusions de l'esprit français. Ibrahim prit l'habitude de venir chez elle. Petit à petit, la comtesse s'accoutuma à l'extérieur du jeune nègre et finit même par trouver un certain agrément à cette tête noire et crépue, qui tranchait sur les perruques poudrées de son salon. (Blessé à la tête, Ibrahim, en fait de perruque, portait un bandeau.)

Il avait 27 ans. Il était grand et de belle prestance ; plus d'une belle le dévisageait avec une émotion plus flatteuse que la simple curiosité ; mais Ibrahim, dans sa prévention, ne remarquait rien ou ne voyait dans ce manège que de la coquetterie.

Cependant, lorsque son regard croisait celui de la comtesse de D..., sa méfiance se dissipait. Les yeux de son hôtesse reflétaient tant de charmante bonhomie, ses manières envers lui étaient si naturelles qu'il n'était décemment pas possible de soupçonner, de sa part, une ombre de coquetterie ou de sarcasme.

Ibrahim ne se doutait pas encore qu'il aimait, que déjà le besoin de voir journellement la comtesse était devenu pour lui une véritable nécessité. Partout où il allait, il cherchait à la revoir, et cependant, chaque rencontre lui apparaissait comme une faveur particulière du ciel. Bien avant lui, la comtesse devina ses sentiments. Quoi qu'on en dise, un amour sans espoir et sans exigences touche plus sûrement le cœur d'une femme que tous les artificieux manèges de la séduction. Quand Ibrahim était là, la comtesse observait ses moindres gestes, prêtait l'oreille à tous ses propos ; sans lui, elle devenait rêveuse et sombrait dans son ordinaire distraction. Merville, le premier, s'aperçut de ce penchant mutuel et félicita Ibrahim. Rien n'encourage l'amour comme une marque d'encouragement venue de l'extérieur ; la passion est aveugle et, se méfiant d'elle-même, se raccroche avec hâte au premier soutien qui se présente.

Les paroles de Merville dessillèrent les yeux d'Ibrahim. Jusqu'à ce moment, la possibilité de posséder la femme qu'il aimait n'avait pas effleuré son imagination. L'espoir embrasa son âme. Il se sentit éperdument épris. Vainement, la comtesse, effrayée par l'emportement de sa passion, s'efforça d'y opposer d'amicales remontrances et des conseils de sagesse ; elle-même faiblissait... Imprudents, les gages succédèrent aux gages. En fin de compte, emportée par la force de la passion qu'elle avait elle-même inspirée, impuissante à lutter contre son action, elle se donna à Ibrahim extasié...

On ne peut rien cacher à l'œil perspicace du monde. Bientôt, la nouvelle liaison de la comtesse devint notoire. Certaines dames s'étonnaient de son choix ; d'aucunes le trouvaient parfaitement naturel. Les unes en riaient, les autres taxaient la comtesse d'imprudence folle. Dans les premières délices de leurs transports, Ibrahim et sa maîtresse ne remarquaient rien, mais bientôt les plaisanteries équivoques des hommes et les observations acerbes des femmes parvinrent à leurs oreilles. Les manières graves et réservées d'Ibrahim l'avaient tenu, jusque-là, à l'abri de ces sortes d'offenses ; il les supportait sans patience et ne savait comment les repousser. La comtesse, habituée à l'estime du monde, ne pouvait accepter de sang-froid de se voir l'objet des potins et des sarcasmes. Toute en larmes, tour à tour, elle s'en plaignait à Ibrahim, lui faisait d'amers reproches, le suppliait de ne pas la défendre, pour ne pas la perdre irrévocablement par un vain éclat.

Une autre circonstance vint encore compliquer la situation : se découvrirent les conséquences d'un amour imprudent. Consolations, conseils et solutions possibles — tout cela fut rejeté après un examen approfondi. La comtesse voyait sa perte et l'attendait, désespérée.

Dès que la société fut au courant de la situation de la comtesse, les cancans reprirent de plus belle. Les dames sensibles poussaient des « ah ! » horrifiés. Les hommes engageaient des paris sur la couleur de l'enfant à naître : noir, ou blanc ? Les épigrammes pleuvaient dru sur son mari, qui était seul, dans toute la capitale, à ne se douter de rien.

L'instant fatal approchait. La comtesse se trouvait dans un état lamentable. Ibrahim lui rendait visite chaque jour, témoin impuissant du déclin de ses forces physiques et morales. La terreur et le désespoir la ressaisissaient à tout moment, la faisant fondre en larmes. Enfin, elle ressentit les premières douleurs de l'enfantement. On s'empressa de prendre des mesures, on réussit à éloigner le comte.

Le médecin ne se fit pas attendre. L'avant-veille, on avait obtenu d'une pauvresse qu'elle cédât son nouveau-né : un homme de confiance fut envoyé le chercher.

Ibrahim se trouvait dans un cabinet contigu à la chambre à coucher, où était alitée l'infortunée comtesse. N'osant même respirer, il entendait les plaintes sourdes de l'accouchée, le chuchotement de la servante et les ordres du médecin. La malheureuse souffrit longtemps. Chaque gémissement déchirait l'âme d'Ibrahim, et chaque silence le transissait d'effroi...

Soudain, il perçut le faible vagissement de l'enfant et, incapable de contenir son ravissement, se précipita chez sa maîtresse...

Un bébé noir était couché sur le lit, à ses pieds. Ibrahim s'approcha. Son cœur battait fort. Il bénit son fils d'une main tremblante. La comtesse sourit faiblement et lui tendit sa main débile... mais le médecin, redoutant pour sa malade une émotion trop forte, écarta le jeune homme.

Le nouveau-né fut déposé dans un panier fermé et

emporté hors de la maison, par un escalier dérobé. A sa place, on disposa l'autre bébé dans un berceau, déjà tout préparé dans la chambre de l'accouchée. Ibrahim se retira, légèrement réconforté. On attendait le comte. Il revint tard, apprit l'heureux accouchement de sa femme et manifesta une vive satisfaction.

De la sorte, le public, qui escomptait un scandale piquant, fut déçu dans ses espoirs et dut se consoler en médisant. Tout rentra dans l'ordre accoutumé.

Cependant, Ibrahim se rendait compte que sa destinée devait tourner et que, tôt ou tard, le comte de D... serait informé de sa liaison. Dans ce cas, quoi qu'il arrivât, la comtesse serait irrémédiablement perdue. Ibrahim, éperdument épris de sa maîtresse, était aimé de même, mais la comtesse était capricieuse et volage; en outre, elle n'en était pas à sa première liaison. Le dégoût et la haine pouvaient se substituer, dans son cœur, au penchant le plus tendre. Ibrahim voyait déjà venir le refroidissement. Jusque-là, il n'avait point connu la jalousie; à présent, il la pressentait avec effroi.

S'étant dit que le tourment de la séparation devait être moins douloureux, il s'était résolu à rompre sa malencontreuse aventure, à quitter Paris et à partir pour la Russie, où l'appelaient de longue date son parrain et le sentiment obscur du devoir à remplir.

CHAPITRE II

Ce n'est point la beauté qui m'enchante,
Ni la liesse qui me ravit :
Mon esprit n'est point si volage
Et mon bonheur n'est pas complet.
Assoiffé du désir des honneurs,
J'entends la gloire qui m'appelle.

DERJAVINE[5].

Les jours, les mois passaient : Ibrahim amoureux ne pouvait se résoudre à abandonner la femme qu'il avait séduite.

La comtesse s'attachait de plus en plus à lui. Leur fils grandissait dans une province éloignée. Les cancans du monde commençaient à s'apaiser et les amants commençaient à jouir d'une tranquillité plus grande, tout en se souvenant de la tourmente passée et en s'efforçant de ne point songer à l'avenir.

Un jour, Ibrahim était à la promenade du duc d'Orléans. Ce dernier, en passant devant lui, s'arrêta et lui remit une lettre, afin qu'il la lût une fois rentré chez lui.

C'était un message de Pierre le Grand. L'Empereur avait deviné la véritable raison de l'absence prolongée de son filleul. Il écrivait au duc que, n'ayant pas l'intention de contraindre Ibrahim d'aucune façon, il le laissait libre de rentrer en Russie ou non et s'engageait, quelle que fût sa décision, à ne jamais abandonner son filleul.

Cette lettre toucha le jeune homme au plus profond du cœur. Son sort fut décidé. Dès le lendemain, il fit part au régent de son intention de regagner la Russie sans plus attendre.

— Réfléchissez bien à ce que vous allez faire, lui dit le duc. La Russie n'est pas votre patrie. Je doute que vous retourniez jamais dans votre pays tropical, mais votre séjour prolongé en France vous a rendu également inadapté au climat et aux mœurs de la Russie à moitié sauvage. Vous n'êtes pas né sujet de Pierre. Croyez-moi, profitez de sa généreuse permission, restez en France, cette France pour laquelle vous avez déjà versé votre sang, et soyez assuré que vos talents et vos mérites seront récompensés ici à leur juste valeur.

Ibrahim remercia sincèrement le duc, mais demeura inébranlable.

— Dommage, observa le Régent... Au demeurant, vous n'avez pas tort...

Il promit de lui accorder sa démission et il écrivit le tout au tsar.

Ibrahim eut tôt fait de préparer son départ. Sa dernière soirée, il la passa, comme de coutume, chez la comtesse de D... Celle-ci n'était au courant de rien, et Ibrahim n'avait pas eu le courage de lui apprendre sa décision. La comtesse était calme et joyeuse. Plus d'une fois, elle appela le jeune homme auprès d'elle et le plaisanta sur sa mélancolie. Après le souper, les invités prirent congé, et il ne resta plus dans le salon que la comtesse, son époux et Ibrahim. L'infortuné aurait donné tout au monde pour demeurer en tête à tête avec sa maîtresse, mais, hélas, le comte de D... semblait s'être si confortablement installé au coin du feu, qu'il fallait perdre tout espoir de l'en déloger. Tous les trois se taisaient.

— *Bonne nuit, messieurs!* dit enfin la comtesse.

Le cœur d'Ibrahim se serra et, d'un seul coup, il ressentit toutes les horreurs de la séparation.

Il restait immobile...

— *Bonne nuit, messieurs!* répéta la comtesse.

Ibrahim ne bougeait toujours pas. En fin de compte, ses yeux s'obscurcirent, la tête lui tourna et il eut à peine la force de se retirer.

De retour chez lui, il écrivit la lettre suivante, sans presque se rendre compte de ce qu'il faisait :

« Je pars, chère Léonore, et te quitte pour toujours. J'écris pour te l'annoncer, car je n'ai pas le courage de m'expliquer avec toi d'une autre façon.

« Ma félicité ne pouvait pas durer. J'ai été heureux contre le sort et contre la nature. Il fallait que tu cessasses de m'aimer ; le sortilège devait se rompre. Cette idée-là m'a toujours obsédé, même dans les moments où je semblais oublier tout, où, prosterné à tes pieds, je me grisais de ton abnégation passionnée, de ta tendresse infinie...

« Le monde frivole condamne impitoyablement tout ce qu'il autorise en théorie ; tôt ou tard, ses froids sarcasmes auraient eu raison de toi, de ton âme passionnée, et tu aurais eu honte de ton amour... Alors, que serait-il advenu de moi ?... Oh, non ! mieux vaut mourir, mieux vaut te quitter avant cet instant affreux !...

« Ta tranquillité m'est plus chère que tout, et tu ne pouvais pas en jouir, tant que les regards du monde étaient fixés sur nous. Souviens-toi de tout ce que tu as souffert, de ton amour-propre outragé, de tes frayeurs... Souviens-toi de la terrible naissance de notre fils... Et demande-toi si je dois encore t'exposer aux mêmes inquiétudes, aux mêmes périls... A quoi bon lutter pour unir la destinée d'un être aussi tendre et beau à celle d'un malheureux nègre, créature infortunée, à peine digne du nom d'humain ?...

« Pardonne, Léonore ; pardonne-moi, unique et tendre amie. En te quittant, je dis adieu aux premières et aux ultimes joies de ma vie. Je n'ai point de patrie, point de proches... Je pars pour la triste Russie, où la solitude sera ma consolation. Les sévères occupations, auxquelles je vais me livrer à présent, sauront assourdir peut-être, ou du moins distraire, le douloureux souvenir des jours d'extase et de félicité... Pardonne, Léonore... je m'arrache de cette lettre, comme si je m'arrachais de tes bras... pardonne-moi, sois heureuse et pense quelquefois au pauvre nègre, à ton fidèle Ibrahim... »

La même nuit, il partit pour la Russie...

Le voyage lui sembla moins pénible qu'il ne l'avait cru. Son imagination eut raison de la réalité. Plus il s'éloignait de Paris, et plus ce qu'il abandonnait à tout jamais lui paraissait vivant et proche...

Sans presque s'en être aperçu, il atteignit la frontière russe.

Déjà l'automne était venu, mais les postillons, en dépit du mauvais temps et de l'état des routes, le menaient aussi rapides que le vent, si bien que le dix-septième jour de voyage, il arriva à Krasnoïé-Sélo, que traversait alors la grande route.

Pétersbourg n'était plus qu'à vingt-huit verstes. Pendant qu'on attelait les chevaux, Ibrahim entra dans la chaumière des postillons.

Dans un coin de la pièce, un homme de haute taille, en cafetan vert, une pipe d'argile à la bouche, lisait les journaux de Hambourg, les coudes sur la table. Ayant entendu entrer, il leva la tête.

— Bah! Ibrahim! s'exclama-t-il en quittant sa banquette... Salut, filleul!

Ibrahim reconnut Pierre le Grand, allait s'élancer joyeusement vers lui, mais s'arrêta respectueusement.

L'Empereur s'approcha de lui, l'étreignit et le baisa au front.

— J'ai été averti de ton arrivée, lui dit-il, et je suis venu à ta rencontre... Je t'attends depuis hier.

Ibrahim ne trouvait pas de mots pour exprimer sa gratitude.

— Donne des ordres pour que ta voiture nous suive, ajouta Pierre, et monte dans la mienne. Tu viendras chez moi.

On avança la calèche impériale. Le souverain fit monter son filleul à côté de lui, et ils partirent au galop.

Une heure et demie plus tard, ils étaient à Pétersbourg. Ibrahim regardait avec curiosité la capitale nouvelle-née, jaillie des marécages sur un ordre de l'autocrate. Des digues nues, des canaux sans quais, des ponts de bois témoignaient de toutes parts de la victoire récente de la volonté humaine sur les éléments. Les maisons semblaient bâties à la hâte. Rien de magnifique dans toute la ville, hormis la Néva, que ne bordait pas encore son cadre de granit, mais où flottaient déjà vaisseaux de guerre et de commerce.

La voiture de l'Empereur s'arrêta devant le palais qu'on appelait Jardin de la Tzarine.

Sur le perron, Pierre le Grand fut accueilli par une femme de trente-cinq ans, admirablement belle de sa personne, vêtue à la dernière mode de Paris. Pierre l'embrassa sur les lèvres, puis, prenant Ibrahim par la main, il dit :

— Katenka[6], reconnais-tu mon filleul ?... Je te prie de l'aimer et de ne pas lui ménager tes bonnes grâces, comme par le passé.

Catherine dévisagea le jeune nègre de ses yeux noirs et pénétrants et lui tendit sa petite main avec aménité.

Deux jeunes beautés, grandes, élancées, fraîches comme des roses, se tenaient derrière elle et s'approchèrent respectueusement de Pierre.

— Lise[7], dit l'Empereur à l'une d'elles, te souviens-tu du petit nègre qui me volait des pommes, à Oranienbaum, pour te les apporter ?... Le voici. Je te le présente.

La grande-duchesse éclata de rire et rougit. On passa dans la salle à manger. La table avait été servie pendant qu'on attendait le retour du souverain. Pierre s'attabla avec toute sa famille et invita Ibrahim à partager leur repas.

Pendant le dîner, l'Empereur l'entretint de divers sujets, l'interrogea sur la guerre d'Espagne, les affaires intérieures de la France, le Régent, qu'il tenait en affection, tout en blâmant beaucoup de ses défauts. Ibrahim avait une intelligence précise et observatrice. Pierre était ravi de ses réponses. Il évoqua quelques traits de l'enfance de son filleul et les raconta avec tant de joyeuse bonhomie que personne n'aurait pu soupçonner que cet hôte si affable était le héros de Poltava[8], le terrible et puissant réformateur de la Russie.

Après le dîner, l'Empereur alla se reposer selon la coutume russe. Ibrahim, demeuré avec l'impératrice et les grandes-duchesses, s'efforça de satisfaire à leur curiosité, leur décrivit la vie parisienne, les fêtes et les modes singulières de la capitale française.

Cependant, quelques-unes des personnes attachées au souverain arrivèrent au palais. Ibrahim reconnut le magnifique prince Menchikov[9] (ce dernier, voyant le nègre en conversation avec l'impératrice, lui jeta, de biais, un regard arrogant), le prince Jacob Dolgorouki, l'intraitable conseiller de Pierre ; le savant Bruss, qui passait, dans le peuple, pour une sorte de Faust russe ; le jeune Ragouzinski, son ancien camarade ; d'autres encore, venus chercher des ordres ou faire leur rapport à l'Empereur.

Pierre le Grand reparut environ deux heures plus tard.

— Nous allons voir, dit-il à son filleul, si tu n'as pas oublié tes anciennes fonctions. Prends une ardoise et suis-moi.

Pierre s'enferma dans son atelier d'ébénisterie et s'occupa des affaires de l'État. Tour à tour, il travailla avec Bruss, le prince Dolgorouki, le maître de police-générale Devières et dicta à Ibrahim plusieurs édits et ordonnances. Le jeune nègre ne se lassait pas d'admirer l'intelligence rapide et ferme de l'Empereur, la force et la souplesse de son attention, la diversité de ses occupations.

Quand le travail fut terminé, le souverain sortit de sa poche un calepin pour vérifier s'il s'était acquitté de tout ce qu'il avait prévu pour la journée. Ensuite, au moment de sortir de l'atelier, il dit à son filleul :

— Il est tard. Je gage que tu es fatigué. Dors ici, comme autrefois, et demain matin, je te réveillerai.

Resté seul, Ibrahim eut peine à retrouver ses esprits. Il se trouvait à Pétersbourg ; il revoyait le grand homme, auprès de qui il avait passé son enfance, sans connaître la valeur de celui-ci. En se repentant presque, il fut contraint de s'avouer que, pour la première fois depuis leur séparation, la comtesse de D... n'avait pas été l'objet de toutes ses pensées de la journée. Il s'aperçut que l'existence nouvelle, qui lui était promise, avec les occupations continuelles qui allaient être les siennes, pouvait ranimer son âme, lassée par les passions, l'oisiveté et une nostalgie secrète. L'idée d'être le compagnon du grand homme et de déterminer peut-être avec lui la destinée d'un grand peuple le visita pour la première fois et lui inspira un sentiment de noble orgueil.

Dans ces dispositions, il s'étendit sur le lit de camp préparé à son intention, et les songes de toutes ses nuits le transportèrent à Paris, dans les bras de la chère comtesse.

CHAPITRE III

Comme nuages au ciel,
Nos pensers se succèdent,
[silhouettes légères.
Aujourd'hui, nous aimons ;
[demain, nous haïssons[10]...

Le lendemain matin, fidèle à sa promesse, Pierre réveilla Ibrahim et le félicita de sa promotion au grade de capitaine-lieutenant de la compagnie des bombardiers du régiment Préobrajenski, dont il était lui-même capitaine.

Les courtisans entourèrent Ibrahim, en s'efforçant, chacun à sa manière, de se montrer affable envers le nouveau favori. Le hautain prince Menchikov lui serra amicalement la main. Cherémetiev[11] s'informa de ses amis parisiens, et Golovine[12] l'invita à dîner chez lui. Beaucoup d'autres imitèrent cet exemple, tant et si bien qu'en fin de compte Ibrahim se trouva pourvu d'invitations pour un mois, au bas mot.

Le filleul de l'Empereur passait des journées monotones, mais actives et, pour cela même, ne connaissait point l'ennui. De jour en jour, il s'attachait plus étroitement à son parrain et découvrait mieux l'élévation de son âme. Il n'est point de science plus passionnante que celle de suivre la pensée d'un grand homme. Ibrahim voyait Pierre siégeant au Sénat, disputant avec

Boutourline et Dolgorouki[13], démêlant de graves questions de législation, fondant la grandeur maritime de la Russie au collège de l'Amirauté... Il l'observait aux heures de loisir, conversant avec Théophane, Gavrila Boujinski et Kopiévitch[14]; examinant des traductions d'auteurs étrangers; visitant la manufacture d'un marchand; l'atelier d'un artisan, le cabinet de travail d'un savant...

La Russie apparaissait à Ibrahim comme une sorte d'immense atelier, rempli de machines en mouvement, où chaque ouvrier, soumis à l'ordre établi, remplissait sa fonction. Et il se jugeait obligé de travailler à son propre établi, tout en tâchant de regretter le moins possible les plaisirs de la vie parisienne. Il lui était plus difficile d'éloigner de soi un autre souvenir, un souvenir cher : souvent, Ibrahim évoquait la comtesse de D..., songeait à sa légitime indignation, à ses larmes, sa tristesse... Parfois une autre pensée lui serrait le cœur : la légèreté du monde, une nouvelle liaison, un autre heureux à sa place... il frémissait, la jalousie faisait bouillonner son sang d'Africain, et de chaudes larmes étaient prêtes à couler sur ses joues sombres.

Un matin, alors qu'il travaillait dans son cabinet, entouré de dossiers, Ibrahim s'entendit soudain interpeller bruyamment en français. Se retournant vivement, il tomba dans les bras du jeune Korsakov, qu'il avait laissé à Paris, dans le tourbillon mondain. Le jeune homme l'étreignait en poussant de joyeuses exclamations.

— J'arrive à l'instant, expliqua-t-il, et j'accours directement chez toi. Tous nos amis de Paris se rappellent à ton souvenir et regrettent ton absence. La comtesse de D... insiste pour que tu reviennes et m'a chargé de cette lettre.

Ibrahim prit en tremblant le pli qu'on lui tendait et reconnut l'écriture qui avait tracé l'adresse, sans pourtant oser en croire ses yeux.

— Comme je suis heureux que tu ne sois pas mort d'ennui dans ce barbare Pétersbourg, reprit Korsakov... Que fait-on ici? De quoi s'occupe-t-on? Quel est ton tailleur?... Y a-t-il au moins un opéra?...

Ibrahim répondit distraitement que l'Empereur devait être en train de travailler au chantier naval. Korsakov éclata de rire :

— Je vois que je suis la dernière personne à qui tu t'intéresses en ce moment... Bon, bon, nous bavarderons tout notre saoul une autre fois... En attendant, je vais aller me présenter à l'Empereur.

A ces mots, il pirouetta sur un pied et quitta la pièce en courant.

Resté seul, Ibrahim s'empressa de décacheter la lettre. La comtesse lui reprochait tendrement son hypocrisie et son manque de confiance :

« Tu me dis, écrivait-elle, que mon repos t'importe plus que tout au monde... Ibrahim! si cela avait été vrai, aurais-tu eu le courage de me plonger dans l'état où m'a mis la nouvelle de ton brusque départ?... Tu craignais que je te retinsse; sois-en certain, malgré tout mon amour, j'aurais su me sacrifier à ton bonheur et à ce que tu considères comme ton devoir... »

La comtesse terminait sa lettre en assurant Ibrahim de son amour passionné et le conjurait de lui écrire quelquefois, du moment qu'il ne leur restait plus aucun espoir de se revoir un jour.

Vingt fois, le jeune homme relut ces lignes inestimables et les couvrit de baisers. Il brûlait d'impatience d'en apprendre plus long sur le sort de sa maîtresse et résolut de se rendre à l'Amirauté, dans l'espoir d'y trouver encore Korsakov, lorsque la porte s'ouvrit et Korsakov apparut en personne à nouveau. Il s'était déjà présenté à l'Empereur et, selon sa coutume, semblait grandement satisfait de lui-même.

— *Entre nous*, dit-il à Ibrahim, le souverain est un singulier personnage. Imagine-toi que je l'ai trouvé affublé d'une sorte de blouse de grosse toile, perché sur le mât d'un nouveau navire, où il m'a fallu grimper pour lui remettre mes dépêches. Accroché à une échelle de corde, je n'avais même pas la place pour faire une révérence correcte, et me suis complètement décontenancé, chose qui ne m'est jamais encore arrivée... Cependant, l'Empereur, après avoir parcouru les dépêches, m'a considéré de la tête aux pieds et a dû être agréablement frappé par mon bon goût et l'élégance de ma toilette. Du moins, il a souri et m'a invité à l'assemblée de ce soir... Mais sais-tu qu'à Pétersbourg je suis tout à fait comme un étranger : depuis six ans, j'ai totalement oublié les usages d'ici... Je t'en supplie, sois mon mentor, passe me prendre ce soir et présente-moi...

Ibrahim s'empressa d'acquiescer et de faire dévier la conversation sur un autre sujet, infiniment plus intéressant pour lui.

— Et la comtesse de D..., que devient-elle ?

— La comtesse ?... Au début, comme il se doit, elle a été très affligée de ton départ. Mais, petit à petit, elle s'est consolée et a pris un nouvel amant... Sais-tu qui, je te le donne en mille... cette double-toise de marquis de R... ! Eh bien, eh bien, pourquoi écarquilles-tu tes blancs de nègre ?... Cela te surprend ?... Ignores-tu donc qu'un chagrin prolongé est étranger à la nature humaine, et, plus particulièrement, à celle des femmes ?... Réfléchis bien à cela, et moi, je vais aller me reposer du voyage ; n'oublie pas de venir me chercher !

Quels sentiments s'emparèrent alors de l'âme d'Ibrahim ? La jalousie ? La rage ? Le désespoir ?... Oh, non ! une profonde, une pesante tristesse. Il se répétait : « Je l'avais prévu ! Cela devait arriver ! »

Ensuite, il déplia de nouveau la lettre de la comtesse, la relut une fois encore, baissa la tête et versa des larmes amères. Il pleura longtemps. Cela lui soulagea le cœur.

Un coup d'œil jeté sur sa montre lui apprit qu'il était l'heure de partir. Ibrahim aurait été enchanté de pouvoir se récuser, mais l'*assemblée* étant une affaire de service, le souverain y exigeait sévèrement la présence de tous ceux qui l'approchaient. Il s'habilla et se rendit chez Korsakov.

Il le trouva en robe de chambre, plongé dans la lecture d'un livre français.

— Si tôt? fit-il en apercevant Ibrahim.

— Voyons, il est déjà cinq heures et demie, répliqua l'autre. Nous allons nous mettre en retard. Dépêche-toi de t'habiller et en route!

Korsakov s'agita, donna force coups de sonnette. Ses gens accoururent aussitôt. Le jeune homme s'habilla à la hâte. Un valet de chambre français lui tendit une paire d'escarpins à talons rouges, une culotte de velours, couleur bleu-de-ciel, et une redingote rose, brodée de paillettes. Dans l'antichambre, on se pressait de poudrer une perruque. On l'apporta enfin; Korsakov y enfonça sa tête tondue, réclama son épée et ses gants, fit une dizaine de pirouettes devant la glace et se déclara prêt à partir. Les heiduques présentèrent aux deux compagnons leurs pelisses d'ours, et ils se mirent en route pour le Palais d'Hiver.

Korsakov ne cessait de questionner Ibrahim : qui était la première beauté de Pétersbourg? Qui passait pour être le meilleur danseur? Quelle danse était en vogue?

Ibrahim satisfaisait à sa curiosité, mais de mauvaise grâce. Cependant, ils approchaient du palais.

Une multitude de longs traîneaux, de vétustes guimbardes et de carrosses chamarrés d'or s'alignaient sur le pré. Près du perron, se pressaient des cochers en livrée et moustachus, des courriers affublés de brillants oripeaux, avec des plumes et des bâtons, des hussards, des pages et des heiduques gauches, noyés sous les pelisses et les manchons de leurs maîtres — en bref, toute la suite des satellites indispensables, selon la conception des boyards en ce temps-là.

Une rumeur générale s'éleva à la vue d'Ibrahim :

— Le nègre!... Le nègre!... Le nègre du Tzar!...

Le jeune homme s'empressa de frayer un chemin pour lui et son compagnon à travers cette valetaille bigarrée. Un laquais de la cour leur ouvrit la porte à deux battants, et Korsakov s'arrêta, estomaqué...

Dans une grande pièce, éclairée par des chandelles

de suif qui perçaient difficilement les nuages de fumée de tabac, de grands seigneurs, le ruban bleu barrant la poitrine, des ambassadeurs, des marchands d'outre-mer, des officiers de la Garde en uniformes verts, des maîtres de chantiers navals en veste et pantalons rayés, allaient et venaient en foule aux sons d'un orchestre à vent. Les dames se tenaient assises le long des murs ; les plus jeunes brillaient à la dernière mode. L'or et l'argent scintillaient sur leurs robes. Leur taille, fine comme la tige d'une fleur, jaillissait des pompeuses crinolines. Les diamants brillaient à leurs oreilles, dans leurs boucles longues et autour du cou. Elles tournaient gaiement la tête de gauche à droite, en attendant leurs cavaliers et l'ouverture du bal.

Les dames d'un certain âge s'efforçaient astucieusement de marier l'antiquité persécutée à la vogue nouvelle : leurs coiffes évoquaient la toque de zibeline de la reine Nathalia Kirilovna, tandis que les robes à panier et les mantilles se donnaient des airs de sarafanes et de casaquins.

Elles semblaient éprouver plus de surprise que de plaisir d'assister à ces divertissements nouveaux et lorgnaient avec dépit, du coin de l'œil, les femmes et les filles des capitaines hollandais qui, en jupe de basin et en blouse rouge, tricotaient leur bas, parlaient entre elles et riaient, comme si elles avaient été chez elles. Korsakov n'arrivait pas à retrouver ses esprits.

En apercevant les nouveaux venus, un domestique s'approcha d'eux avec un plateau chargé de verres et de chopes de bière.

— *Que diable est-ce que tout cela ?* souffla Korsakov à l'oreille d'Ibrahim.

Ce dernier ne put s'empêcher de sourire.

L'impératrice et les grandes-duchesses, rayonnantes de beauté et d'élégance, allaient et venaient parmi les invités, avec un mot aimable pour chacun. L'Empereur se trouvait dans une autre pièce. Korsakov, qui voulait se montrer à lui, ne réussit qu'à grand-peine à se frayer un chemin à travers la foule mouvante.

Dans la pièce où siégeait le souverain, il y avait surtout des étrangers, qui fumaient gravement leurs pipes d'argile et vidaient leurs chopes. Les tables étaient couvertes de bouteilles de vin et de bière, de tabatières de cuir, de verres remplis de punch et d'échiquiers.

A l'une d'elles, Pierre jouait aux dames avec un capitaine anglais aux larges épaules. Ils se saluaient assidûment en lâchant, à qui mieux mieux, des salves de fumée tabagique, et l'Empereur, fortement embarrassé par un coup inattendu de son antagoniste, ne remarqua point Korsakov qui se trémoussait autour des deux joueurs.

En ce moment, un gros bonhomme, avec un énorme bouquet de fleurs sur la poitrine, entra tout agité et proclama d'une voix de stentor que les danses étaient commencées. Il se retira aussitôt, et la plupart des convives lui emboîtèrent le pas, dont Korsakov.

Le spectacle inattendu qui s'offrit à lui le médusa. Tout le long de la salle de bal, tandis que résonnaient les sons de la musique la plus misérable qui soit, dames et cavaliers se tenaient sur deux rangs et se faisaient face. Les messieurs saluaient très bas ; les dames piquaient des révérences encore plus profondes, d'abord en avant, et puis à droite, et puis à gauche ; puis encore en avant, à droite, à gauche, etc. En contemplant ce singulier divertissement, Korsakov ouvrait de grands yeux et se mordait les lèvres.

Saluts et révérences se prolongèrent durant une bonne demi-heure. En fin de compte, on s'arrêta, le gros homme au bouquet annonça que les « danses de cérémonies » étaient terminées et commanda aux musiciens de jouer le menuet.

Korsakov s'en réjouit et se prépara à briller. Parmi les jeunes filles, une surtout avait attiré son attention. Elle devait avoir quelque seize ans ; sa toilette était riche, mais de bon goût ; elle se tenait assise à côté d'un monsieur d'âge mûr, à la mine imposante et sévère.

Korsakov s'élança gracieusement et pria la jeune personne de lui faire l'honneur de danser avec lui. La jeune beauté le considéra, gênée, et ne savait visiblement pas quoi lui répondre. L'homme assis à ses côtés se renfrogna encore davantage. Korsakov attendait une décision, mais le bonhomme au bouquet s'approcha de lui, le conduisit au milieu de la salle et déclara gravement :

— Tu as lourdement péché, jeune homme. Primo, tu t'es approché de cette jeune personne sans lui avoir fait les trois révérences réglementaires ; secundo, tu as pris la liberté de l'inviter alors que, pour le menuet, le droit revient à la cavalière de choisir son cavalier. Pour tout cela, tu mérites d'être sévèrement châtié et nous te condamnons à vider la coupe du *Grand Aigle.*

Korsakov était de plus en plus abasourdi. En un instant, les autres invités faisaient cercle autour de lui, réclamant à cor et à cri qu'il purgeât sa peine. L'Empereur, qui avait entendu les rires et les exclamations, sortit de la pièce où il se trouvait, car il était friand de ces sortes d'exécutions.

La foule s'écarta sur son passage, et il entra dans le cercle, au milieu duquel se tenaient le condamné et, en face de lui, le maréchal de l'*assemblée*, qui lui présentait une énorme coupe remplie de malvoisie. Vainement, il s'efforçait de convaincre le criminel de se prêter de bonne grâce aux exigences de la loi.

— Ah ! ah ! fit Pierre en apercevant Korsakov... Tu t'es fait prendre, frère !... Allez, Monsieur, allez, exécute-toi, et sans faire la grimace, s'il te plaît !

Impossible de se dérober. L'infortuné gandin vida d'un trait la coupe et la rendit au maréchal.

— Écoute-moi, Korsakov, dit Pierre, tu as une belle culotte de velours comme je n'en porte pas, et cependant je suis beaucoup plus riche que toi. C'est du gaspillage. Prends garde à ce que je ne me brouille pas avec toi !

Après cette remontrance, Korsakov voulut sortir du cercle, mais chancela et manqua de s'étaler, à l'indescriptible satisfaction de l'Empereur et de toute la joyeuse compagnie.

Cet épisode, loin de compromettre l'entrain de la

société, ne fit que l'accroître. Les cavaliers se mirent de nouveau à saluer, les dames à piquer des révérences et faire claquer leurs talons, avec un regain d'assiduité et sans plus se soucier le moins du monde de la cadence.

Korsakov ne pouvait participer à l'allégresse générale.

La jeune fille qu'il avait choisie tout à l'heure obéit à son père, Gavrila Afanassiévitch Rjevski, s'approcha d'Ibrahim et lui tendit timidement la main en baissant ses yeux bleus. Ibrahim dansa le menuet avec elle, la reconduisit à sa place, chercha Korsakov, le trouva, l'emmena hors de la salle, le fit monter dans son carrosse et regagner sa demeure.

Chemin faisant, Korsakov commença par bredouiller des mots sans suite : « Maudite assemblée !... maudite coupe du Grand Aigle » ; mais ensuite, il sombra dans un profond sommeil et ne se rendit même pas compte comment il était rentré chez lui, comment on l'avait déshabillé et mis au lit.

Le lendemain matin, il se réveilla avec un mal de tête, se souvenant vaguement des révérences et des salutations, de la fumée de tabac, du bonhomme au bouquet et de la coupe du Grand Aigle.

CHAPITRE IV

Lents étaient les repas de nos ancêtres ;
Lent était le circuit des timbales d'argent,
Des coupes, des hanaps, remplis de vin, de bière
Pétillante, autour de la table des festins.

Rouslan et Ludmila[15].

Maintenant, il est temps que je présente Gavrila Afanassiévitch Rjevski au bienveillant lecteur.

Gavrila Afanassiévitch appartenait à une vieille famille de boyards, possédait de vastes terres, une valetaille nombreuse, était hospitalier, aimait la chasse au faucon — bref, c'était un vrai seigneur russe de l'ancienne souche. Selon ses propres termes, il tenait en aversion tout ce qui avait odeur d'étranger et s'efforçait, dans ses us domestiques, de demeurer fidèle aux traditions du bon vieux temps.

Sa fille était âgée de 17 ans. Encore enfant, elle avait perdu sa mère. On l'avait élevée à l'ancienne mode, c'est-à-dire entourée d'un essaim de nounous, de bonnes, d'amies et de servantes, lui apprenant à broder avec des fils d'or, mais point à lire.

Son père, malgré sa haine pour les importations d'outre-mer, ne sut pas résister à son désir d'apprendre les danses allemandes, que lui enseigna un officier suédois prisonnier, logé dans leur maison. Ce dernier maître ès danses avait atteint la cinquantaine, de sorte qu'il ne brillait guère au menuet ou à la courante ; une balle avait traversé sa jambe droite à Narva et l'avait rendue impropre à gambader menuets et courantes ; en revanche, la gauche exécutait, avec un art et une légèreté extraordinaires, les pas les plus compliqués. L'élève faisait honneur aux efforts de son maître. En effet, Nathalia Gavrilovna passait, dans les *assemblées*, pour être la meilleure danseuse, et cette circonstance avait motivé, en partie, la bévue de Korsakov, qui, dès le lendemain, vint s'en excuser auprès de Gavrila Afanassiévitch.

Mais l'adresse et l'élégance du jeune gandin n'eurent pas le don de plaire à l'orgueilleux boyard, qui le traita avec esprit de macaque français.

On était un jour de fête. Gavrila Afanassiévitch attendait quelques parents et des amis. Dans l'antique salle à manger, on dressait une longue table. Les convives arrivaient avec leurs femmes et leurs filles, libérées enfin de leur réclusion domestique par les édits du Tzar et par son propre exemple.

A tous les convives, Nathalia Gavrilovna présentait un plateau d'argent, garni de gobelets en or ; chacun vidait le sien, tout en regrettant l'abolition du baiser, reçu traditionnellement en cette occurrence.

On passa à table. A la place d'honneur, près du maître de la maison, vint s'asseoir son beau-père, le prince Boris Alexéievitch Lykov, un boyard de soixante-dix ans. Les autres invités s'assirent en tenant compte de l'ancienneté de leur lignage et des préséances, les hommes d'un côté, les femmes de l'autre. Au bout de la table, prirent place la demoiselle de compagnie[16], exhibant casaquin et coiffe à l'ancienne mode ; une naine, fillette de trente ans, ridée et guindée ; le prisonnier suédois, en uniforme bleu usé.

Une domesticité nombreuse et empressée s'agitait autour de la table garnie d'une multitude de plats ; un personnage au regard sévère tranchait au milieu de la valetaille : le maître d'hôtel, au gros ventre et à l'imposante contenance.

Durant les premières minutes, toute l'attention des hôtes se porta sur les confections de notre vieille cuisine nationale; seul, le bruit des assiettes et des cuillers actives troublait le silence. En fin de compte, l'hôte s'étant aperçu qu'il était temps de distraire ses convives par de plaisants propos, se retourna et demanda :

— Où donc est Ekimovna?... Qu'on l'appelle ici!

Plusieurs domestiques se précipitèrent, mais au même instant, une vieille femme fit son entrée en chantonnant et esquissant des pas de danse; elle était poudrée, fardée, outrageusement décolletée, affublée d'une robe à paniers agrémentée de fleurs et de paillettes. Son apparition provoqua une joie unanime.

— Salut, Ekimovna! dit le prince Lykov. Comment vas-tu, ma bonne?

— Bien, compère, fort bien : chantant, dansant, les soupirants attendant!

— Où étais-tu, vieille folle? demanda le maître.

— Hé, je me suis parée, compère, pour les beaux messieurs, pour la fête de Dieu, selon l'ordre du Tzar, l'édit cher aux boyards, à la mode étrangère, pour faire rire la terre!...

Cette réplique suscita une bruyante hilarité, et la folle gagna sa place, derrière le siège du maître.

— Ouais, folle qui radote a parfois de la jugeote, observa Tatiana Afanassievna, la sœur aînée de Gavrila Afanassiévitch, que ce dernier tenait en profonde estime... De vrai, les atours d'aujourd'hui font rire les braves gens. Vous-mêmes, compères, avez rasé votre barbe et portez le cafetan étriqué; quant à nos chiffons à nous autres, autant n'en point parler!... Quelle pitié de ne plus voir le sarafane, le ruban des jeunes filles et le serre-tête!... Regardez un peu nos belles d'aujourd'hui : n'y a-t-il pas de quoi rire et pleurer en même temps?... Les cheveux ébouriffés comme de l'étoupe, pleins de graisse et de farine française; le bedon serré à craquer; les dessous tendus sur des cerceaux; pour monter en carriole, on se tourne de biais; pour franchir une porte, il faut baisser la tête... Interdit de s'asseoir, de rester debout ou de souffler... De vraies martyres, les pauvrettes !...

— Ah, ma bonne Tatiana Afanassievna ! répliqua Kirila Pétrovitch T... qui, après avoir commandé les troupes à Riazan, y avait acquis, le diable aidant, trois mille âmes de serfs et une jeune épouse... Ma bonne Tatiana Afanassievna, peu me chaut, à moi, comment ma femme est fagotée ! Ma foi, qu'elle s'habille en épouvantail ou en mandarin chinois, si cela lui chante ! Je ne demande qu'une chose : c'est qu'elle n'achète pas une robe neuve chaque mois et ne jette pas l'ancienne, alors qu'elle est encore parfaitement décente... De mon temps, une jeune fille recevait pour son trousseau les sarafanes de sa grand-mère, tandis que, de nos jours, la même robe à paniers sert la veille à la maîtresse et le lendemain à la serve !... Que faire à cela ?... C'est bien la ruine de la noblesse russe, c'est moi qui vous le dis ! Un vrai fléau !

A ces mots, il regarda avec un soupir sa Maria Illinichna, à qui les louanges de l'ancien temps et la critique de la mode nouvelle ne semblaient pas avoir l'heur de plaire. Les autres belles se ralliaient à son mécontentement, mais ne soufflaient mot, car la modestie passait pour être l'une des vertus maîtresses de la jeune femme.

— A qui la faute ? demanda Gavrila Afanassiévitch, en se versant une choppe mousseuse de choux aigre... N'est-ce pas la nôtre ?... Ces donzelles font les sottes, et nous ne savons que les encourager !

— Qu'y pouvons-nous faire, quand cela ne dépend pas de nous ? rétorqua Kirila Pétrovitch... J'en connais qui boucleraient volontiers leur femme dans le gynécée, mais non, voilà qu'on vient vous la réclamer, tambour battant, pour une assemblée !... Le mari pour y recevoir le fouet, et la femme pour y montrer sa robe !... Ah, ces assemblées !... Tenez, c'est Dieu qui les a inventées pour nous punir de nos péchés !

Maria Illinichna était assise comme sur des épingles, et la langue lui démangeait. En fin de compte, elle n'y tint plus et, tournée vers son maître, lui demanda avec un sourire acidulé ce qu'il trouvait de répréhensible dans les *assemblées.*

— Ce que j'y vois de mal, répliqua Kirila Pétrovitch qui commençait à s'échauffer... Ce que j'y vois de mal ?... Depuis qu'elles existent, femme et mari ne s'entendent plus. On oublie la parole de l'Évangile : « Que l'épouse craigne l'époux ! »... La femme ne s'occupe plus de son ménage, mais de ses toilettes ! Au lieu de complaire à son mari, elle ne songe qu'à taper dans l'œil de ces freluquets d'officiers !... Et puis, est-il convenable qu'une noble dame ou une demoiselle se trouve en compagnie de tabagistes étrangers et de leurs ouvrières ?... A-t-on jamais vu des choses pareilles : danser à longueur de nuit et causer avec des jeunes gens !... Si ç'avait encore été des parents, mais non, ce sont des inconnus, des étrangers !...

— J'aurais dit mon idée, mais le loup est tout près ! répondit Gavrila Afanassiévitch en fronçant le sourcil... J'avoue que ces assemblées ne me plaisent guère !... A tout bout de champ, on s'y heurte à des ivrognes, à moins qu'on ne vous soûle vous-même, histoire de divertir la galerie !... Ou bien encore qu'un jeune polisson ne fasse faire des sottises à votre fille ! Car la jeunesse d'aujourd'hui est tellement gâtée qu'elle a l'air de Dieu sait quoi !... Tenez, par exemple, pendant la dernière assemblée, le fils du défunt Evgraphe Sergueïtch Korsakov a fait tant de bruit avec ma Natacha que j'en ai rougi, mais oui !... Et le lendemain, que vois-je : un carrosse qui pénètre dans ma cour, comme cela, sans crier gare ! Je me demandais déjà qui ce pouvait bien être et si ce n'était pas le prince Alexandre Danilovitch... Pensez-vous, Korsakov, Ivan Evgraphitch Korsakov !... Et vous croyez peut-être qu'il s'est donné la peine de faire arrêter son carrosse devant le portail et de traverser la cour à pied, jusqu'au perron ?... Bernique... En trombe qu'il est entré, et je te salue, et je te pique une révérence, et je te jacasse !... La folle Ekimovna le singe à vous faire mourir de rire... Holà, Ekimovna, fais-nous voir un peu le macaque d'outre-mer !

La folle prit le couvercle d'un plat, le mit sous son bras en guise de chapeau et commença de faire des grimaces, de saluer et d'esquisser des révérences de tous côtés, en susurrant : « Moussié... mam'zelle... assemblée... pardon... »

Une hilarité générale et prolongée traduisit de nouveau la joie de l'assistance.

— C'est lui-même ! Korsakov tout craché ! s'écria le vieux prince Lykov, en essuyant les larmes que le rire avait provoquées. Du reste, pourquoi le dissimuler, il n'est pas le premier, ni le dernier qui, après avoir vécu chez les mécréants, s'en est revenu dans la Sainte Russie, travesti en polichinelle !... Qu'est-ce que nos enfants apprennent à l'étranger ? A faire des révérences, à baragouiner Dieu sait en quel langage, à ne pas respecter les vieux et à courir après les femmes des autres... De tous nos jeunes gens, élevés au-dehors (que Dieu nous le pardonne), c'est encore le nègre du Tzar qui ressemble le plus à un homme !

— Oh, mon Dieu ! s'exclama Tatiana Afanassievna... De tout près que je l'ai vu ! Quel vilain museau ! Il m'a fait une de ces peurs, malheureuse que je suis !

— Oui, oui, bien sûr, observa Gavrila Afanassiévitch, c'est un homme posé et respectable... pas comme l'autre freluquet !... Tiens, qui est-ce qui entre encore dans la cour ? Ne serait-ce pas de nouveau le macaque d'outre-mer ?... Eh bien, vous dormez, abrutis ? apostropha-t-il les domestiques... Courez lui dire que je ne reçois pas et qu'à l'avenir...

— Tu divagues, vieille barbe ! intervint la folle Ekimovna. Ou bien t'es aveugle : tu ne reconnais pas le traîneau impérial ?... C'est le Tzar qui est là.

Gavrila Afanassiévitch se leva précipitamment de table. Tout le monde s'élança aux fenêtres et aperçut, en effet, le souverain qui gravissait les marches du perron, en s'appuyant sur l'épaule de son ordonnance. Il se fit un grand remue-ménage. Le maître de la maison se précipita au-devant de Pierre ; la valetaille courait en tous sens comme ayant perdu la tête ; les invités furent saisis d'effroi, d'aucuns songeaient à s'éclipser prudemment.

Tout à coup, la voix tonnante de l'Empereur résonna dans le vestibule. Il se fit un silence général, et Pierre entra, en compagnie de son hôte, confondu de joie.

— Salut, messieurs ! lança joyeusement le monarque.

Tous saluèrent bien bas. L'œil vif du souverain eut tôt fait de découvrir dans la foule la fille de son hôte. Il lui fit signe d'approcher. Nathalia Gavrilovna s'exécuta assez bravement, mais rougit jusqu'aux oreilles, voire jusqu'aux épaules.

— Tu embellis de jour en jour, observa l'Empereur, en la baisant au front selon sa coutume.

Ensuite, se tournant vers l'assistance, il reprit :

— Eh bien, messieurs, vous aurais-je dérangés ?... Vous dîniez, n'est-ce pas ? Reprenez vos places, je vous en prie, et toi, Gavrila Afanassiévitch, sers-moi donc de l'eau-de-vie à l'anis !

Le maître de la maison se précipita vers le majestueux maître d'hôtel, lui arracha le plateau, emplit lui-même un gobelet d'or et l'offrit à Pierre avec un profond salut.

L'Empereur but, croqua un morceau de craquelin et réitéra son invitation.

Chacun reprit sa place, à l'exception de la naine et de la demoiselle de compagnie qui n'osaient demeurer à une table que le Tzar honorait de sa présence.

Pierre s'assit à côté de son hôte et réclama une soupe aux choux. Son ordonnance lui remit une cuiller de bois bordée d'ivoire, un couteau et une fourchette à manche de corne verte, car jamais l'Empereur n'utilisait d'autre couvert que le sien.

Le repas, tout à l'heure animé par les rires et les bavardages, se poursuivit dans le silence et dans la contrainte. L'hôte, saisi d'orgueil et de respect, ne mangeait rien ; les convives faisaient des manières également et écoutaient avec vénération le souverain qui s'entretenait en allemand avec le prisonnier suédois, à propos de la campagne de 1701[17].

La folle Ekimovna, interrogée à plusieurs reprises par le Tzar, répondait avec une froideur timide qui (notons-le au passage) ne témoignait nullement de sa bêtise naturelle.

Enfin, le dîner se termina. L'empereur se leva et après lui toute l'assistance.

— Gavrila Afanassiévitch, dit-il à son hôte, j'ai à te parler en particulier.

Le prenant par le bras, il l'emmena dans le salon et ferma la porte derrière eux.

Les invités demeurèrent dans la salle à manger, commentant à voix basse cette visite imprévue. Craignant d'être indiscrets, ils partirent bientôt, les uns après les autres, sans avoir pris congé de leur hôte, ni l'avoir remercié de son bon accueil.

Le beau-père, la fille et la sœur de Gavrila Afanassiévitch les reconduisirent doucement jusqu'au seuil, puis restèrent seuls dans la salle à manger à attendre le retour de l'Empereur.

CHAPITRE V

Va, je te trouverai femme,
Ou ne serai plus meunier!

ABLESSIMOV.
Le Meunier (opéra).

Une demi-heure plus tard, la porte s'ouvrit et Pierre apparut. D'une majestueuse inclination de la tête, il répondit à la triple révérence du prince Lykov, de Tatiana Afanassievna et de Natacha, et gagna directement le vestibule.

Gavrila Afanassiévitch lui tendit sa pelisse rouge, l'accompagna à son traîneau et, sur le perron, le remercia encore une fois de l'honneur qui lui avait été fait.

Pierre partit.

De retour dans la salle à manger, Gavrila Afanassiévitch semblait terriblement préoccupé. D'une voix furieuse, il ordonna aux domestiques de se hâter de débarrasser la table, expédia Natacha dans sa chambre et, après avoir annoncé à son beau-père et à sa sœur qu'il avait à leur parler, les conduisit dans la pièce où d'ordinaire il faisait la sieste après le repas.

Le vieux prince s'étendit sur le lit de chêne; Tatiana Afanassievna s'installa dans un antique fauteuil recouvert de soie, après avoir approché un tabouret de ses pieds; Gavrila Afanassiévitch ferma toutes les portes, s'assit sur le lit, aux pieds du prince Lykov et commença de parler à mi-voix :

— Ce n'est pas pour rien que le Tzar m'a rendu visite. Devinez un peu de quoi il a daigné m'entretenir.

— Hé, comment veux-tu que nous le sachions, mon frère respecté ! répliqua Tatiana Afanassievna.

— Ne t'aurait-il pas confié le commandement d'une armée ? s'informa le beau-père... Car il en serait grand temps. Ou bien t'aurait-il offert une ambassade ?... Après tout, ce n'est pas une mauvaise affaire. Il n'y a pas que les clercs mais aussi de nobles gentilshommes qu'on envoie chez les souverains étrangers.

— Oh, non ! répliqua Rjevski en se renfrognant. Moi, je suis un homme de la vieille classe et, par les temps qui courent, on n'a plus besoin de nos services... Bien qu'entre nous soit dit, un bon gentilhomme russe vaille les jeunes parvenus, vendeurs de crêpes et mécréants[18] d'aujourd'hui... Mais ceci est une autre histoire !

— Mais alors, frère, de quoi l'Empereur a-t-il daigné t'entretenir si longuement ? demanda Tatiana Afanassievna. Ne serait-ce point d'un malheur ? Dieu nous en garde et nous protège !

— Un malheur ?... Pas précisément, et cependant cela me met la puce à l'oreille.

— De quoi s'agit-il donc, frérot ?

— De Natacha. Le Tzar est venu la demander en mariage.

— Dieu soit loué ! répondit Tatiana Afanassievna en se signant. Natacha est en âge d'être épousée, et tel marieur, tel fiancé, dit l'adage... Que Dieu leur donne l'amour et le bon conseil. Certes, l'honneur est grand... Et pour qui le Tzar a-t-il demandé Natacha ?

— Hum ! grogna Gavrila Afanassiévitch... Pour qui ?... Pour qui ?... Justement, tout est là !

— Pour qui donc, répéta le prince Lykov, qui commençait à somnoler.

— Devinez-le ! rétorqua Gavrila Afanassiévitch.

— Hé, comment le pourrions-nous deviner, mon frère ! répondit la vieille. Ce ne sont pas les épouseurs qui manquent à la cour, et chacun serait content d'avoir ta Natacha. Ne serait-ce pas Dolgorouki ?

— Non, ce n'est pas lui.

— Tant mieux ! Il est trop fier... Chéïne, Troïékourov ?

— Ni l'un, ni l'autre.

— Tant mieux, ils ne me plaisent pas. Des godelureaux, qui ont trop humé l'air étranger... Alors Miloslavski ?

— Non plus.

— Hé, que Dieu le garde. Il est riche, mais bête... Qui donc ?... Eletzki ?... Lvov ?... Non ?... Serait-ce Ragouzinski ?... Enfin, bref, je renonce... Mais alors, pour qui donc le Tzar a-t-il demandé la main de Natacha ?

— Pour le nègre Ibrahim.

La vieille poussa un cri et leva les bras au ciel. Le prince Lykov souleva sa tête de l'oreiller et répéta avec ébahissement :

— Le nègre Ibrahim !

— Mon frère, mon bon frère ! supplia Tatiana Afanassievna d'une voix larmoyante, ne laisse pas périr ta pauvre enfant, ne la jette pas dans les griffes du démon noir !

— Mais comment refuser au Tzar, qui promet en échange sa faveur, pour moi et pour toute notre famille ?

— Hein, quoi ! s'écria le vieux prince, qui n'avait plus du tout envie de dormir... Quoi ! Natacha, ma petite-fille, épouserait un nègre acheté à des marchands !

— Il n'est pas de basse extraction, répliqua Gavrila Afanassiévitch. Il est le fils d'un sultan noir. Les Turcs l'ont fait prisonnier et vendu à Constantinople, où notre ambassadeur l'a racheté pour faire cadeau de lui au Tzar. Son frère aîné est venu en Russie pour offrir une forte rançon moyennant sa délivrance...

— Gavrila Afanassiévitch, mon bon frère, nous

connaissons le conte de Bova - fils de roi et de Iérouslan Lazarévitch[19], rétorqua la sœur. Dis-nous plutôt ce que tu lui as répondu, au Tzar.

— Je lui ai répondu qu'il est notre maître, et que nous autres, ses esclaves, lui devons obéir.

En ce moment, on entendit un bruit derrière la porte. Gavrila Afanassiévitch s'empressa d'ouvrir, mais sentit une résistance, poussa violemment le battant... et aperçut Natacha, sans connaissance, étendue sur le sol ensanglanté.

Le cœur de la jeune fille s'était serré au moment où le souverain s'était enfermé avec son père. Un secret pressentiment lui avait soufflé qu'il était question d'elle et, lorsque son père l'avait renvoyée, en prétextant qu'il avait à parler à la tante et au grand-père, Natacha n'avait pu résister aux injonctions de la curiosité féminine. Se faufilant à travers les pièces de la maison, elle s'était glissée jusqu'à la porte de la chambre de son père et n'avait pas perdu un mot de l'épouvantable entretien. Quand elle avait entendu les dernières paroles de Gavrila Afanassiévitch, la malheureuse s'était évanouie et, en tombant, s'était cogné la tête contre une malle ferrée où était enfermé son trousseau.

Les gens accoururent. On souleva l'infortunée, on la transporta dans sa chambre et la déposa sur le lit. Bientôt, elle revint à elle, ouvrit les yeux, mais ne put reconnaître son père, ni sa tante.

Une forte fièvre se déclara. Dans son délire, Natacha ne cessait de parler du nègre, de son mariage, et soudain, d'une voix perçante et pitoyable, elle s'écria :

— Valérien !... Mon Valérien !... Ma vie !... Sauve-moi !... Les voilà !... Les voilà !...

Tatiana Afanassievna considéra son frère avec inquiétude. Il blêmit, se mordit les lèvres et sortit sans souffler mot.

Gavrila Afanassiévitch s'en était allé retrouver le vieux prince qui, n'ayant pas la force de monter l'escalier, était resté en bas.

— Comment va Natacha ? demanda-t-il.

— Mal, répondit le père consterné... Plus mal que je ne le pensais... Dans son délire, elle appelle Valérien.

— Qui est ce Valérien ? s'informa le vieillard, inquiet. Ne serait-ce pas cet orphelin, ce fils de streletz, que tu as élevé dans ta maison ?

— Lui-même, répondit Gavrila Afanassiévitch. Pour mon malheur, son père m'a sauvé la vie pendant la révolte[20], et le diable m'a inspiré de prendre chez moi ce maudit louveteau... Lorsque, il y a deux ans de cela, à sa propre demande, on l'a inscrit au régiment, Natacha s'est mise à pleurer en lui disant adieu, et lui demeurait immobile, comme pétrifié... Cela m'a semblé étrange, j'en ai parlé à ma sœur. Mais depuis, pas une seule fois, Natacha n'a fait allusion à lui, et Valérien, de son côté, n'a jamais donné signe de vie... Je pensais qu'elle l'avait oublié, mais non !... C'est dit : elle épousera le nègre !

Le prince Lykov ne contredit point son gendre. Du reste, ç'eût été inutile. Il rentra donc chez lui. Tatiana Afanassievna demeura au chevet de sa nièce. Gavrila Afanassiévitch, après avoir envoyé chercher un médecin, s'enferma dans sa chambre, et tout, dans la maison, devint triste et silencieux.

Ce subit projet de mariage stupéfia Ibrahim pour le moins autant que Gavrila Afanassiévitch. Voici comment les choses s'étaient produites :

Un jour qu'il travaillait avec son filleul, l'Empereur lui avait dit :

— Holà, frère, tu me sembles bien triste. Dis-moi donc franchement ce qui te manque.

Ibrahim s'était efforcé de convaincre le souverain qu'il était parfaitement satisfait de son sort et ne souhaitait pas mieux.

— Parfait, parfait ! Puisque tu t'ennuies sans raison, je sais comment te divertir !

Quand le travail fut achevé, Pierre demanda à Ibrahim :

— Comment te plaît la jeune fille avec qui tu as dansé le menuet, lors de la dernière assemblée ?

— Elle est charmante, Majesté. De plus, elle a l'air d'une personne modeste et bonne.

— Je te la ferai connaître de plus près. Veux-tu l'épouser ?

— Moi, sire ?...

— Écoute-moi bien, Ibrahim, tu es seul, sans famille, sans naissance, étranger pour tout le monde sauf moi... A supposer que je meure aujourd'hui, que deviendras-tu, mon pauvre nègre ?... Il faut donc te caser pendant qu'il est encore temps, te trouver de nouvelles protections, t'unir à la haute noblesse russe.

— Sire, je suis heureux de la protection et des faveurs de Votre Majesté. Que Dieu m'accorde de ne pas survivre à mon tzar, mon bienfaiteur... Je ne désire rien de plus... Pourtant, même si j'avais idée de me marier, la jeune fille et ses parents voudraient-ils de moi ?... Avec mon physique...

— Ton physique ?... Quelle sottise !... N'es-tu pas un fameux gaillard ?... Les jeunes filles doivent obéir à leurs parents, et nous verrons bien ce que me dira le vieux Gavrila Rjevski lorsque je me ferai moi-même ton courtier !

A ces mots, l'Empereur ordonna qu'on fît avancer son traîneau et laissa son filleul plongé dans une profonde méditation.

« Me marier ? songeait le nègre. Et pourquoi pas ?... Serais-je condamné à vivre solitaire, à ignorer les plus pures délices et les devoirs les plus sacrés de l'homme pour la seule raison que je suis né sous les tropiques ?... Je ne dois pas espérer d'être aimé ? — Puérile objection !... Peut-on croire à l'amour ? Existe-t-il seulement dans le cœur volage des femmes ?... En renonçant à jamais à des chers errements, j'ai opté pour des tentations d'une autre sorte, des tentations plus concrètes... L'Empereur est dans le vrai : il faut que je pense à mon établissement. En m'unissant à la jeune Rjevski, je m'unirai à toute la fière aristocratie russe, je cesserai d'être un intrus dans ma nouvelle patrie... Oh, je n'exigerai pas l'amour de ma femme. Je me contenterai de sa fidélité, je gagnerai son amitié, à force de tendresse, de confiance et d'indulgence. »

Selon sa coutume, Ibrahim voulut se mettre au travail, mais son imagination battait trop la campagne. Laissant là ses paperasses, il s'en fut errer le long des quais de la Néva.

Soudain, il entendit la voix de Pierre. Le jeune homme se retourna et aperçut l'Empereur qui, ayant quitté son traîneau, marchait gaiement derrière lui.

— C'est fait, vieux frère, dit le Tzar en lui prenant le bras. Je t'ai fiancé. Demain, tu iras rendre visite à ton beau-père. Seulement, tâche de flatter sa morgue de boyard : arrête ton traîneau devant le portail, traverse la cour à pied, entretiens-le de ses mérites et de sa noblesse, et je te promets qu'il sera fou de toi!... Et maintenant, ajouta-t-il en secouant son gourdin, conduis-moi chez ce filou de Danilitch, à qui je dois toucher un mot de ses nouvelles fredaines.

Ibrahim, ayant chaleureusement remercié Pierre de sa paternelle sollicitude, l'accompagna jusqu'au magnifique palais du prince Menchikov et rentra chez lui.

CHAPITRE VI

Une veilleuse brillait doucement devant la vitre de l'armoire aux Images, où luisaient les enchâssures d'or et d'argent des icônes familiales. Sa lumière tremblante éclairait faiblement le lit aux rideaux tirés et la petite table, couverte de fioles étiquetées.

Près du poêle, une servante était assise devant son rouet, et seul le bruit léger du fuseau rompait le silence de la chambre.

— Qui est là ? dit une voix faible.

La servante se leva aussitôt, s'approcha du lit et écarta lentement le rideau.

— Fera-t-il jour bientôt ? demanda Nathalia.

— Il est déjà midi, répondit la servante.

— Ah ! mon Dieu !... Pourquoi fait-il si noir ?

— Les fenêtres sont fermées, Mademoiselle.

— Aide-moi vite à m'habiller.

— C'est défendu, Mademoiselle, le médecin l'a défendu.

— Suis-je donc malade ?... Depuis quand ?

— Voilà bien deux semaines.

— Vraiment ! Il me semble que je suis couchée depuis hier seulement...

Natacha se tut. Elle s'efforçait de rassembler ses idées éparses. Que lui était-il arrivé ?... Quoi donc, au juste ?... Elle n'arrivait pas à s'en souvenir.

La servante était toujours là, attendant un ordre. En

ce moment, un bruit sourd retentit à l'étage en dessous.

— Qu'est-ce donc ? interrogea la malade.

— Les maîtres ont fini de manger, répondit la servante. Ils se lèvent de table. Tatiana Afanassievna va monter ici.

Natacha parut se réjouir : elle agita faiblement la main. La domestique referma le rideau et se remit à son rouet.

Au bout de quelques minutes, une tête apparut dans l'entrebâillement de la porte, coiffée d'un bonnet blanc à rubans sombres, et la visiteuse s'informa à mi-voix :

— Comment va Natacha ?

— Bonjour, tante, répondit faiblement la jeune fille.

Tatiana Afanassievna s'élança vers elle.

— Mademoiselle a repris connaissance, observa la servante, en avançant un fauteuil sans faire de bruit.

La vieille dame embrassa en pleurant le visage pâle et alangui de sa nièce et s'assit à côté d'elle.

Un médecin allemand, qui était entré à sa suite, portant redingote noire et savante perruque, tâta le pouls de la malade et déclara en latin, puis en russe, que tout danger était écarté. Il réclama du papier, un encrier, libella une nouvelle ordonnance et s'en fut. La vieille tante se leva, embrassa encore une fois sa nièce et courut annoncer la bonne nouvelle à Gavrila Afanassiévitch.

Le nègre du Tzar, en uniforme, l'épée au côté et le tricorne à la main, était assis au salon et causait respectueusement avec Gavrila Afanassiévitch. Korsakov, paresseusement affalé sur un divan de plume, les écoutait distraitement et agaçait un vieux lévrier. Las de ce passe-temps, il s'approcha de la glace, cette ressource ordinaire de son oisiveté, et y aperçut Tatiana Afanassievna, qui faisait vainement des signes à son frère, par la porte entr'ouverte.

— Gavrila Afanassiévitch, on vous appelle, dit Korsakov en se tournant vers l'hôte et interrompant Ibrahim.

Gavrila Afanassiévitch rejoignit immédiatement sa sœur et ferma la porte derrière lui.

— J'admire ta patience! dit Korsakov à Ibrahim. Voilà une heure que tu l'écoutes radoter sur l'ancienneté des familles Lykov et Rjevski et que tu y ajoutes encore des commentaires édifiants. A ta place, « *j'aurais planté là* » le vieux menteur et toute sa lignée, y compris Nathalia Gavrilovna, qui fait des simagrées et feint d'être malade — bref, « *une petite santé* »!... Allons, dis-moi franchement, est-il possible que tu sois amoureux de cette petite « *mijaurée* »?...

— Oh, non! répondit Ibrahim, ce n'est pas un mariage d'inclination, mais de raison... Et encore faut-il que je ne lui inspire pas une franche répugnance!

— Écoute-moi, Ibrahim, répliqua Korsakov. Pour une fois, suis mon conseil. Crois-moi, je suis plus raisonnable que je n'en ai l'air! Renonce à cette sotte idée : ne te marie pas. J'ai la nette impression que ta promise n'éprouve pas le moindre penchant pour toi... Sait-on jamais ce qui peut arriver?... Un exemple : je ne suis évidemment pas trop mal fait de ma personne, mais Dieu m'est témoin que j'ai trompé parfois des maris qui n'avaient absolument rien à m'envier sous ce rapport!... Du reste, toi-même... Te souviens-tu de notre ami parisien, le comte de D...? Il ne faut jamais tabler sur la fidélité des femmes, et bienheureux l'homme qui s'en fait une raison!... Mais toi!... Avec ton naturel ardent, rêveur et jaloux, ton nez épaté, tes grosses lèvres, ta toison rêche, tu vas te jeter à corps perdu dans tous les risques du mariage?...

— Merci de tes conseils d'ami, l'interrompit Ibrahim avec froideur, mais connais-tu l'adage : ce n'est point ton souci de bercer les enfants d'autrui?

— Ibrahim, mon ami, fais bien attention à ce que tu n'aies pas à illustrer cet adage dans son sens le plus concret ! rétorqua en riant Korsakov.

Mais, dans la pièce voisine, la conversation devenait de plus en plus animée.

— Tu la tueras ! disait la vieille tante... Elle ne pourra pas supporter sa vue !

— Juges-en toi-même, répliquait le frère obstiné. Voilà quinze jours qu'il vient chez nous en qualité de fiancé et n'a pas encore vu sa promise... Il pourrait penser à la fin que la maladie n'est qu'un faux-fuyant, que nous cherchons à gagner du temps pour nous débarrasser de lui... Et puis, que dira le Tzar ? Voilà trois fois qu'il envoie prendre des nouvelles de la santé de Natacha... Fais ce que tu voudras, mais moi, je n'ai pas l'intention de me brouiller avec lui !

— Oh, mon Dieu ! dit Tatiana Afanassievna, que va-t-elle devenir, la pauvrette ?... Laisse-moi, du moins, aller la préparer à recevoir cette visite.

Gavrila Afanassiévitch acquiesça et retourna au salon.

— Dieu merci, dit-il à Ibrahim, tout danger est écarté. Nathalia se sent beaucoup mieux et si je n'avais honte de laisser seul ici notre cher Ivan Evgraphovitch, je t'emmènerais là-haut voir ta future.

Korsakov félicita Gavrila Afanassiévitch, le pria de ne point se déranger pour lui, assura qu'il avait besoin de partir et s'élança dans le vestibule, ne souffrant pas que son hôte le reconduisît.

Pendant ce temps, Tatiana Afanassievna s'empressait de préparer la malade à recevoir le terrible visiteur.

En entrant dans la chambre, elle s'assit, essoufflée, près du lit, prit la main de sa nièce, mais, avant qu'elle eût eu le temps de prononcer une parole, la porte s'ouvrit.

Natacha demanda :

— Qui vient là ?

Tatiana Afanassievna, plus morte que vive, ne put lui répondre.

Gavrila Afanassiévitch écarta le rideau, considéra froidement la malade et s'informa de son état. Natacha voulut lui sourire, mais en vain. Le regard sévère de son père l'avait frappée, et l'anxiété la saisit.

En ce moment, il lui sembla que quelqu'un d'autre se tenait à son chevet. Ayant soulevé la tête, avec effort, elle reconnut le nègre du Tzar. Alors, elle se souvint de tout et se représenta nettement son horrible avenir. Cependant, elle était trop épuisée pour recevoir une commotion. Elle reposa la tête sur l'oreiller et ferma les yeux... Son cœur battait douloureusement.

Tatiana Afanassievna fit signe à son frère que la malade voulait dormir. Tous sortirent de la chambre, sans faire de bruit, sauf la servante, qui se remit à son rouet.

L'infortunée jeune beauté souleva les paupières et, n'apercevant plus personne auprès de son lit, appela sa domestique pour lui demander d'aller chercher la naine. Mais, au même instant, la minuscule vieille roula comme une boule jusqu'à son lit. L'Hirondelle (tel était le sobriquet de la naine) avait, de toute la vitesse de ses jambes écourtées, suivi Gavrila Afanassiévitch et Ibrahim sur l'escalier, puis s'était cachée derrière la porte, docile aux commandements de la curiosité féminine. En la voyant, Natacha renvoya la servante, et la naine prit place sur un tabouret, au pied du lit.

Jamais corps si petit n'avait contenu d'âme plus active. La naine se mêlait de tout, était au courant de tout, s'occupait de tout. Grâce à son intelligence madrée et cauteleuse, elle avait su gagner la faveur des maîtres et la haine de toute la domesticité, qu'elle gouvernait en autocrate. Gavrila Afanassiévitch prêtait une oreille complaisante à ses délations, ses doléances et ses menues requêtes ; Tatiana Afanassievna demandait son avis à propos de tout et de rien et suivait ses conseils ; Natacha avait pour elle un attachement sans bornes et lui confiait toutes ses pensées, tous les mouvements de son jeune cœur.

— Hirondelle, sais-tu que mon père veut me marier au nègre ?

La naine poussa un profond soupir, et sa petite face ridée se fripa encore davantage.

— N'y a-t-il donc plus d'espoir ? poursuivit Natacha... Père n'aura-t-il pas pitié de moi ?

La naine hocha son bonnet.

— Ma tante ou mon grand-père ne me défendront-ils point ?

— Non, jeune fille. Le nègre a su tous les envoûter pendant ta maladie. Le maître est fou de lui, le prince ne jure que par lui, et Tatiana Afanassievna se contente de dire : dommage qu'il soit noir, sans cela, ce serait péché de souhaiter un autre fiancé !

— Mon Dieu ! oh, mon Dieu ! gémit l'infortunée Natacha.

— Ne pleure pas, ma belle, dit la naine en baisant sa main affaiblie... Si tu épouses le nègre, tu seras libre. Nous ne sommes plus au bon vieux temps, et les maris n'enferment plus leurs femmes. Le moricaud est riche, à ce qu'on dit. Votre maison sera une coupe pleine, et tu vivras heureuse...

— Pauvre Valérien ! soupira la jeune fille, mais si bas que la naine devina plutôt qu'elle n'entendit ces mots.

— Justement, jeune fille, répondit-elle en baissant mystérieusement la voix, si tu avais moins pensé au *strelets* orphelin, si tu ne l'avais pas appelé dans ta fièvre, ton père n'aurait pas été tellement furieux.

— Quoi, j'ai parlé de Valérien dans mon délire ? demanda Natacha épouvantée... Père l'a entendu ?... Père est fâché ?

— Eh oui, tout le mal est là, répondit la naine... A présent, si tu lui demandes de ne pas te marier au nègre, il croira que c'est à cause de Valérien... Il n'y a plus rien à faire : soumets-toi à la volonté de ton père, et advienne que pourra !...

Natacha ne répliqua mot. L'idée que son père

connaissait le secret de son cœur avait fortement ému son imagination.

Il ne lui restait plus qu'un seul espoir : mourir avant l'accomplissement de ce mariage détesté. L'âme faible et affligée, elle accepta sa destinée.

CHAPITRE VII

Il y avait dans la maison de Gavrila Afanassiévitch, dans le vestibule, à droite, une sorte de réduit étroit, avec un vasistas en guise de fenêtre. Ce réduit contenait un lit, très fruste, avec une couverture de gros molleton et, devant le lit, une petite table de sapin, sur laquelle étaient posées une bougie de suif, à son dernier souffle, et de la musique.

Au mur, on avait accroché un vieil uniforme gris et un tricorne, son égal en vétusté ; au-dessus était clouée au mur une image d'Épinal, représentant Charles XII à cheval.

Les sons d'une flûte remplissaient cet humble ermitage. Le maître de danses captif, habitant solitaire de la cellule, en bonnet de nuit et robe de chambre de nankin, essayait de bercer l'ennui du soir d'hiver en jouant de vieilles marches suédoises, qui lui rappelaient le temps heureux de sa jeunesse.

Après avoir consacré deux bonnes heures à cette occupation, le Suédois démonta sa flûte, la remit dans son étui, et commença à se déshabiller. Mais en ce moment, le loquet de la porte se souleva ; un beau jeune homme de haute taille, en uniforme, pénétra dans le réduit.

Stupéfait, le Suédois s'empressa de se lever.

— Tu ne me reconnais pas, Gustav Adamytch ? dit le visiteur d'une voix émue... Tu ne te souviens plus du gamin à qui tu enseignais l'école du soldat suédois, avec qui tu faillis provoquer un incendie dans cette même petite chambre, en tirant avec un petit canon d'enfant?...

Gustav Adamytch le dévisageait de tous ses yeux.

— Eh! eh! eh! s'écria-t-il enfin en l'étreignant... *zalut! Y a-d-il londans gue du es izi? Azieds-toi, toi brafe jenapan!... Pafardons!*

. . . .

LES RÉCITS DE FEU IVAN PÉTROVITCH BELKINE

Mme PROSTAKOVA. — *Déjà tout petit, il était porté sur les histoires.*

SKOTININE. — *Mitrofane est comme moi !*

FONVIZINE. Nedorosl'[1].

NOTE DE L'ÉDITEUR

Nous étant chargé du soin de publier les Récits de I.P. Belkine, que nous présentons aujourd'hui au public, nous avons tenu à y joindre une biographie, si brève soit-elle, du défunt auteur, et de satisfaire ainsi à la légitime curiosité des amateurs de notre littérature nationale.

Pour ce faire, nous nous sommes adressé à Maria Alexéïevna Trafilina, proche parente et héritière d'Ivan Pétrovitch Belkine ; malheureusement, celle-ci n'a pu nous fournir la moindre information, faute d'avoir connu le défunt. Elle nous a recommandé de faire appel, à cette fin, à l'un de nos concitoyens, homme respectable et ancien ami d'Ivan Pétrovitch. Nous avons suivi ce conseil, et reçu, à notre lettre, la réponse que nous reproduisons ci-contre. Nous la publions telle quelle, sans commentaires ni remaniements, comme un témoignage précieux de noble pensée et d'amitié touchante, en même temps qu'une très suffisante notice biographique.

« Mon très-honoré Monsieur,

« J'ai eu l'avantage de recevoir, ce 23 courant, votre honorée du 15, où vous exprimez le souhait d'obtenir d'amples informations sur les dates de naissance et de décès, la carrière administrative, la vie privée, les occupations et les mœurs de feu Ivan Pétrovitch Belkine, qui fut mon sincère ami et mon voisin. C'est avec un bien vif plaisir que j'acquiesce à votre vœu, mon très-honoré Monsieur, et vous fais parvenir, ci-jointe, une relation de tout ce que j'ai pu retenir des propos de mon ami et de mes propres observations.

« Ivan Pétrovitch Belkine naquit de parents nobles et honnêtes, en 1798, au village de Gorioukhino[2]. Feu son père, le commandant Piotr Ivanovitch Belkine, était marié à la demoiselle Pélaguéïa Gavrilovna Trafilina. Piotr Ivanovitch était un homme peu fortuné, mais tempérant et fort habile dans l'administration de ses terres. Son fils reçut ses premières lettres du sacristain du village. C'est à cet honnête homme, je crois, qu'il fut redevable de son goût pour la lecture et la pratique des lettres russes. En 1815, Ivan Pétrovitch prit du service dans un régiment de chasseurs à pied (dont le numéro m'échappe), où il servit jusqu'en 1823. La mort de ses parents, décédés sensiblement à la même époque, l'obligea de prendre sa retraite et de venir s'installer au village de Gorioukhino, son domaine ancestral.

« Lorsqu'il prit en main l'administration de ses terres, Ivan Pétrovitch, autant par inexpérience que par excès de bonté, eut tôt fait de laisser aller son domaine à l'abandon et de relâcher l'ordre rigoureux, établi par feu monsieur son père.

« Après avoir congédié le staroste[3], un homme méticuleux et adroit, dont les paysans étaient mécontents (selon leur coutume), il confia la gestion de son domaine à sa vieille économe, qui avait su gagner les bonnes grâces du maître par son art de raconter des histoires. Cette vieille sotte ne sut jamais distinguer un assignat de vingt-cinq roubles d'un de cinquante ; les moujiks, presque tous ses compères, ne la craignaient pas le moins du monde ; le nouveau staroste, élu par leurs soins, était de connivence avec eux et, par la même occasion, filoutait tant et si bien qu'Ivan Pétrovitch fut obligé d'abolir la corvée et de fixer une redevance extrêmement modique. Mais là encore, profitant de sa mansuétude, les paysans obtinrent pour la première année une réduction considérable et, les années suivantes, payèrent les deux bons tiers de la redevance avec des noix, des airelles, etc. Malgré quoi, il resta encore des arrérages.

« En ma qualité d'ami de feu monsieur le père d'Ivan Pétrovitch, j'ai estimé de mon devoir d'offrir mes bons conseils à son fils et lui ai proposé à maintes reprises de rétablir l'ordre, négligé par lui. Pour ce faire, à l'occasion d'une de mes visites, je réclamai les livres de comptes, convoquai le filou de staroste et me mis en devoir d'examiner les registres en présence d'Ivan Pétrovitch.

« Pour commencer, le jeune propriétaire me suivit avec toute l'attention et toute l'assiduité désirables ; mais, dès que les comptes démontrèrent que durant les deux dernières années les paysans s'étaient multipliés, cependant que le nombre des maisons, de têtes de bétail et la basse-cour avaient considérablement décru, Ivan Pétrovitch se contenta de cette première explication et n'écouta pas plus avant. Au moment même où, par mes recherches et mes sévères interrogations, je réussissais à troubler et à réduire à un complet silence le filou de staroste, j'entendis avec un vif dépit que mon Ivan Pétrovitch ronflait sur sa chaise. Depuis, je ne me suis plus mêlé de ses affaires domestiques et les ai abandonnées (selon son propre exemple) à la volonté du Très-Haut.

« Au demeurant, cette circonstance n'a nullement compromis nos relations d'amitié, car je compatissais à la faiblesse et à l'incurie propres à tant de nos jeunes hobereaux, et j'aimais sincèrement Ivan Pétrovitch. Du reste, il était impossible de ne pas aimer un jeune homme aussi doux et honnête que lui.

« De son côté, Ivan Pétrovitch témoignait du respect pour mes années et m'était cordialement attaché. Jusqu'à son décès, il me vit presque journellement, appréciant ma simple conversation, bien que nos habitudes, nos idées et notre caractère fussent foncièrement dissemblables.

« Ivan Pétrovitch menait une existence des plus

modérées et évitait tout excès. Jamais il ne m'est arrivé de le voir en état d'ébriété (ce qui, dans notre région, peut passer judicieusement pour un prodige inouï); certes, il avait un très vif penchant pour le beau sexe, mais sa pudeur était à proprement parler virginale*.

« En plus des récits, que vous avez bien voulu mentionner dans votre lettre, Ivan Pétrovitch a laissé une multitude de manuscrits, dont je détiens une partie; le reste a été utilisé par la vieille économe à des fins ménagères. C'est ainsi que, l'hiver dernier, toutes les fenêtres de son aile de bâtiment furent calfeutrées avec la première partie d'un roman demeuré inachevé.

« Les susdits récits furent, je crois, le premier essai de plume du défunt. Aux dires d'Ivan Pétrovitch, ils sont véridiques pour la plupart, car l'auteur les tenait de diverses personnes**. Toutefois, les noms propres sont presque tous imaginaires, tandis que ceux des villages et hameaux sont empruntés à notre district : voilà pourquoi mon propre domaine se trouve mentionné quelque part. Cette circonstance n'est pas due à quelque intention perverse, mais au seul défaut d'imagination.

« En automne 1828, Ivan Pétrovitch prit un froid, qui engendra une fièvre chaude, et succomba, malgré les soins inlassables du médecin de notre district, un très habile homme, surtout dans la cure des maux fortement enracinés, tels que les cors au pied et autres. Il mourut dans mes bras, trente ans après sa naissance,

* Suit une anecdote que nous omettons, la considérant comme superflue. Du reste, hâtons-nous de rassurer le lecteur en ajoutant qu'elle ne contient rien qui puisse porter préjudice à la mémoire d'Ivan Pétrovitch.

** En effet, dans le manuscrit de M. Belkine, on trouve, en tête de chacun des récits, une mention autographe : « Je le tiens de *telle personne* (suivent le grade, la condition et les initiales) ». Du reste, reproduisons-les à l'intention des exégètes curieux : *Le Maître de Poste* fut raconté à M. Belkine par le conseiller titulaire A.G.N.; *Le Coup de Pistolet* par le lieutenant-colonel I.L.P.; *Le Marchand de Cercueils* par le commis B.V.; *Le Chasse-Neige* et *La Demoiselle-paysanne* par la demoiselle K.I.T.

et fut enseveli à l'église du village Gorioukhino, près de feu ses parents.

« Ivan Pétrovitch était un homme de taille moyenne ; il avait les yeux gris, les cheveux châtains, le nez droit, le teint clair et le visage maigre.

« Voici, je crois, mon très-honoré Monsieur, tout ce que j'ai su me rappeler, concernant le genre de vie, les occupations, le caractère et l'extérieur de feu mon voisin et ami. Dans le cas où vous auriez l'intention de faire usage de cette lettre, je vous prie très-respectueusement de bien vouloir ne point mentionner mon nom : j'estime fort et j'aime messieurs les littérateurs, mais je trouve inutile et inconvenant à mon âge d'entrer dans cette corporation.

« Avec ma parfaite considération, etc.

« Le 16 novembre 1830, au village de Nénaradovo[4]. »

Estimant de notre devoir de respecter la volonté du vénérable ami de notre auteur, nous lui exprimons notre très profonde gratitude pour les informations qu'il a bien voulu nous donner, et nous espérons que nos lecteurs sauront apprécier leur sincérité et leur bonhomie.

A.P[5].

I

LE COUP DE PISTOLET

Nous échangeâmes nos coups de feu...
BORATINSKI[6].

Je m'étais juré de l'abattre selon la bonne règle des duels (j'avais encore droit à une balle)...
Une soirée au bivouac[7].

Nous avions nos quartiers dans la bourgade de N... On connaît l'existence d'un officier de ligne. Le matin, exercice, manège ; repas chez le commandant du régiment ou dans une taverne juive ; le soir, punch et cartes.

A N..., il n'y avait pas une porte ouverte, pas une jeune fille à marier. Nous nous réunissions les uns chez les autres, où l'on ne voyait guère que nos propres uniformes.

Un seul homme était admis dans notre société, bien qu'il ne fût point militaire. Il avait quelque trente-cinq ans, et cela nous le faisait considérer comme un vieillard. L'expérience lui conférait de nombreux avantages sur nous autres ; de plus, son air renfrogné, son naturel peu traitable et sa méchante langue produisaient une vive impression sur nos jeunes esprits. Une sorte de mystère enveloppait sa destinée : il semblait russe et portait cependant un nom étranger. Jadis, il avait servi dans les hussards, et avec bonheur ; personne n'était au courant des mobiles qui l'avaient incité à prendre sa retraite pour venir s'installer dans la pauvre bourgade, où il vivait à la fois chichement et en prodigue. Il allait toujours à pied, vêtu d'une redingote noire et râpée, mais cela ne l'empêchait pas de tenir table ouverte pour tous les officiers du régiment.

Son repas se composait de deux ou trois plats, accommodés par un soldat retraité, mais le champagne coulait toujours à flots. Personne ne connaissait sa fortune, ni ses ressources, et nul n'osait l'interroger là-dessus.

Il avait des livres, militaires pour la plupart, et puis aussi des romans. Il les prêtait volontiers et ne réclamait jamais restitution ; en revanche, de son côté, il ne rendait jamais un volume à son propriétaire. Son passe-temps favori était le tir au pistolet. Les murs de sa chambre, criblés de trous de balles, ressemblaient aux rayons d'une ruche. Une riche collection de pistolets constituait le seul luxe de la pauvre masure où il demeurait.

Il avait acquis une adresse inouïe, et s'il s'était proposé d'abattre une poire posée sur une casquette, pas un de nous n'aurait hésité à lui offrir sa tête. Nos entretiens roulaient souvent sur les duels : Sylvio[8] (je l'appellerai de ce nom) n'y prenait jamais part. Quand on lui demandait s'il lui était arrivé de se battre, il répondait sèchement par l'affirmative, sans entrer dans les détails, et, visiblement, ces sortes de questions lui étaient désagréables. Nous supposions qu'il avait sur la conscience quelque malheureuse victime de son effroyable adresse. Quant à le soupçonner de pusillanimité, nous n'y pensions même pas, car il est des gens dont la mine seule écarte d'emblée ce soupçon-là. Un curieux incident nous stupéfia tous.

Un soir, une dizaine de nos officiers dînaient chez Sylvio. On avait bu comme d'ordinaire, c'est-à-dire ferme. A l'issue du repas, nous engageâmes notre hôte à nous tailler une banque. Il se fit prier longtemps, car il ne jouait presque jamais ; en fin de compte, il fit apporter un jeu de cartes, versa sur la table une cinquantaine de ducats et commença de distribuer. Nous fîmes cercle autour de lui, et le jeu s'amorça.

Sylvio avait coutume, au jeu, d'observer un silence de mort, évitant discussions et explications. S'il arrivait à un ponte de se tromper dans ses comptes, il payait séance tenante la somme manquante et notait l'excédent. Connaissant sa manière, nous ne l'empêchions pas d'agir librement; mais il y avait parmi nous un officier affecté depuis peu à notre régiment. Par mégarde, il fit un paroli de trop. Sylvio prit la craie et, selon son habitude, rétablit le compte. L'officier, croyant que Sylvio s'était trompé, se lança dans des explications. Sylvio continuait de tailler sans mot dire. Perdant toute patience, le ponte prit une brosse et effaça ce qu'il croyait inscrit à tort. Sylvio reprit la craie et récrivit le même chiffre. Échauffé par le vin, le jeu et les rires de ses camarades, l'officier, s'estimant cruellement offensé, saisit avec rage un chandelier de bronze, posé sur la table, et l'envoya contre Sylvio, qui esquiva le coup de justesse.

Nous étions tous émus. Sylvio se leva, blême de colère, les yeux flamboyants, et dit :

— Monsieur, veuillez sortir, et remerciez Dieu que cela soit arrivé sous mon toit.

Nous ne nous faisions pas d'illusions quant aux suites de l'affaire et considérions déjà notre nouvel ami comme un homme mort. L'officier se retira en déclarant qu'il était prêt à réparer l'injure comme il plairait à monsieur le banquier.

La partie se prolongea quelque temps encore, mais, visiblement, notre hôte n'était plus au jeu; nous lâchâmes pied l'un après l'autre et retournâmes chacun de son côté, en causant de cette prochaine vacance dans les cadres.

Le lendemain, au manège, nous étions à nous demander si l'infortuné lieutenant était encore en vie, quand il apparut lui-même parmi nous. On lui posa la question. Il répondit n'avoir encore aucune nouvelle de Sylvio. Cela nous surprit. Nous nous rendîmes chez Sylvio et le trouvâmes dans sa cour, en train de loger balle sur balle dans un as, collé à la porte cochère.

Il nous reçut comme d'ordinaire et ne fit pas la moindre allusion à l'incident de la veille. Trois jours passèrent encore : le lieutenant était toujours vivant. Estomaqués, nous nous demandions si, oui ou non, Sylvio allait se décider à se battre. Eh bien, non, il ne se battit point, se contenta d'une très légère explication et se réconcilia avec son agresseur.

Sur le coup, cela lui fit un tort extraordinaire dans l'opinion de la jeunesse. Rien ne paraît plus grave qu'un défaut de bravoure aux jeunes gens, qui voient généralement dans le courage l'apogée des humaines vertus et pardonnent bien des vices en son nom. Cependant, peu à peu, tout fut oublié, et Sylvio retrouva son ascendant.

Moi seul, je ne pouvais plus me rapprocher de lui. Doué, par nature, d'une imagination romanesque, je m'étais attaché plus ardemment que quiconque à cet homme, dont la vie était une énigme et qui me semblait être le héros d'un mystérieux roman.

Il m'aimait. Du moins, étais-je le seul en compagnie de qui Sylvio se départît de sa médisance coutumière, devisât avec simplicité et agrément de choses et d'autres. Mais, après la malencontreuse soirée, l'idée que son honneur avait été bafoué sans qu'il entreprît rien pour laver l'injure, cette idée, dis-je, m'obsédait positivement et m'empêchait d'être avec lui le même que par le passé. Sylvio était trop intelligent et averti pour ne pas s'en apercevoir et ne pas deviner les raisons de mon revirement. Il avait l'air d'en être affecté. En tout cas, à une ou deux reprises, il me parut rechercher une explication. Je me récusai, et Sylvio s'éloigna de moi. Depuis ce temps, je ne le rencontrai plus qu'en société de camarades, et c'en fut fait de nos anciennes conversations à cœur ouvert.

Dans le remue-ménage de la capitale, les citadins imaginent mal certaines impressions si familières aux habitants des villages ou des petites villes, comme, par exemple, l'attente du courrier. Le mardi et le vendredi, le bureau de notre régiment s'emplissait d'officiers : l'un attendait un mandat, l'autre une lettre, le troisième des journaux. Les paquets étaient habituellement décachetés sur place, les nouvelles communiquées et le bureau offrait un tableau des plus animés.

Sylvio, qui recevait son courrier à l'adresse de notre régiment, se trouvait là d'ordinaire. Un jour, on lui remit un pli dont il arracha les cachets en donnant des signes d'impatience extrême. En lisant le message, ses yeux étincelèrent. Absorbés par leur propre correspondance, nos officiers ne remarquèrent rien.

— Messieurs, leur dit Sylvio, les circonstances exigent que je vous quitte sur-le-champ. Je partirai cette nuit. J'espère que vous ne refuserez pas de venir dîner une dernière fois en ma compagnie... Je vous attends, poursuivit-il en m'avisant, je vous attends sans faute.

Sur ces mots, il se retira précipitamment. Nous convînmes de nous retrouver chez lui et nous en allâmes chacun de son côté.

Arrivé chez Sylvio à l'heure dite, j'aperçus chez lui presque tous les officiers du régiment. Sylvio avait déjà préparé ses bagages et il ne restait plus que les murs nus, criblés de traces de balles.

On se mit à table. Notre hôte semblait d'excellente humeur, et bientôt sa gaieté gagna l'assistance. Les bouchons sautaient à tout instant; le champagne moussait et chuintait dans les coupes; à qui mieux mieux, nous souhaitions à notre hôte un heureux voyage et toutes les félicités imaginables.

On se leva de table à une heure très avancée. Au moment de se quitter, Sylvio, tout en disant adieu aux autres, me prit par le bras et m'arrêta, comme j'allais sortir :

— J'ai à vous parler, me dit-il à mi-voix.

Je restai.

Tout le monde étant parti, nous nous installâmes l'un en face de l'autre et allumâmes nos pipes sans mot dire. Sylvio était soucieux : il ne demeurait plus trace de son animation nerveuse. Sa pâleur ténébreuse, ses yeux étincelants et l'épaisse fumée qui sortait de sa bouche — tout cela lui donnait l'air d'un vrai démon. Quelques minutes passèrent. Sylvio rompit le silence :

— Peut-être ne nous reverrons-nous plus jamais, me dit-il, et, avant de nous séparer, j'ai voulu avoir une explication avec vous. Vous avez pu vous apercevoir du peu de cas que je fais de l'opinion des autres, mais vous, je vous ai pris en affection. Je sens qu'il me serait pénible de vous laisser sur une impression fausse.

Il s'arrêta et se mit en devoir de bourrer une nouvelle pipe. Je me taisais, les yeux baissés.

— Vous avez trouvé étrange, poursuivit-il, que je n'aie pas exigé réparation de ce paltoquet alcoolique de R... Vous conviendrez qu'ayant le droit de choisir les armes, sa vie était entre mes mains, tandis que la mienne ne courait pratiquement pas le moindre danger. Je pourrais attribuer ma réserve à la seule magnanimité, mais je ne veux point mentir. Si j'avais pu châtier R... sans exposer ma vie, je ne lui aurais pardonné pour rien au monde.

Je considérai Sylvio avec stupéfaction. Pareil aveu me déroutait complètement. Mon compagnon reprit :

— Mais oui! Je n'ai pas le droit de risquer mon existence. Il y a de cela six ans, j'ai reçu un soufflet, et mon ennemi est encore vivant...

Ma curiosité était fortement excitée.

— Et vous ne vous êtes pas battu avec lui? m'informai-je. Les circonstances vous auront séparés...

— Si fait, je me suis battu, répliqua Sylvio, et voici un souvenir de notre rencontre.

A ces mots, il se leva et tira d'un carton un calot rouge galonné avec une houppe dorée (ce que les Français appellent un *bonnet de police*). Il s'en coiffa. Une balle l'avait percé à un doigt au-dessus du front.

— Vous n'ignorez pas, poursuivit Sylvio, que j'ai servi dans le ...ᵉ régiment de hussards. Mon caractère vous est connu. J'ai coutume de dominer, et, dans ma jeunesse, c'était chez moi une véritable passion. De mon temps, la bamboche était en vogue, et j'étais le premier noceur de l'armée. Nous faisions parade de nos saouleries : j'ai réussi à damer le pion au fameux Bourtsov, chanté par Denis Davidov!... Les duels, dans notre régiment, se succédaient sans interruption; toujours, j'y prenais part en qualité de témoin ou d'acteur. Mes camarades m'adoraient, et les commandants du régiment, continuellement changés, me considéraient comme une sorte de mal nécessaire.

« Je jouissais paisiblement (ou bruyamment) de ma gloire, lorsque fut nommé dans notre régiment un jeune homme riche et de grande famille (je ne veux pas vous dire son nom). De ma vie je n'avais rencontré personne qui eût autant d'avantages! Imaginez la jeunesse, l'esprit, la beauté, la gaieté la plus furieuse, la bravoure la plus insouciante, un nom illustre, de l'argent à ne pouvoir le compter, et figurez-vous l'impression qu'il devait produire sur nous tous! Ma primauté chancela. Attiré par ma renommée, il essaya de rechercher mon amitié, mais je reçus froidement ses avances et il s'éloigna de moi sans le moindre regret. Je le pris en haine. Ses succès au régiment et auprès des femmes me plongeaient positivement dans le désespoir. Je me mis à lui chercher noise. Mais à mes épigrammes, il répondait par d'autres traits, qui me semblaient plus imprévus et plus acerbes que les miens et qui étaient, à coup sûr, infiniment plus gais : il badinait, et moi, j'enrageais. En fin de compte, au cours d'un bal chez un hobereau polonais, où mon rival jouissait de l'attention de toutes les dames et plus particulièrement de celle du logis, qui était ma maîtresse, je lui chuchotai à l'oreille quelque plate grossièreté. Il s'emporta et me donna un soufflet. Nous nous jetâmes sur nos sabres; les femmes se pâmèrent; on nous sépara, et la même nuit nous partîmes pour nous battre.

« Cela se passait à l'aube. Je me tenais, avec mes trois seconds, à l'endroit désigné. Avec une indicible impatience, j'attendais mon adversaire. Déjà le soleil de printemps s'était levé et annonçait la chaleur. J'aperçus de loin mon antagoniste. Il venait à pied, la vareuse négligemment jetée sur son sabre, en compagnie d'un unique témoin. Nous nous dirigeâmes au-devant de lui. Il approcha, sa casquette à la main et remplie de cerises. Les témoins mesurèrent les douze pas réglementaires. Je devais tirer le premier, mais ma colère était telle que je ne me fiai point à la sûreté de mon bras et, pour me donner le temps de me ressaisir, je lui cédai le premier coup. Mon adversaire refusa. On tira à la courte paille et, bien entendu, le sort lui fut favorable, comme de coutume. Il visa, et sa balle traversa mon bonnet. C'était mon tour. Sa vie était enfin entre mes mains. Je le considérais avidement, m'efforçant de découvrir l'ombre d'une inquiétude sur son visage. Mais, tandis que je le tenais en joue, il choisissait dans sa casquette les cerises les plus mûres et crachait les noyaux, qui arrivaient jusqu'à moi. Ce sang-froid eut le don de me mettre hors de mes gonds. « A quoi bon, pensai-je, le priver d'une vie qui compte si peu pour lui ?... » Une idée méchante me traversa l'esprit. J'abaissai mon arme.

« — Vous ne me semblez guère vous soucier de mourir, monsieur, lui dis-je alors. Veuillez prendre votre déjeuner, je ne veux point vous déranger...

« — Mais pas du tout ! répliqua-t-il. Veuillez tirer. Du reste, ce sera comme il vous plaira. Le coup vous revient. Je serai toujours à vos ordres...

« Me tournant vers les seconds, je leur déclarai que je n'avais pas l'intention de tirer ce jour-là, et le duel se termina de la sorte...

« J'ai pris ma retraite et me suis retiré dans cette bourgade. Pas un jour, je n'ai cessé de penser à la vengeance. A présent, mon heure est venue... »

Sylvio tira de sa poche la lettre qu'il avait reçue le matin et me la donna à lire. Son correspondant (apparemment son fondé de pouvoirs) lui écrivait de Moscou que la « personne en question » était sur le point de convoler en justes et légitimes noces avec une jeune fille de remarquable beauté.

— Vous devinez qui est cette « personne en question », dit Sylvio. Je pars pour Moscou. Nous verrons bien s'il accueillera la mort, juste avant son mariage, avec autant d'indifférence que naguère, en mangeant des cerises!

A ces mots, il se leva, jeta violemment à terre son bonnet et se mit à arpenter la pièce comme un tigre en cage. Je l'avais écouté sans un mouvement; des émotions singulières et contradictoires m'agitaient.

Le domestique vint annoncer que les chevaux étaient avancés. Sylvio me serra vigoureusement la main. Nous nous étreignîmes. Il monta dans la voiture, où se trouvaient deux valises : l'une contenait les pistolets et l'autre toutes ses frusques. Nous nous dîmes adieu encore une fois, et les chevaux partirent au galop.

II

Au bout de quelques années, des circonstances domestiques m'obligèrent à venir m'installer dans un pauvre village du district de N... Tout en m'occupant de mon domaine, je ne cessais de soupirer doucement après mon existence d'autrefois, bruyante et sans souci. Le plus pénible, c'était pour moi de passer dans une solitude complète les longues soirées de printemps et d'hiver. Je musardais tant bien que mal jusqu'au dîner, causant avec le staroste, inspectant les travaux des champs ou les nouvelles installations; mais, dès que le jour baissait, je ne savais vraiment plus où me mettre.

J'avais fini par apprendre par cœur le peu de livres découverts sous les bahuts ou dans la réserve. Tous les contes dont pouvait se souvenir encore mon économe, la Kirilovna, elle me les avait ressassés. Le chant des villageoises me donnait le spleen.

J'essayai bien de boire une sorte de gnôle aigre, mais elle me donnait la migraine; en outre, je le confesse, j'avais peur de devenir un de *ces ivrognes par tristesse*, c'est-à-dire le plus *triste* des ivrognes (de cela, j'ai observé de fort nombreux exemples dans notre district).

Je n'avais point de proches voisins, hormis deux ou trois de ces *tristes* sires, dont toute la conversation roulait de soupirs en hoquets. Tout compte fait, la solitude était plus supportable.

A la fin, j'arrêtai une décision : me mettre au lit le plus tôt et dîner le plus tard possible, afin d'allonger les jours et d'écourter les soirées. Ceci fait, je me dis : *bonum est.*

A quatre verstes de chez moi, se trouvait un riche domaine, appartenant à la comtesse B... Seul le régisseur y demeurait, et la comtesse elle-même n'avait fait qu'un unique séjour d'un mois à peine dans ses terres, durant la première année de son mariage. Cependant, au second printemps de ma réclusion, le bruit se répandit que la comtesse et son époux viendraient passer tout l'été dans leur propriété.

En effet, ils arrivèrent tout au début de juin.

L'arrivée d'un riche voisin fait époque dans l'existence des habitants des campagnes. Hobereaux et domestiques la commentent deux bons mois à l'avance et trois années après. Pour moi, j'avoue que la nouvelle de l'apparition d'une jeune et belle voisine m'émut passablement. Je brûlais d'impatience de la voir et, dès le premier dimanche après son arrivée, je me rendis à X... pour me recommander à Leurs Excellences comme leur plus proche voisin et leur très-humble serviteur.

Un laquais m'introduisit dans le cabinet du comte et alla m'annoncer.

La vaste pièce était meublée avec tout le luxe imaginable; des bibliothèques se plaquaient le long des murs et chacune était surmontée d'un buste de bronze; une large glace dominait la cheminée de marbre; le parquet était recouvert de drap vert et de tapis.

Ayant perdu l'habitude du faste dans mon pauvre trou, et mal accoutumé à l'étalage des richesses d'autrui, je me sentais intimidé et attendais le comte en frémissant comme un pauvre solliciteur de province guette la sortie du ministre.

Les portes s'ouvrirent et je vis entrer un homme, âgé de quelque trente-deux ans, de belle apparence. Le comte s'approcha de moi d'un air ouvert et amène; je tâchai de retrouver mon assiette et commençai de me présenter, quand il me prévint. Nous prîmes des sièges. La conversation de mon hôte, aimable et aisée, eut tôt fait de dissiper ma timidité sauvage; déjà j'allais me ressaisir, lorsque la comtesse apparut à son tour, et mon trouble empira.

En effet, elle était remarquablement belle.

Le comte me présenta.

J'avais beau affecter la désinvolture, mieux je m'y évertuais, plus je me sentais gauche. Pour me donner le temps de me remettre et de me faire à cette nouvelle connaissance, le comte et la comtesse se mirent à parler entre eux, me traitant en bon voisin et sans cérémonie.

Cependant, j'arpentais la pièce, examinant livres et tableaux. Je ne me connais guère en peinture, mais une toile attira mon attention. Elle représentait un paysage suisse. Du reste, ce n'était pas cela qui m'avait frappé, mais le fait qu'elle fût percée de deux balles, fichées l'une sur l'autre.

— Un joli coup! fis-je, en m'adressant au comte.

— Oui, me répondit-il, un coup de maître... Êtes-vous bon tireur?

— Assez bon, répliquai-je, tout heureux que la conversation déviât enfin sur un sujet qui m'était familier... Je me fais fort de toucher une carte à trente pas, à la condition bien entendu de tirer avec un pistolet que j'aie déjà manié.

— Vraiment? dit la comtesse, qui semblait prodigieusement intéressée... Et toi, mon ami, saurais-tu en faire autant?

— Nous essayerons un jour. Dans le temps, je me défendais, mais voilà bien quatre ans que je n'ai pris de pistolet en main.

— Oh, dans ce cas, je gage que Votre Excellence ne touchera même pas une carte à vingt pas, observai-je. Le tir au pistolet nécessite un entraînement quotidien. J'en sais quelque chose par expérience. Tenez, au régiment, je passais pour un tireur d'élite; une fois, il m'est arrivé de ne pas tirer pendant un mois, mes pistolets étant chez l'armurier; eh bien, le croirez-vous, Votre Excellence, à mon premier essai, j'ai manqué quatre fois de suite une bouteille à vingt-cinq pas!... A telle enseigne qu'un capitaine qui se trouvait là, un faiseur de bons mots, n'a pu s'empêcher de remarquer : « Il faut croire, l'ami, que tu ne sais guère descendre la bouteille! »... Croyez-moi, Votre Excellence, l'entraînement n'est pas à négliger, sans quoi l'on perd le coup de main en un rien de temps. Le meilleur tireur que j'aie jamais connu avait l'habitude de tirer chaque jour au moins trois balles avant le dîner. Un exercice apéritif en quelque sorte, comme un petit verre d'eau-de-vie!

Mes hôtes étaient visiblement heureux que j'eusse retrouvé le don de parole.

— Et comment tirait-il? demanda le comte.

— Comment, Votre Excellence... Eh bien, quand il voyait une mouche sur le mur... vous riez, comtesse?... pourtant, je vous le jure, quand il apercevait une mouche sur le mur, il criait à son domestique : « Kouzka, un pistolet!... » Kouzka s'exécutait. Et boum! voilà notre mouche enfoncée dans le mur!

— C'est prodigieux! fit le comte... Et comment s'appelait-il?

— Sylvio, Votre Excellence.

— Sylvio! s'exclama le comte en bondissant sur ses pieds... Vous avez connu Sylvio?...

— Bien sûr, Votre Excellence. Nous étions de grands amis. Sylvio était accueilli dans notre régiment comme un camarade. Mais voilà bien cinq ans que je n'ai plus la moindre nouvelle de lui... Votre Excellence le connaissait-elle aussi?

— Mais oui, je l'ai connu, et bien connu... Ne vous a-t-il jamais parlé d'une singulière aventure?

— Ne serait-ce pas l'histoire du soufflet, qu'il avait reçu au bal, d'un jeune vaurien?

— Et il ne vous a jamais dit le nom de ce jeune vaurien ?

— Non, Votre Excellence, il ne me l'a pas dit... Oh, Votre Excellence, poursuivis-je, devinant la vérité... Excusez-moi... j'ignorais... Ne serait-ce pas vous ?...

— Oui, c'est moi, répondit le comte, fortement ému. Et ce tableau troué garde le souvenir de notre dernière rencontre.

— Oh, mon ami, intervint la comtesse, je t'en supplie, tais-toi, ne raconte pas : j'aurais trop peur.

— Je dois tout dire, répliqua le comte : notre hôte sait comment j'ai offensé son ami; qu'il apprenne donc aussi comment Sylvio s'est vengé.

Le comte m'avança un fauteuil et j'entendis avec la plus vive curiosité le récit que voici :

« Il y a cinq ans, je me suis marié. Notre premier mois, *the honey-moon*, nous l'avons passé ici, dans ce domaine. Je dois à ce toit les minutes les plus précieuses de ma vie, mais aussi de pénibles souvenirs.

« Un soir que nous sortions ensemble à cheval, la monture de la comtesse se cabra tout à coup. Ma femme prit peur, me remit les guides et revint à pied à la maison. Je partis en avant. Dans la cour, j'aperçus une voiture. On me dit qu'un homme m'attendait dans mon cabinet; il n'avait pas voulu se nommer et avait déclaré seulement qu'il venait pour affaire. J'entrai ici et distinguai dans la pénombre un voyageur tout couvert de poussière, avec une barbe. Il se tenait là, debout contre la cheminée. Je m'approchai de lui, cherchant à reconnaître ses traits.

« — Tu ne me remets pas, comte ? dit-il d'une voix tremblante.

« — Sylvio ! m'écriai-je.

« Et, je l'avoue, je sentis les cheveux se dresser sur ma tête.

« — Lui-même, répondit-il... Mon coup me revient toujours et je suis venu décharger mon pistolet. Es-tu prêt ?...

« La crosse d'un pistolet sortait d'une de ses poches, sur le côté. Je mesurai les douze pas et allai me placer là-bas, dans l'autre coin, en lui demandant de tirer vite, avant que ma femme revînt. Mais il faisait traîner les choses en longueur et réclama du feu. On apporta des flambeaux. Je fermai les portes, interdis à quiconque d'entrer et, derechef, le priai de tirer. Il sortit son pistolet et me mit en joue... Je comptais les secondes... je pensais à elle... Instant terrible ! Sylvio abaissa le bras.

« — Dommage, fit-il, que le pistolet ne soit pas chargé avec des noyaux de cerises... la balle est trop pesante... J'ai l'impression que ce n'est pas un duel, mais un meurtre... Je n'ai pas l'habitude de viser un homme désarmé. Recommençons et que le sort décide qui de nous tirera le premier.

« La tête me tournait... Il me semble que je refusai... En fin de compte, nous chargeâmes un second pistolet, roulâmes deux billets et Sylvio les déposa dans le bonnet de police jadis percé par ma balle. Et de nouveau, je sortis le numéro un.

« — Tu as une chance diabolique, comte, dit-il avec un sourire que je n'oublierai jamais.

« Je me demande encore ce que j'avais et comment il a pu m'obliger à tirer. Je pressai la détente, et la balle alla se perdre dans cette toile.

(Le comte désigna du doigt le tableau troué ; ses joues étaient en feu ; la comtesse était plus blanche que son mouchoir ; je ne pus retenir une exclamation.)

« Je tirai, reprit le comte, et, Dieu merci, je manquai mon antagoniste... Alors Sylvio (il était positivement terrible à voir), alors Sylvio me mit en joue... Soudain, les portes s'ouvrent. Macha accourt ici et se jette à mon cou avec un cri strident. Sa présence me rendit toute mon assurance.

« — Chérie, lui dis-je, ne vois-tu pas que nous plaisantons ?... Comme tu es effrayée !... Va boire un verre d'eau et viens nous retrouver. Je te présenterai un vieil ami et camarade.

« Macha ne voulait rien croire.

« — Dites-moi, est-ce bien la vérité ? demanda-t-elle en s'adressant au terrible Sylvio... Est-il vrai que vous plaisantez tous les deux ?

« — Il plaisante toujours, comtesse. Un soir, il m'a donné un soufflet en plaisantant. Une autre fois, histoire de rire, il a logé une balle dans mon bonnet de police. Tout à l'heure, il m'a manqué en badinant. A présent, c'est mon tour d'avoir envie de plaisanter...

« A ces mots, il fit mine de me mettre en joue, devant elle !

« Macha se jeta à ses pieds.

« — Lève-toi, Macha ! C'est honteux ! vociférai-je, fou de rage... Quant à vous, monsieur, veuillez cesser de vous moquer d'une pauvre femme... Allez-vous tirer, oui ou non ?

« — Non ! Je suis satisfait. J'ai vu ton trouble et ta pusillanimité. Je t'ai forcé à faire feu sur moi. Suffit. Tu ne m'oublieras plus. Je te livre à ta conscience.

« Il allait sortir, mais s'arrêta sur le pas de la porte, considéra le tableau où s'était égarée ma balle, tira presque sans viser et disparut.

« La comtesse gisait sans connaissance. Mes gens n'osèrent pas arrêter Sylvio et le regardaient avec épouvante. Il sortit sur le perron, héla son cocher et partit avant que j'eusse eu le temps de me ressaisir. »

Le comte se tut.

Voilà comment j'appris la fin de l'histoire, dont le début m'avait tellement frappé jadis.

Quant au héros de celle-ci, je ne l'ai plus revu. Je me suis laissé dire que, lors de la révolte d'Alexandre Ipsilanti, Sylvio commandait un détachement hétériste et fut tué pendant la bataille de Skulani[9].

1830, 14 octobre.

LA TEMPÊTE DE NEIGE

Sur les pentes,
Des coursiers galopent,
Enfonçant leurs sabots
Dans la neige profonde...
A l'écart, on aperçoit,
Seule, une chapelle...
. . . .
Et, soudain, c'est la bourrasque :
Gros flocons de neige.
Le corbeau, sifflant de l'aile,
Vole sur nos têtes ;
Sa voix prophétique,
Nous annonce le malheur !
Les chevaux se hâtent,
Leur regard sonde la nuit,
Leur crinière dressée...

JOUKOVSKI[10].

A la fin de 1811, à une époque mémorable pour nous, vivait dans son domaine de Nenaradovo le bon Gavrila Gavrilovitch R... Son hospitalité et sa bonhomie étaient renommées dans le pays ; les voisins venaient sans cesse le voir pour manger, boire, tailler un boston de cinq kopecks avec Praskovia Pétrovna, son épouse ; d'aucuns pour lorgner sa fille, Maria Gavrilovna, une demoiselle de dix-sept ans, svelte et blême. Maria Gavrilovna passait pour un excellent parti, et nombreux étaient ceux qui songeaient à elle, soit pour eux-mêmes, soit pour leurs fils.

La jeune fille était nourrie de romans français et, par conséquent, amoureuse. L'objet de sa flamme était un pauvre enseigne de la ligne[11], en congé dans son village. Bien entendu, le jeune homme brûlait d'une passion égale, et les parents, s'étant aperçus de cette mutuelle inclination, avaient défendu à leur fille de penser à l'adorateur et le recevaient pis qu'un assesseur retraité[12].

Nos amants entretenaient une correspondance suivie et se rencontraient chaque jour, en tête à tête, dans un bosquet de pins ou près d'une vieille chapelle. Là, ils se juraient une passion éternelle, se lamentaient contre le sort et faisaient toutes sortes de projets. A force de s'écrire et de se voir, ils aboutirent (tout naturellement, du reste) au raisonnement suivant : puisque nous ne pouvons pas vivre l'un sans l'autre et que la volonté cruelle des parents s'oppose à notre félicité, ne serait-il pas possible de passer outre ? Il va sans dire que cette heureuse idée vint d'abord à l'esprit du jeune homme et plut infiniment à l'imagination romanesque de Maria Gavrilovna.

Vint l'hiver. Les rendez-vous prirent fin, mais les relations épistolaires se poursuivirent de plus belle. Dans chacune de ses lettres, Vladimir Nikolaïévitch suppliait son amante de se donner à lui, de l'épouser secrètement, de se cacher pendant quelque temps, avant d'aller se jeter aux pieds des parents qui ne manqueraient pas d'être touchés par tant d'héroïque constance et d'infortune et répondraient sans aucun doute : « Venez, enfants ! Venez dans nos bras ! »

Maria Gavrilovna hésita longtemps, et force plans d'évasion furent repoussés par elle. En fin de compte, elle donna son accord : au jour dit, elle devait ne point souper et se retirer dans sa chambre en prétextant la migraine. Sa servante était du complot ; les deux jeunes filles gagneraient le jardin par le perron de derrière ; là, elles trouveraient un traîneau tout équipé, où elles monteraient pour se rendre droit à l'église du village de Jadrino, à cinq verstes de Nenaradovo ; Vladimir les y attendrait.

La veille du jour fatal, Maria Gavrilovna ne ferma point l'œil de la nuit : elle fit ses paquets, emballa linge et vêtements, écrivit deux longues lettres, l'une à une jeune fille sensible de ses amies et l'autre à ses parents. Elle leur disait adieu dans les termes les plus touchants, alléguait, en matière d'excuse à sa faute, l'entraînement irrésistible de la passion et terminait en disant que l'instant le plus béni de sa vie serait celui où elle pourrait se jeter aux pieds de ses parents adorés.

Après avoir scellé les deux plis avec un cachet de Toula, sur lequel étaient gravés deux cœurs en flammes, avec une devise appropriée, elle se jeta sur son lit et s'endormit juste à la pointe du jour.

Mais des songes affreux l'éveillèrent sans cesse. Tantôt, il lui semblait qu'au moment même où elle allait monter dans le traîneau, son père l'arrêtait, la tirait avec une incroyable rapidité sur la neige et la précipitait dans un souterrain noir, insondable... elle tombait la tête la première, le cœur oppressé... Tantôt, elle voyait Vladimir, étendu sur l'herbe, pâle et sanglant. Il se mourait et la suppliait d'une voix déchirante de hâter leur mariage... D'autres visions se succédaient, les unes plus informes et plus absurdes que les autres.

En fin de compte, elle se leva, plus pâle encore que de coutume, en proie à une migraine nullement feinte. Les parents s'aperçurent de son trouble, l'interrogèrent :

— Qu'as-tu donc, Macha ?... N'es-tu pas souffrante ?

Leur tendre sollicitude et leurs questions lui déchiraient le cœur. Elle s'efforça de les rassurer, de paraître joyeuse, mais n'y réussit point.

Vint le soir. La pensée qu'elle vivait son dernier jour au sein de sa famille lui serrait douloureusement le cœur. Plus morte que vive, elle adressait un adieu tacite à toutes les personnes, à toutes les choses qui l'entouraient.

On servit le souper. Son cœur battit comme un fou. D'une voix mal assurée, Maria Gavrilovna s'excusa de n'avoir pas faim et prit congé de son père et de sa mère. Ils l'embrassèrent et la bénirent, selon leur coutume ; elle faillit fondre en larmes.

De retour dans sa chambre, elle se laissa tomber dans un fauteuil et pleura amèrement. La servante fit de son mieux pour la calmer et lui rendre courage.

Tout était prêt. Au bout d'une demi-heure, Macha devait quitter définitivement le toit familial, sa petite chambre, son existence paisible de jeune fille...

Au-dehors, la tempête de neige. Le vent hurlait, les volets se choquaient à grand bruit ; tout lui semblait une menace et un sombre présage. Les bruits de la maison se turent bientôt, s'endormirent. Macha s'enveloppa dans un châle, passa une chaude capote, prit sa cassette et sortit sur le perron de derrière. La servante portait deux gros baluchons.

Les deux jeunes filles descendirent au jardin. La tempête s'irritait de plus belle ; le vent soufflait au visage, comme pour arrêter la jeune fautive. A grand'peine, elles traversèrent le jardin. Un traîneau les attendait sur la route. Les chevaux, tout gelés, piaffaient d'impatience ; le cocher de Vladimir les retenait de son mieux, tout en battant la semelle. Il aida les deux femmes à monter, à installer baluchons et cassette, saisit les guides, et les chevaux galopèrent.

Maintenant, confions la jeune fille à la sollicitude du sort et à l'adresse du cocher Téréchka, pour nous occuper de notre jeune amant.

Tout le jour, Vladimir avait fait des démarches. Le matin, il s'était rendu chez le prêtre de Jadrino, qui n'avait cédé qu'après avoir longtemps tergiversé. Ensuite, il s'en était allé chercher les témoins requis, parmi les propriétaires du pays. Le premier chez qui il s'était présenté, Dravine, un cornette quadragénaire en retraite, avait accepté sans se faire prier. L'entreprise, avait-il expliqué, lui rappelait le bon vieux temps et ses incartades de hussard. Il persuada Vladimir de rester à dîner, en l'assurant qu'il trouverait sans peine les deux autres témoins. En effet, aussitôt après le repas, on vit arriver l'arpenteur Schmitt, avec ses favoris et ses éperons, et le fils du capitaine de gendarmerie, un gamin de seize ans qui venait de s'engager dans les uhlans. Non contents d'accepter la proposition de Vladimir, ils jurèrent, le cas échéant, de sacrifier leur vie pour lui. Vladimir les étreignit avec effusion et retourna chez lui pour mettre la dernière main à ses préparatifs.

Depuis longtemps déjà, le jour était tombé. Vladimir envoya à Nenaradovo son fidèle Téréchka, muni d'instructions précises et détaillées. Pour lui-même, il fit atteler un petit traîneau à un cheval et partit seul pour Jadrino, où Maria Gavrilovna devait arriver dans deux heures environ. Il n'y avait guère plus de vingt minutes de route, et il connaissait l'itinéraire.

Mais il n'eut pas plutôt gagné la campagne que le vent se leva et la neige tourbillonna alentour avec une telle violence que le jeune homme en fut aveuglé.

Le chemin fut recouvert en un clin d'œil; le paysage disparut dans une brume trouble et jaunâtre, où dansaient d'énormes flocons; le ciel se confondit avec la terre. Vladimir se retrouva dans un champ et s'escrima vainement à rejoindre la route. Le cheval avançait au petit bonheur, gravissant un talus, s'enfonçant dans une fondrière; le traîneau versait à tout moment. Vladimir ne songeait plus qu'à conserver la bonne direction. Plus d'une demi-heure s'était écoulée déjà, lui semblait-il, et il n'avait pas encore atteint le bois de Jadrino.

Dix minutes passèrent — point de lisière en vue.

A présent, on traversait une plaine coupée de profondes ravines. La bourrasque ne faiblissait pas, le ciel demeurait sombre. Le cheval commençait à peiner; son passager était en nage, bien qu'il s'enfonçât régulièrement dans la neige, jusqu'à mi-corps.

En fin de compte, le jeune homme dut se rendre à l'évidence : il faisait fausse route.

Vladimir s'arrêta, réfléchit, fit appel à ses souvenirs et résolut qu'il devait obliquer sur la droite. C'est ce qu'il fit. Le cheval n'en pouvait plus. Il y avait certainement plus d'une heure qu'il était parti, et Jadrino n'était plus très loin.

Mais il allait, allait toujours, et la plaine n'en finissait pas... Monticules et ravins... monticules et ravins... Le traîneau versait à chaque pas, et Vladimir le redressait inlassablement.

Le temps passait et Vladimir commença à concevoir de sérieuses inquiétudes.

Enfin, des arbres noirs se profilèrent au loin. Il mit le cap sur eux. En approchant, il distingua un bois.

« Dieu soit loué ! Maintenant c'est tout près ! » se dit-il.

Il longea la lisière dans l'espoir de retomber sur la bonne route ou de contourner le bois, car Jadrino devait se trouver immédiatement derrière. En effet, il aperçut bientôt un chemin et s'enfonça dans l'obscurité des arbres, dénudés par l'hiver. Ici, le vent ne pénétrait plus ; la route était lisse ; le cheval reprit courage et Vladimir se rasséréna.

Mais il allait, allait toujours : point de Jadrino ! Le bois ne semblait devoir jamais prendre fin. Et Vladimir constata avec horreur qu'il avait pénétré dans une forêt inconnue. Le désespoir s'empara de lui. Il fouetta son cheval. La pauvre bête partit au trot, mais bientôt recommença de traîner la patte et, au bout d'un quart d'heure, se remit au pas, malgré tous les efforts du malheureux voyageur.

Petit à petit, les arbres s'espacèrent, et Vladimir sortit de la forêt. Toujours point de Jadrino. Il devait être près de minuit. Les larmes inondèrent les yeux du jeune amant, et il partit droit devant lui, au petit bonheur.

La bourrasque prit fin. Les nuages se dissipèrent. Une plaine tapissée de vagues blanches s'étendait devant le voyageur. La nuit était relativement claire. Vladimir aperçut à courte distance un hameau de quatre ou cinq maisons. Il s'y dirigea.

Ayant atteint la première masure, il sauta hors du traîneau, courut à la fenêtre et se mit à frapper. Le volet de bois se souleva au bout de quelques minutes, et un vieillard montra sa barbe blanche.

— Qu'est-ce qu'il te faut ?

— Suis-je loin de Jadrino ?

— Si Jadrino est loin ?

— Oui, oui, Jadrino. Est-ce loin ?

— Pas trop. Une dizaine de verstes.

A cette réponse, Vladimir s'arracha les cheveux, puis demeura immobile, figé comme un homme condamné à mort.

— Et toi, d'où sors-tu ? reprit le vieux.

Mais Vladimir n'eut pas le cœur de lui répondre.

— Dis-moi, grand-père, pourrais-tu me procurer des chevaux pour aller à Jadrino ?

— Des chevaux ? Comme si nous en avions, nous autres !

— Pourrais-je avoir au moins un guide ?... Je le paierai ce qu'il voudra.

— Attends, fit le paysan en rabattant le volet, je vais t'envoyer le fils. Il te conduira.

Vladimir attendait. Au bout d'une minute, il frappa de nouveau. Le volet se souleva et découvrit la barbe blanche.

— Qu'est-ce qu'il te faut ?

— Eh bien, et ton fils ?

— Il ne va pas tarder. Il est en train de passer ses bottes... Tu as peut-être froid ? Entre donc te chauffer.

— Merci. Dépêche-toi de m'envoyer ton fils.

La porte grinça. Un gars sortit, armé d'un gourdin, et prit les devants, tantôt indiquant, tantôt cherchant le chemin enseveli sous la neige.

— Quelle heure est-il ? lui demanda Vladimir.

— Va pas tarder à faire jour, répondit le jeune moujik.

Vladimir ne souffla plus mot.

Les coqs chantaient déjà, et il faisait clair quand ils arrivèrent à Jadrino. L'église était fermée. Vladimir régla son guide et se rendit chez le prêtre. Sa troïka n'était pas dans la cour. Qu'allait-il apprendre !

Mais retournons chez nos bons hobereaux de Nenaradovo et voyons un peu ce qui s'est passé chez eux.

Rien du tout !

Aussitôt levés, les deux vieillards s'étaient rendus au salon, Gavrila Gavrilovitch en bonnet de nuit et veste de flanelle, Praskovia Pétrovna en robe de chambre ouatée.

On apporta le samovar, et Gavrila Gavrilovitch envoya une fille servante s'informer de la santé de Maria Gavrilovna et lui demander si elle avait passé une bonne nuit. La fillette revint pour annoncer que mademoiselle avait mal dormi, mais se sentait déjà mieux et n'allait pas tarder à venir. En effet, la porte s'ouvrit, et Maria Gavrilovna vint embrasser son papa et sa maman.

— Eh bien, et cette migraine ? demanda Gavrila Gavrilovitch.

— Cela va beaucoup mieux, papa, répondit Macha.

— Ta cheminée a dû fumer hier, observa Praskovia Pétrovna.

— Oui, maman, c'est possible, acquiesça la jeune fille.

La journée s'écoula normalement, mais, au milieu de la nuit, Macha se sentit malade. On envoya quérir un médecin à la ville. Il n'arriva qu'au soir et la trouva dans le délire. Une fièvre chaude s'était déclarée, et, durant quinze jours, l'infortunée Macha fut au bord de la tombe.

Personne, dans la maison, n'était au courant de l'évasion projetée par les deux amants. Macha avait pris soin de brûler les lettres écrites la veille ; la servante tenait bouche cousue, redoutant les foudres de ses maîtres. Le prêtre, le cornette retraité et le petit uhlan faisaient preuve de discrétion — et pour cause ! Téréchka n'avait point l'habitude de dire un mot de trop, même étant dans les vignes du Seigneur. Si bien que le secret fut gardé, quoiqu'il y eût eu plus d'une demi-douzaine de complices.

Mais Maria Gavrilovna dans son continuel délire se trahissait elle-même. Cependant, ses propos étaient tellement confus et incohérents que Praskovia Pétrovna, qui pas une minute ne s'éloignait du chevet de sa fille, n'y put comprendre qu'une chose : Macha était amoureuse folle de Vladimir Nikolaïévitch, et cette passion était apparemment cause de la maladie. La brave dame consulta son mari, quelques voisins, et finalement on résolut à l'unanimité que probablement tel était le sort de Maria Gavrilovna, que même à cheval, on n'évite pas son promis, que pauvreté n'est pas vice, que ce n'est pas la richesse qui fait le bonheur mais bien de vivre avec un brave homme, etc., etc. Les adages moraux sont d'un secours inappréciable lorsque nous ne trouvons pas grand'chose pour nous justifier.

Cependant, la demoiselle commençait à se remettre. Depuis longtemps, on ne voyait plus Vladimir dans la maison de Gavrila Gavrilovitch. Le jeune homme craignait l'accueil coutumier. On décida de l'envoyer chercher et de lui annoncer le bonheur qui lui tombait sur la tête : il allait pouvoir épouser Maria Gavrilovna ! Mais quelle ne fut pas la surprise des parents lorsqu'en guise de réponse à leur invitation, ils reçurent une lettre de demi-fou. Vladimir leur signifiait que jamais il ne mettrait le pied chez eux et leur demandait d'oublier un malheureux qui ne nourrissait plus qu'un espoir : celui de mourir.

Au bout de quelques jours, on apprit que Vladimir était parti pour l'armée. Cela se passait en 1812.

Longtemps on n'osa le dire à la convalescente, qui, du reste, ne faisait jamais la moindre allusion au jeune homme. Quelques mois plus tard, il lui arriva de lire le nom de son amant parmi ceux des combattants qui s'étaient distingués et avaient été grièvement blessés à Borodino. Maria Gavrilovna tomba sans connaissance, et l'on craignit une rechute. Dieu merci, il n'y en eut point.

Mais un autre malheur frappa l'infortunée : Gavrila Gavrilovitch, son père, mourut en lui léguant le domaine familial. Cela ne la consola point. Partageant la douleur de Praskovia Pétrovna, elle lui jura de ne jamais l'abandonner; les deux femmes quittèrent Nenaradovo, qui leur rappelait de trop cruels souvenirs, et allèrent s'installer dans la campagne de N...

Les prétendants entourèrent la charmante et riche fiancée, mais elle se gardait de donner le moindre espoir à quiconque. Sa mère, quelquefois, la persuadait de trouver un compagnon, mais Maria Gavrilovna hochait la tête et s'abîmait dans ses réflexions. Vladimir n'était plus de ce monde : il était mort à Moscou, à la veille de l'entrée des Français. La mémoire du jeune homme semblait néanmoins sacrée à Maria Gavrilovna : elle conservait pieusement tout ce qui pouvait l'évoquer, les livres qu'il avait lus autrefois, ses dessins, la musique et les vers qu'il avait copiés pour elle.

Les voisins, qui avaient appris la chose, s'étonnaient de sa constance et attendaient avec curiosité le héros qui allait enfin triompher de la triste fidélité de cette virginale Artémise.

Cependant, la guerre était glorieusement terminée. Nos troupes revenaient de l'étranger. Le peuple courait au-devant d'elles. La musique jouait des chansons conquises : *Vive Henri-Quatre*, des valses du Tyrol et des airs de *Joconde*[13]. Les officiers, partis pour la campagne presque adolescents, retournaient chez eux, mûris par l'air des batailles et chamarrés de décorations. Les soldats bavardaient joyeusement et émaillaient leurs propos de mots allemands ou français. Époque inoubliable ! Temps de gloire et d'exaltation ! Le seul mot de Patrie faisait battre si vite le cœur russe ! O, les douces larmes du revoir ! Dans quel élan unanime nous fondions notre fierté nationale et notre amour pour le Tzar ! Et le Souverain lui-même, quels instants pour lui !

Les femmes, oh, les femmes russes étaient incomparables ! Leur froideur coutumière avait disparu. Leur enthousiasme vous enivrait quand elles criaient « hurrah ! » aux triomphateurs...

« Et lançaient leurs bonnets en l'air. »

Est-il un officier d'alors qui ne reconnaisse point devoir à la femme russe la meilleure, la plus splendide de ses récompenses ?...

En ce temps glorieux, Maria Gavrilovna vivait, retirée avec sa mère, dans le gouvernement de X... et n'assistait pas aux fastes déployés par les deux capitales en l'honneur des vainqueurs. Mais l'enthousiasme général était peut-être encore plus vif dans les campagnes et la province. L'apparition d'un officier était une véritable fête, et le galant en frac se sentait singulièrement mal à l'aise dans son voisinage.

Nous avons déjà dit qu'en dépit de sa froideur Maria Gavrilovna était comme naguère entourée d'une cour de prétendants. Tous durent se désister lorsque apparut dans son manoir le colonel de hussards Bourmine, un blessé de guerre, la Croix de Saint-Georges à la boutonnière, le visage « d'une intéressante pâleur », comme disaient les demoiselles de l'endroit. Il devait avoir quelque vingt-six ans et était venu en congé dans ses terres, toutes proches du domaine de Maria Gavrilovna.

Macha le distinguait tout particulièrement. En sa présence, son habituelle songerie se dissipait, s'animait. Certes, on n'aurait pu dire qu'elle faisait la coquette avec lui, mais un poète qui l'aurait observée ne se serait pas retenu de remarquer :

Se amor non è, che dunque ?...

Du reste, Bourmine était un très, très brave garçon. Il possédait, notamment, cette sorte d'esprit qui plaît aux femmes : un esprit fait de décence et d'observation, sans aucune prétention, plein d'insouciante raillerie.

Ses manières vis-à-vis de Maria Gavrilovna étaient simples et aisées ; mais, quoi que fît la jeune fille ou quoi qu'elle dît, son âme et son regard ne la quittaient point. Bourmine semblait doux et modeste, mais la renommée prétendait qu'autrefois il avait été un terrible chenapan. Cela ne lui nuisait nullement dans l'opinion de Maria Gavrilovna qui (semblable en cela à toutes les jeunes femmes) excusait volontiers toutes les frasques où se révélaient le courage et une âme ardente.

Mais, plus que tout (plus que sa tendresse, son plaisant commerce, son « intéressante pâleur », son bras en écharpe), les silences du jeune hussard piquaient au vif la curiosité et l'imagination de Maria Gavrilovna. Elle était bien forcée de reconnaître qu'elle lui plaisait beaucoup ; et lui, avec son esprit et son expérience, s'était certainement aperçu qu'elle le distinguait parmi les autres. Comment se faisait-il donc qu'elle ne le vît pas encore à ses pieds et n'entendît point sa déclaration ? Qu'est-ce qui le retenait ?... La timidité, compagne éternelle de l'amour sincère, la fierté, ou bien une rouerie de vieux coureur ?...

Cela demeurait une énigme pour la jeune fille.

Après mûre réflexion, elle décida que la réserve du jeune homme devait être imputée à sa timidité. Elle résolut de l'encourager en faisant preuve de plus d'attention à son égard, voire de plus de tendresse, le cas échéant.

Maria Gavrilovna préparait le dénouement le plus imprévu et attendait avec impatience le moment fatal de la romanesque explication. Un secret, de quelque nature qu'il soit, pèse toujours au cœur féminin.

Un franc succès couronna les manœuvres guerrières de la jeune fille. Bourmine sombrait dans un tel mutisme, une flamme si sombre s'allumait dans son regard quand il considérait son interlocutrice que, manifestement, la minute décisive était proche. Pour les voisins, le mariage ne faisait plus l'ombre d'un doute, et la bonne Praskovia Pétrovna se réjouissait de voir que sa fille avait enfin trouvé un fiancé digne d'elle.

Un jour, la vieille dame était assise dans le salon, absorbée par une réussite, une « grande patience », quand Bourmine entra dans la pièce et s'informa aussitôt de Maria Gavrilovna.

— Elle est au jardin, répondit Praskovia Pétrovna. Allez la retrouver, moi, je vous attendrai.

Bourmine se retira, et la vieille dame fit un signe de croix, en se disant : « Plaise à Dieu qu'on en finisse aujourd'hui ! »

Bourmine trouva Maria Gavrilovna près de l'étang, sous un saule, un livre à la main, en robe blanche — bref, une véritable héroïne de roman. Après l'échange des premiers propos, la jeune fille laissa la conversation languir à dessein, afin d'aggraver le trouble de son interlocuteur et le sien propre : de cette façon-là, seule une explication immédiate et définitive pouvait mettre fin à la confusion. C'est ce qui arriva : Bourmine, conscient de l'équivoque de sa situation, déclara que depuis longtemps il cherchait une occasion d'ouvrir son cœur et réclama un moment d'attention. Maria Gavrilovna ferma son livre et baissa les yeux en signe d'assentiment.

— Je vous aime, dit Bourmine, je vous aime passionnément...

(Maria Gavrilovna rougit et courba la tête un peu plus.)

— J'ai agi imprudemment en me laissant aller à une douce habitude, à l'habitude de vous voir et de vous entendre...

(Maria Gavrilovna se souvint de la première lettre de Saint-Preux.)

— A présent, il est trop tard pour lutter contre ma destinée. Votre souvenir, votre douce et incomparable image, seront désormais la joie et le tourment de ma vie... Cependant, il m'incombe encore la pénible obligation de vous dévoiler un horrible mystère et de dresser une barrière infranchissable entre nous deux...

— Cette barrière a toujours existé, répliqua Maria Gavrilovna. En aucun cas, je n'aurais pu être votre épouse...

— Oh, je le sais, répondit-il d'une voix sourde... Je sais qu'autrefois vous avez aimé, mais la mort et trois années de larmes... Chère, douce Maria Gavrilovna, ne me frustrez point de mon ultime consolation :

l'idée que vous auriez pu consentir à faire mon bonheur, si... Ne dites rien, au nom du ciel ! Ne dites rien... Vous me faites souffrir. Oh, je le sais bien, allez, je sens que vous auriez été mienne, mais... je suis le plus infortuné des hommes... je suis marié !

La jeune fille le considéra avec surprise.

— Mais oui, je suis marié, reprit Bourmine, depuis déjà trois ans... J'ignore qui est ma femme, où elle se trouve et si je dois la revoir un jour...

— Que dites-vous là ! s'écria Maria Gavrilovna. C'est trop étrange ! Poursuivez, poursuivez... Je vous dirai après, mais poursuivez pour l'amour de Dieu !

— Cela se passait au début de 1812, commença Bourmine. Je me hâtais de rejoindre mon régiment, qui avait ses quartiers à Vilna. Arrivé à un relais, tard dans la soirée, j'allais ordonner d'atteler au plus vite, lorsque s'éleva une terrible tempête de neige. Le maître de poste et les cochers me persuadèrent d'attendre. Je les écoutai, mais une singulière angoisse s'empara de moi ; une force inexplicable semblait me posséder, me pousser. Cependant, la bourrasque ne se calmait point. N'y tenant plus, je fis atteler et m'engageai résolument dans la tourmente. Mon cocher résolut de longer la rivière, ce qui devait nous faire gagner trois verstes. Les rives étaient couvertes de neige ; le cocher laissa passer l'endroit où nous devions rejoindre la route, si bien que nous nous trouvâmes en pays inconnu. La tempête faisait toujours rage. J'aperçus une lueur, au loin, et ordonnai de nous diriger de ce côté. Nous atteignîmes un village ; il y avait de la lumière dans l'église de bois. Le portail était ouvert ; des traîneaux stationnaient derrière l'enceinte ; des gens allaient et venaient sur le parvis... « Par ici !... Par ici !... » crièrent plusieurs voix. Je commandai au cocher d'approcher. « Voyons, où donc as-tu traîné ? me demanda quelqu'un... La fiancée est sans connaissance ; le pope ne sait quoi faire ; nous sommes sur le point de nous en retourner... Allons, viens vite !... » Je sautai hors du traîneau, sans mot dire, j'entrai dans l'église qu'éclairaient faiblement deux ou trois cierges.

« Une jeune fille était assise sur une banquette, dans le coin le plus sombre. Sa compagne lui frictionnait les tempes. « Dieu soit loué ! dit celle-ci. Enfin, vous voilà. Pour un peu, vous auriez fait mourir Mademoiselle ! » Le vieux prêtre m'aborda avec une question : « Faut-il commencer ? — Oui, oui, allez-y, mon père, répondis-je distraitement...

« On aida la jeune fille à se mettre d'aplomb. Elle me parut assez belle... Légèreté incompréhensible, impardonnable !... Je me mis à côté d'elle, près du lutrin. Le prêtre semblait pressé. Trois hommes et sa servante soutenaient la jeune fille et ne s'occupaient que d'elle. On nous maria. « Embrassez-vous », nous dit-on. Mon épouse tourna vers moi son pâle visage. J'allais l'embrasser... Elle poussa un cri : « Oh, ce n'est pas lui !... Ce n'est pas lui !... » et tomba évanouie. Les témoins me dévisagèrent, d'un œil effaré. Je tournai sur mes talons, quittai l'église sans que personne ne cherchât à me retenir, me jetai dans mon traîneau et criai : « Vas-y ! »

— Oh, mon Dieu ! s'exclama Maria Gavrilovna... Et vous ne savez pas ce qu'est devenue votre malheureuse épouse ?

— Non, répondit Bourmine. J'ignore le nom du village où je me suis marié. Je ne me rappelle plus de quel relais j'étais parti. En ce temps, j'attachais si peu d'importance à ma criminelle polissonnerie qu'à peine eus-je quitté l'église, je m'endormis et ne me réveillai que le lendemain matin, au troisième relais. Le domestique, qui me suivait, est mort en campagne, si bien qu'il ne me reste plus aucun espoir de retrouver celle à qui j'ai joué un tour aussi pendable, et qui est si cruellement vengée aujourd'hui...

— Oh, mon Dieu ! mon Dieu ! s'écria Maria Gavrilovna, lui saisissant le bras... C'était donc vous !... Et vous ne me reconnaissez pas ?...

Bourmine pâlit... et se jeta à ses pieds...

LE MARCHAND DE CERCUEILS

Le jour qui vient apporte de nouveaux cercueils,
Cheveux blancs du monde vieillissant.

DERJAVINE[14].

Le reliquat des hardes d'Adrien Prokhorov, marchand de cercueils de son métier, venait d'être entassé sur un corbillard et, pour la quatrième fois, les deux faméliques haridelles firent le trajet de la Basmannaïa à la Nikitskaïa[15], où le commerçant emménageait avec toute sa famille.

Le bonhomme ferma boutique, accrocha à la porte une pancarte, annonçant que la maison était à vendre ou à louer, s'en alla pédestrement pendre la crémaillère.

Tout en approchant de la petite maisonnette jaune, qui, depuis si longtemps, excitait son imagination et qu'il avait acquise moyennant une assez forte somme, le vieux marchand de cercueils s'aperçut avec surprise que la joie ne régnait point dans son cœur.

Ayant franchi le seuil inconnu et découvert un grave fouillis, il soupira en évoquant la vétuste chaumière où, pendant dix-huit ans, il avait assuré le maintien d'un ordre irréprochable. Après avoir tancé la servante et ses deux filles, trop lentes à son gré, il mit résolument la main à la pâte, en personne. Bientôt tout fut en règle : l'armoire aux icônes, le buffet avec sa vaisselle, la table, le divan et le lit prirent les places qui leur avaient été assignées dans la pièce du fond. Dans la cuisine et dans le salon furent entreposées les œuvres du maître : cercueils de toutes les couleurs et de toutes les dimensions, bahuts contenant des chapeaux, des manteaux et des flambeaux de deuil. Audessus de la porte se hissa une enseigne ; elle présentait un Amour passablement dodu tenant un flambeau renversé, avec une inscription : « Ici, l'on vend et garnit les cercueils naturels ou peints. Location et remise en état des cercueils usagés. »

Les jeunes filles se retirèrent dans leur chambre ; Adrien fit le tour du logis, s'assit à la fenêtre et commanda le samovar.

Notre éclairé lecteur n'ignore pas que Shakespeare et Walter Scott ont représenté leurs fossoyeurs comme de gais et de plaisants lurons, afin de mieux frapper notre imagination par ce contraste. Soucieux de respecter la vérité, nous ne pouvons pas imiter leur exemple et devons confesser que le naturel de notre marchand de cercueils répondait parfaitement à sa sinistre profession. Adrien Prokhorov était habituellement sombre et renfermé. Il ne sortait de son mutisme que pour gourmander ses filles, quand il les voyait oisives, occupées à lorgner les passants par la fenêtre, ou pour demander une rémunération exorbitante de ses œuvres à ceux qui avaient l'infortune (ou parfois le plaisir) de faire appel à ses bons offices.

Or donc, assis à sa fenêtre, et buvant sa septième tasse de thé, Adrien, selon sa coutume, s'abîmait dans de tristes pensées. Il songeait à la pluie battante qui, huit jours auparavant, avait salué tout près de la barrière de la ville le cortège funèbre du brigadier retraité. Que de manteaux rétrécis, que de chapeaux cabossés ! Encore des dépenses en perspective, car sa vieille garde-robe funèbre commençait d'être en piteux état. Certes, il nourrissait l'espoir de se rattraper à l'occasion de l'enterrement de Trioukhina, une vieille marchande qui, depuis près d'un an, se trouvait au chapitre de la mort. Mais hélas, cette Trioukhina se mourait à Razgouliaï, et Prokhorov avait peur que les héritiers, en dépit de leur promesse, ne fussent trop paresseux pour l'envoyer chercher si loin et ne s'entendissent avec le plus proche entrepreneur de pompes funèbres.

Trois coups franc-maçonniques, frappés à la porte, interrompirent ses réflexions.

— Qui est là? demanda le marchand.

La porte s'ouvrit, laissant entrer un homme en qui l'on pouvait reconnaître, du premier coup d'œil, un artisan allemand. L'individu s'approcha du maître de céans avec une mine réjouie.

— Excusez-moi, aimable voisin, dit-il dans ce parler russo-germanique que nous ne pourrons jamais entendre sans rire, excusez-moi de vous déranger... j'ai désiré vous connaître le plus vite possible. Je suis cordonnier, mon nom est Gottlieb Schultz, j'habite cette petite maison qui se trouve juste en face de vos fenêtres. Demain, je fête mes noces d'argent et je demande à vous et à vos filles de venir dîner chez moi en toute amitié.

L'invitation fut favorablement accueillie. Le marchand de cercueils proposa au cordonnier de prendre place et de boire une tasse de thé. Bientôt, grâce au naturel ouvert de Gottlieb Schultz, la conversation prit un tour cordial.

— Comment va le négoce de Votre Honneur? s'informa Adrien.

— Eh! eh! couci, couça, répliqua Schultz. J'aurais tort de me plaindre, bien que ma marchandise ne vaille pas la vôtre, puisqu'un homme vivant peut se passer de souliers, alors qu'un mort ne saurait vivre sans cercueil!

— Voilà qui est vrai, observa Adrien. Seulement, un vivant qui n'a pas de quoi se payer une paire de chaussures va nu-pieds, révérence parler, tandis qu'un gueux mort trouve toujours un cercueil gratis!

Cet entretien se prolongea quelques moments encore; en fin de compte, le cordonnier se leva, prit congé de son hôte en réitérant son invitation.

Le jour suivant, sur le coup de midi, le marchand

de cercueils et ses filles franchirent la barrière de leur maison nouvellement acquise et se rendirent chez le voisin. M'écartant en cela des romanciers contemporains, je ne vous décrirai point le cafetan russe d'Adrien, ni les toilettes européennes d'Akoulina et de Daria. Il ne me paraît pas superflu, cependant, d'observer que les deux demoiselles avaient mis des bonnets jaunes et des souliers rouges, ce qu'elles ne faisaient que pour les grands jours.

Le petit logement du cordonnier était rempli de convives : des artisans allemands pour la plupart, avec leurs épouses et leurs apprentis. En fait de fonctionnaires russes, il n'y avait qu'un veilleur de nuit, le Finnois Yourko, qui avait su gagner l'estime particulière de son hôte, en dépit de son humble condition. Pendant près d'un quart de siècle, il avait mis son zèle et sa foi au service de sa fonction, tel le postillon de Pogorelski[16]. L'incendie de 1812, en détruisant la première capitale[17], avait rasé par la même occasion sa guérite jaune. Mais, aussitôt après l'expulsion de l'ennemi, une nouvelle guérite avait poussé à la place de la première, une guérite grise avec de petites colonnes doriques blanches, et Yourko avait pu reprendre sa faction, « avec sa hallebarde et sa cuirasse de drap gris[18] ».

Yourko connaissait presque tous les Allemands domiciliés aux alentours de la porte Nikitski. D'aucuns de ses amis venaient passer parfois, dans sa guérite, la nuit du dimanche au lundi.

Adrien s'empressa de lier connaissance avec ce vigile, dont les offices, tôt ou tard, pouvaient lui être utiles et, en passant à table, les deux compères prirent place côte à côte.

M. et Mme Schultz, ainsi que Mlle Lottchen, leur fille âgée de dix-sept ans, tout en dînant avec les convives et leur faisant les honneurs de la table, aidaient la cuisinière à assurer le service. La bière coulait à flots. Yourko mangeait comme quatre; Adrien lui tenait tête ; ses filles faisaient les importantes. Les propos, qui s'échangeaient en langue allemande, devenaient sans cesse plus bruyants.

Soudain l'hôte réclama le silence, déboucha une bouteille cachetée et proclama en russe :

— A la santé de ma bonne Louise !

Le mousseux pétilla. Maître Schultz déposa un baiser attendri sur le frais minois de sa quadragénaire épouse, et tous les invités vidèrent bruyamment leurs coupes à la santé de la bonne Louise.

— A la santé de mes aimables convives ! annonça l'hôte en faisant sauter un second bouchon.

Et les convives de lui manifester leur gratitude en vidant leurs coupes encore une fois.

Là-dessus, les toasts succédèrent aux toasts. On trinqua à la santé particulière de chacun des invités, à celle de Moscou et d'une bonne douzaine de bourgs allemands ; à la santé de toutes les corporations, en général et en particulier ; à celle des maîtres et des apprentis.

Adrien buvait ferme et, mis en gaieté, finit par proposer un toast facétieux.

Tout à coup, l'un des convives, un gros boulanger, leva son verre et s'écria :

— A la santé de tous ceux pour qui nous travaillons, *unserer Kundleute !*

La proposition, comme toutes les autres, fut adoptée joyeusement et à l'unanimité. Les invités se saluèrent mutuellement : le tailleur fit une révérence au cordonnier, le cordonnier au tailleur, le boulanger aux deux artisans, tout le monde au boulanger, et ainsi de suite. A l'issue de toutes ces grâces réciproques, Yourko se tourna vers son voisin et s'exclama :

— Eh bien, compère, bois donc à la santé de tes macchabées !

Tout le monde éclata de rire, mais le marchand de cercueils, se jugeant offensé, se renfrogna. Personne ne s'en aperçut, les convives continuèrent de boire, et déjà l'on sonnait les vêpres, quand ils se levèrent de table.

Les dîneurs se séparèrent tard et passablement éméchés, pour la plupart. Le gros boulanger et le relieur, de qui la face elle-même semblait reliée de maroquin rouge, prirent Yourko sous les bras et le ramenèrent jusqu'à sa guérite, en évoquant le proverbe russe : « Bon créditeur rend monnaie à son prêteur ! »

Le marchand de cercueils regagna son logis, ivre et furieux.

« De quoi, de quoi, ratiocinait-il tout haut, mon métier serait-il moins honnête que les autres ?... Le marchand de cercueils serait-il donc compère du bourreau ?... De quoi rient-ils, ces mécréants ?... Le marchand de cercueils n'est tout de même pas un pitre de carnaval !... Et moi qui voulais les inviter tous à pendre la crémaillère, leur donner un festin de roi... Ça, jamais ! Tiens, j'inviterai plutôt ceux pour qui je travaille : mes bons macchabées orthodoxes !...

— Eh bien, eh bien, qu'est-ce que tu racontes ? fit la servante qui le déchaussait en ce moment... Fais vite le signe de croix ! Inviter les morts à pendre la crémaillère ! Fi donc ! quelle horreur !

— Parole d'honneur, je les invite ! Et pas plus tard que demain ! répliqua Adrien... Soyez les bienvenus, mes pères nourriciers ! Daignez me faire l'honneur de venir festoyer chez moi ! Ce sera à la bonne franquette, à la fortune du pot !...

A ces mots, le marchand de cercueils gagna son lit, où bientôt il ronfla.

Il faisait encore nuit, quand on le réveilla. La marchande Trioukhina venait de rendre son âme à Dieu, et son commis avait dépêché un messager à cheval pour en aviser Adrien. Afin de récompenser un si beau zèle, le marchand de cercueils donna à l'ambassadeur dix kopecks de pourboire, s'habilla hâtivement, héla un fiacre et se fit conduire à Razgouliaï.

Devant la porte de la défunte étaient déjà postés des

agents de police, et des marchands faisaient les cent pas, comme des corbeaux qu'attire l'odeur de la mort. La trépassée, jaune comme cire, était étendue sur une table; la décomposition n'avait pas encore altéré les traits de son visage. Autour d'elle se pressaient parents, voisins et gens de maison. Toutes les fenêtres étaient ouvertes, les cierges allumés. Des prêtres disaient les oraisons. Adrien s'approcha du neveu de Mme Trioukhina, un jeune gandin de marchand, vêtu comme une gravure de mode, et lui annonça que la bière, les cierges, le drap mortuaire et autres accessoires funèbres allaient être livrés séance tenante et en parfait état. L'héritier remercia distraitement, en spécifiant qu'il ne marchandait point et s'en remettait à son honnêteté. Le marchand de cercueils jura, selon son habitude, qu'il ne prendrait pas un kopeck de trop, échangea un coup d'œil significatif avec le commis et s'en fut vaquer aux démarches nécessaires.

Tout le jour, il fit la navette entre Razgouliaï et la porte Nikitski; au soir, tout était prêt, et Adrien put rentrer chez lui, à pied, après avoir renvoyé son fiacre. Il faisait clair de lune. Le marchand de cercueils atteignit sans encombre la porte Nikitski. Près de l'Ascension, il fut interpellé par notre ami Yourko, qui, le reconnaissant, lui souhaita une bonne nuit. Il était tard. Le marchand de cercueils approchait déjà de sa maison, quand il lui sembla voir quelqu'un ouvrir la barrière, puis disparaître à l'intérieur.

« Qu'est-ce que cela pourrait bien vouloir dire ? se demanda Adrien. Qui donc aurait encore besoin de moi ?... Ne serait-ce pas un cambrioleur ?... Ou des galants qui viendraient rendre visite à mes oies ?... Possible, après tout ! »

Déjà le marchand de cercueils songeait à appeler son ami Yourko à la rescousse, mais en ce moment une autre silhouette s'approcha de la barrière et allait la pousser, quand elle s'arrêta, en apercevant Adrien qui accourait à toutes jambes, et ôta son tricorne.

Adrien crut reconnaître le visage, mais, pressé comme il l'était, n'eut pas le loisir de l'examiner.

— Vous venez me voir, dit-il tout essoufflé... Donnez-vous donc la peine d'entrer.

— Foin de cérémonies, mon brave, rétorqua l'autre d'une voix sourde... Passe devant et montre le chemin à tes invités.

Recommandation superflue, car Adrien n'avait pas le temps de faire des cérémonies.

La barrière était ouverte ; il monta l'escalier ; l'autre le suivit. Adrien eut l'impression qu'une multitude de gens marchaient dans son logement.

« Quelle diablerie... ! » songea-t-il.

Il se hâta d'entrer et... ses jambes se dérobèrent. La pièce était pleine de morts. La lune, à travers les fenêtres, éclairait leurs visages jaunes et bleus, leurs bouches ravalées, leurs yeux glauques et mi-clos, leurs nez pointus... Adrien reconnut avec horreur la clientèle ensevelie par ses soins et s'aperçut que lui-même était entré en compagnie du brigadier retraité, enterré par une pluie battante.

Tous les visiteurs, hommes et femmes, firent cercle autour de lui avec force compliments et révérences ; un seul se tenait à l'écart, un gueux récemment inhumé gratis, qui se tenait dans un coin, honteux de ses haillons. Les autres étaient décemment vêtus : les défuntes exhibaient coiffe et rubans ; les défunts gradés étaient en uniforme, mais avec une barbe vieille de plusieurs jours ; les marchands arboraient leurs cafetans des grandes occasions.

— Tu vois, Prokhorov, dit le brigadier, prenant la parole au nom de toute l'honorable société, tu vois, nous nous sommes levés pour répondre à ton invitation. Seuls, les impotents sont restés à la maison : ceux qui sont tombés définitivement en poussière, ceux qui n'ont plus que les os, sans la peau... Et cependant, il y en a un qui n'a pu résister au désir de te voir...

En ce moment, un petit squelette se fraya un chemin à travers la foule et s'approcha d'Adrien. Son crâne souriait affectueusement au marchand de cercueils. Des lambeaux de drap rouge et vert clair, des vestiges de toile pendaient de-ci, de-là, comme sur une perche; les tibias, dans ses grosses bottes, ballottaient comme le pilon dans le mortier.

— Tu ne me reconnais pas, Prokhorov? fit le squelette. Te souviens-tu de Piotr Pétrovitch Kourilkine, sergent de la Garde retraité, à qui tu vendis, en 1799, ton premier cercueil... Du sapin pour du chêne, pardessus le marché...

A ces mots, le squelette voulut l'étreindre entre ses os, mais Adrien, prenant ses forces à deux mains, jeta un cri et le repoussa. Piotr Pétrovitch chancela, s'affaissa et tomba en miettes. Un murmure d'indignation s'éleva parmi les morts. Chacun voulait défendre l'honneur du camarade; tous harcelaient Adrien, en proférant force injures et menaces. Le malheureux maître de maison, assourdi par leurs cris et presque étouffé, perdit contenance, se laissa choir sur les os du sergent retraité et s'évanouit.

Depuis longtemps, le soleil éclairait le lit, où reposait le marchand de cercueils. En fin de compte, il ouvrit les yeux et aperçut la servante, qui attisait le feu du samovar. Terrifié, Adrien se souvint des événements de la veille. Mme Trioukhina, le brigadier et le sergent Kourilkine se présentèrent confusément à son imagination. Il attendit, sans souffler mot, que la servante parlât la première et fît allusion aux incidents de la nuit.

— Tu as piqué un fameux somme, Adrien Prokhorovitch, dit Aksinia en lui passant sa robe de chambre... Le tailleur, notre voisin, est venu te voir, et puis aussi le veilleur de nuit, pour t'annoncer qu'aujourd'hui c'est la fête du commissaire du quartier, mais tu dormais, et nous n'avons pas voulu te réveiller...

— Est-on venu me chercher de la part de la défunte Trioukhina?

— La défunte?... C'est donc qu'elle est morte?

— Voyez la sotte! ne m'as-tu pas aidé toi-même à m'occuper hier de son enterrement?

— Allons, allons, mon maître! Tu divagues, ou bien c'est le vin d'hier au soir qui te monte encore à la tête!... Quel enterrement? Tu as passé quasiment toute la journée à ripailler chez l'Allemand, tu es rentré saoul, t'es affalé sur ton lit et tu as dormi jusqu'à tout de suite, passé l'heure de la messe.

— Bien vrai? fit le marchand de cercueils, tout réjoui.

— Pour sûr! répondit la servante.

— Dans ce cas, sers-moi vite le thé et appelle les filles!

9 octobre. Boldino. 1830.

LE MAÎTRE DE POSTE

Régistrateur de Collège zélé,
Dictateur de nos relais.

PRINCE VIAZEMSKI[19].

Qui donc n'a point maudit les maîtres de poste ? Lequel n'a jamais eu de prise de bec avec eux ? Qui donc, dans un moment de colère, n'a pas réclamé le registre fatal afin d'y porter une vaine réclamation contre les passe-droits, la grossièreté ou l'incurie ? Qui donc ne les considère pas comme un fléau du genre humain, à l'égal des gens d'armes ou, tout au moins, des égorgeurs des forêts de Mourom ?

Soyons équitables, pourtant, essayons d'entrer dans leur situation et peut-être éprouverons-nous infiniment plus d'indulgence à leur égard.

Qu'est-ce donc qu'un maître de poste ?... Un vrai martyr de quatorzième classe, que son grade préserve tout juste des coups, et encore (je renvoie mes lecteurs à leur conscience). Quels sont les devoirs de ce dictateur, comme l'a plaisamment appelé le prince Viazemski ? Ne mène-t-il pas une véritable existence de bagnard ? Point de repos, ni le jour, ni la nuit ! Toute la hargne qu'il a accumulée durant son interminable voyage, le voyageur la passe sur la tête du maître de poste. Le temps est-il affreux, la route impraticable, le cocher têtu, les chevaux paresseux — la faute en est au maître de poste !

En pénétrant dans son pauvre logis, le voyageur le considère comme un ennemi. Heureux le « dictateur » qui réussit à se débarrasser promptement du visiteur importun, mais supposez qu'il n'ait pas de chevaux... Seigneur, Seigneur, que d'imprécations et de menaces sur sa pauvre tête ! Par la pluie, dans la boue, il faut qu'il coure de maison en maison ; la tempête et les grands froids de l'Épiphanie le trouvent réfugié sous son propre porche, pour se reposer un instant des cris et des bourrades du voyageur irrité.

Arrive un général. Le maître de poste tremblant lui cède ses deux ultimes troïkas[20], y compris celle du courrier. Son Excellence repart sans un mot de gratitude. Cinq minutes plus tard, autre son de grelots !... et le courrier lui jette sur la table sa feuille de route !...

Pénétrons tout cela bien à fond, et une compassion sincère succédera, dans nos cœurs, à l'indignation. Quelques mots encore : pendant vingt ans, j'ai parcouru la Russie dans tous les sens ; je connais presque toutes les grandes routes ; j'ai fréquenté plusieurs générations de postillons ; rares sont les maîtres de poste dont le visage ne me soit pas familier, rares sont ceux à qui je n'aie jamais eu affaire ! J'espère publier prochainement la somme curieuse de mes observations de voyage. Pour le moment, je vais me contenter de remarquer que la corporation des maîtres de poste est présentée à l'opinion publique sous un jour totalement faux. Ces malheureuses victimes de la calomnie sont, en règle générale, des êtres pacifiques, naturellement serviables, enclins à la sociabilité, modestes dans leurs aspirations aux honneurs et point trop avides. Dans leur conversation (que dédaignent bien à tort messieurs les voyageurs), on peut glaner maintes choses curieuses et instructives. En ce qui me concerne, j'avoue préférer leur conversation à celle d'un fonctionnaire de sixième classe, en déplacement pour les besoins du service.

Le lecteur aura facilement deviné que je compte des amis dans la respectable corporation des maîtres de poste. Et, en effet, le souvenir de l'un d'eux m'est particulièrement précieux. Il y eut un temps où les circonstances nous rapprochèrent, et c'est de ce fonctionnaire-là que je voudrais entretenir mes aimables lecteurs.

Cela se passait en 1816, au mois de mai. Je traversais le gouvernement de X..., par une route maintenant inutilisée. Mon grade était insignifiant; je voyageais en chaise de poste et ne pouvais me payer qu'un attelage de deux chevaux. Aussi les maîtres de poste ne se gênaient-ils point avec moi et, souvent, j'étais forcé de prendre de haute lutte ce que j'estimais me revenir de plein droit. Jeune et impétueux, je maudissais la bassesse et la lâcheté de tel « dictateur » qui cédait, pour la calèche de quelque « gros bonnet » officiel, une troïka qui m'avait été attribuée.

De même, il me fallut longtemps pour m'habituer à ce qu'un larbin à l'œil aiguisé me privât de plat au repas chez le gouverneur.

Tout cela me paraît aujourd'hui dans l'ordre des choses. En effet, où irions-nous si à ce dogme si pratique : « Gradé, honore le grade! », on en substituait un autre : « Esprit, honore l'esprit! »... Que de discordes en perspective!... Et la valetaille, saurait-elle qui servir le premier?...

Mais je reviens à mon propos.

Il faisait un temps de canicule. A trois verstes du relais de N..., il commença de pleuvoir et bientôt la pluie tourna en véritable averse : en quelques instants, je fus trempé jusqu'aux os. En arrivant au relais, mon premier soin fut de me changer et le second de réclamer du thé.

— Hé! Dounia! cria le maître de poste. Prépare le samovar et va chercher de la crème!

A ces mots, une fillette de quelque quatorze ans sortit de derrière une cloison et s'élança dans le vestibule. Sa beauté me frappa.

— Est-ce ta fille? demandai-je au maître de poste.

— Oui, Monsieur, c'est ma fille, répondit-il avec un air d'amour-propre satisfait... Si habile, si délurée : le vivant portrait de sa défunte mère!

Là-dessus, il se mit en devoir de recopier ma feuille de route, et j'examinai les gravures qui égayaient son logis modeste, mais propret.

Elles représentaient l'histoire de l'Enfant prodigue : sur la première, un vénérable vieillard en bonnet et robe de chambre laisse partir un jeune homme énervé, qui reçoit hâtivement sa bénédiction et un sac d'argent. L'autre, en des traits éloquents, peignait la conduite dissolue du jeune homme : on le voyait attablé en compagnie de faux amis et de femmes perdues. Plus loin, le jeune homme ruiné, en haillons et coiffé d'un tricorne, gardait les pourceaux et partageait leur pitance ; son visage exprimait une douleur profonde et le repentir. Pour conclure, c'était le retour au bercail : le bon vieillard, coiffé du même bonnet et accoutré de la même robe de chambre, s'élançait au-devant de son enfant ; le fils prodigue était à genoux ; à l'arrière-plan, un cuisinier égorgeait le veau gras, et le fils aîné questionnait les domestiques sur les raisons d'une telle liesse. Au-dessous de chaque gravure, je lus des vers allemands appropriés.

Tout cela est encore conservé dans ma mémoire, de même que les pots de balsamine, le lit et son rideau bariolé, d'autres objets épars autour de moi... Je vois, comme si j'y étais, l'hôte lui-même, un homme d'une cinquantaine d'années, frais et gaillard, sa longue redingote verte, ornée de trois médailles pendues à des rubans fanés.

A peine eus-je réglé mon vieux postillon, que Dounia revint avec un samovar. La petite coquette ne tarda pas à s'apercevoir de l'impression qu'elle produisait sur moi. Elle baissa ses grands yeux bleus. Je lui adressai la parole ; elle me répondit sans aucune timidité, comme une jeune fille accoutumée aux usages du monde. J'offris un verre de punch au père, une tasse de thé à Dounia, et nous nous mîmes à bavarder comme si nous nous connaissions de longue date.

Les chevaux étaient prêts depuis longtemps, mais je n'avais pas envie de quitter le maître de poste et sa fille. En fin de compte, je me résolus à prendre congé d'eux; le père me souhaita un bon voyage, et Dounia m'accompagna jusqu'à la voiture. Dans le vestibule, je m'arrêtai et demandai à la jeune fille la permission de l'embrasser; elle acquiesça... Je puis compter bien des baisers.

Depuis que j'en prends et j'en donne...

mais aucun ne m'a laissé un souvenir aussi durable et délicieux.

Des années passèrent, et les circonstances me ramenèrent sur la même route, sur les mêmes lieux. Je me souvins de la fille du vieux maître de poste et me réjouis à l'idée de la revoir.

« Oui, mais le vieux est peut-être remplacé, et Dounia est sûrement mariée. »

La pensée que l'un ou l'autre pût être mort effleura également mon esprit, et je m'approchai du relais de N... avec un triste pressentiment.

Les chevaux s'arrêtèrent devant la maison du relais. Entré dans la salle, je reconnus aussitôt les gravures retraçant l'histoire de l'Enfant prodigue; la table et le lit étaient à leur ancienne place, mais il n'y avait plus de fleurs sur les rebords des croisées; tout respirait un air de vétusté et d'abandon.

Le maître de poste dormait, avec sa veste de mouton en guise de couverture; mon intrusion le réveilla; il se mit sur son séant... C'était bien lui, Samson Vyrine, mais qu'il avait vieilli!

Tandis qu'il s'apprêtait à transcrire ma feuille de route, j'examinai à loisir sa tête chenue, les rides profondes de son visage mal rasé, son dos voûté, et je fus stupéfait de voir que trois ou quatre années avaient fait un vieillard débile d'un robuste gaillard.

— M'as-tu reconnu? lui demandai-je. Nous sommes de vieux amis.

— Ça se peut, répliqua-t-il d'un air grognon. La route est grande. J'en ai connu des voyageurs!

— Ta Dounia est-elle en bonne santé? m'informai-je.

Le vieux se renfrogna.

— Dieu le sait ! bougonna-t-il.

— Elle est donc mariée ?

Il feignit de ne pas entendre ma question et continua de lire à voix basse ma feuille de route.

Je renonçai à lui poser d'autres questions et réclamai du thé. La curiosité me tourmentait et je comptais sur le punch pour délier la langue de mon vieil ami.

Je ne me trompais pas : il ne refusa point de prendre un verre, et je m'aperçus que le rhum dissipait sa sombre humeur. Au second verre, il devint loquace, me reconnut, ou du moins fit semblant de me remettre, et me narra une histoire qui m'intéressa et me toucha vivement.

— Alors vous avez connu ma Dounia ? commença-t-il... Qui ne l'a pas connue !... Dounia ! Dounia !... Quelle fille c'était !... Tenez, tous ceux qui passaient par ici ne disaient que du bien d'elle, jamais une mauvaise parole. Les dames lui offraient un châle ou des boucles d'oreille. Les messieurs s'arrêtaient, soi-disant pour dîner ou pour souper, mais en réalité, histoire de la lorgner plus longtemps... Les plus furieux s'apaisaient en sa présence et me parlaient avec civilité. Le croirez-vous, Monsieur : des courriers et des messagers de la Cour perdaient des demi-heures à bavarder avec elle !... La maison ne marchait que grâce à Dounia : s'agissait-il de ranger ou de cuisiner, elle était là, toujours là. Et moi, vieux fou que j'étais, je passais mon temps à l'admirer, la joie au cœur ; je n'avais d'yeux que pour elle... Allez, je l'aimais, mon enfant, ma Dounia, je l'aimais bien, est-ce qu'elle n'avait pas une vie heureuse ?... Seulement, pas, on ne conjure pas la malchance !... On n'évite pas sa destinée.

Là-dessus, il me raconta son infortune par le menu.

Trois ans auparavant, par un soir d'hiver, comme il était en train de régler un nouveau registre et que sa fille, derrière la cloison, cousait une robe, une troïka s'arrêta devant le chalet et un voyageur, coiffé d'un bonnet de Tcherkesse[21], vêtu d'un manteau militaire, enveloppé d'un châle, entra dans la chambre et réclama des chevaux. Toutes les bêtes étaient en route. A cette nouvelle, le voyageur fit mine d'élever la voix et de lever sa cravache, mais Dounia, accoutumée à ces sortes de scène, accourut de derrière la cloison et s'adressa courtoisement à l'intrus :

— Ne vous plairait-il pas, Monsieur, de manger quelque chose ?

L'apparition de Dounia produisit son effet ordinaire. La colère du voyageur tomba d'un seul coup ; il accepta d'attendre les chevaux et demanda à souper. Il enleva son bonnet à poils, tout trempé, dénoua son châle, ôta son manteau et apparut sous les traits d'un jeune et svelte hussard à la brune moustache.

Le jeune homme, s'étant installé chez le maître de poste, se mit à bavarder gaiement avec son hôte et Dounia. On servit le souper. Cependant, les chevaux étant arrivés, le maître de poste commanda qu'on les attelât séance tenante, sans même les nourrir. Mais, au retour, il trouva le jeune homme affalé sur le banc, quasiment évanoui : il s'était trouvé mal, avait la migraine et il ne fallait pas songer à repartir... Que faire ? Le maître de poste lui céda son lit et il fut décidé que, si le malade ne se sentait pas mieux, on enverrait quérir un médecin à S..., le jour suivant, au matin.

Le lendemain, l'état du jeune hussard avait empiré. Son domestique s'en fut à cheval chercher un docteur en ville. Dounia noua autour de la tête du malade un fichu trempé dans le vinaigre, prit son ouvrage et se mit à son chevet. En présence du maître de poste, le malade ne parlait qu'à peine et poussait force soupirs ; cependant il but deux tasses de café et commanda à dîner, tout en gémissant. Dounia ne le quittait pas. A tout instant, le jeune homme demandait à boire, et elle lui présentait un bol de limonade, préparée par ses soins. Le malade y trempait les lèvres et chaque fois, en rendant le bol, pressait faiblement les doigts de son infirmière, pour lui exprimer sa gratitude.

Le médecin arriva à l'heure du dîner. Il tâta le pouls du dolent, lui parla en allemand, puis déclara en russe que le jeune homme avait exclusivement besoin de repos et que d'ici deux jours il pourrait se remettre en route. Le hussard lui remit vingt-cinq roubles et l'invita à partager ses agapes; le médecin accepta, les deux hommes mangèrent de fort bel appétit, burent une bouteille de vin et se quittèrent amplement satisfaits l'un de l'autre.

Un autre jour passa, et le hussard se rétablit parfaitement. Follement gai, il ne cessait de plaisanter tantôt avec Dounia, tantôt avec le maître de poste; sifflotait, bavardait avec les voyageurs, transcrivait leurs feuilles de route dans le registre et finit par charmer tant et si bien le bon maître de poste que, le troisième jour, ce dernier éprouva de la peine à se séparer de son aimable locataire.

Ce jour-là était un dimanche. Dounia allait partir pour la messe. On avança le traîneau du jeune hussard, qui prit congé du maître de poste et lui paya avec générosité le gîte et la nourriture; il prit congé de Dounia également, mais en lui proposant de la conduire jusqu'à l'église, qui se trouvait à la limite du village. Dounia demeurait indécise.

— Eh bien, eh bien, qu'est-ce qui te fait peur? lui dit le père... Son Excellence n'est pas un loup, il ne te mangera pas... Va donc faire un petit tour jusqu'à l'église.

Dounia monta dans le traîneau près du hussard, le domestique sauta sur le siège, le postillon siffla et les chevaux s'élancèrent.

L'infortuné maître de poste ne comprenait pas comment il avait pu permettre à sa Dounia de partir avec le hussard, comment il avait pu être aveuglé de la sorte et où était passée sa raison.

Au bout d'une demi-heure son cœur devint gros, si gros! L'angoisse le saisit à tel point qu'il n'y tint plus et alla lui-même à la messe. En approchant de l'église, il s'aperçut que les gens partaient déjà. Point de Dounia ni dans l'enceinte, ni sur le parvis. Il entra précipitamment dans le temple; le prêtre quittait l'autel; déjà le sacristain éteignait les cierges; deux petites vieilles priaient dans un coin ; mais Dounia n'était pas là ! Le malheureux père osa à peine demander au sacristain si elle était venue à l'église. Le sacristain lui dit que non.

Le maître de poste s'en retourna chez lui, plus mort que vif. Il ne lui restait plus qu'un espoir : étourdie comme une jeune fille, Dounia avait peut-être eu l'idée de prolonger la promenade jusqu'au prochain relais, où demeurait sa marraine. Mortellement inquiet, il attendit le retour de la troïka, qui l'avait emmenée. Le postillon ne revenait pas. Il n'arriva qu'au soir, seul et ivre, avec cette désastreuse nouvelle :

— Dounia a continué plus loin avec le hussard.

Le vieux ne put supporter cette infortune. Il tomba malade sur-le-champ et se coucha dans son lit, occupé la veille encore par le jeune séducteur.

Alors, en se remémorant toutes les circonstances, le maître de poste comprit que la maladie du hussard n'avait été qu'une comédie. Une forte fièvre s'empara du pauvre homme. On l'emmena à S... et un collègue prit provisoirement sa place. Le médecin — celui-là même qu'on avait appelé au chevet du faux malade, le soigna à son tour. Il apprit au maître de poste que le jeune homme était en parfaite santé et que, sur l'heure, il avait flairé l'imposture, mais s'était tu par crainte de la cravache. L'Allemand disait-il vrai ? Ou bien voulait-il faire montre de sa perspicacité ? Toujours est-il que ses paroles ne consolèrent nullement le pauvre malade.

A peine rétabli, le maître de poste demanda à son supérieur de S... un congé de deux mois et, sans rien dire de ses intentions à personne, s'en fut à pied à la recherche de sa fille.

Il savait, par la feuille de route, que le capitaine Minski se rendait de Smolensk à Saint-Pétersbourg. Le postillon qui avait conduit le couple lui raconta que, tout le long du chemin, Dounia ne cessait de verser des larmes, bien qu'elle semblât partir de son plein gré.

« Qui sait ? songeait le maître de poste, peut-être

réussirai-je à ramener au bercail ma pauvre brebis égarée... »

Avec cette pensée, il arriva à Pétersbourg, descendit aux quartiers du Régiment Izmaïlovski, dans la maison d'un sous-officier retraité, un ancien collègue à lui, et commença ses recherches.

Il apprit bientôt que Minski se trouvait dans la capitale, à l'hôtel Demout[22]. Le maître de poste résolut de se rendre chez lui.

Le matin de bonne heure, il se présenta dans son antichambre et demanda d'annoncer à Son Excellence qu'un vieux soldat désirait la voir. L'ordonnance du capitaine, occupée à cirer une botte, répondit au visiteur que Son Excellence dormait encore et ne recevait jamais avant onze heures. Le maître de poste se retira et revint à l'heure indiquée. Minski lui-même vint au-devant de lui, en robe de chambre et coiffé d'une calotte rouge.

— Que veux-tu, mon ami ? s'informa-t-il.

Le cœur du vieillard se serra, les larmes embuèrent ses yeux ; il ne sut que dire d'une voix tremblante :

— Votre Excellence !... Au nom du ciel, faites-moi la grâce de...

Minski lui lança un rapide coup d'œil, rougit violemment, le prit par la main, l'entraîna dans son cabinet et referma la porte derrière lui.

— Votre Excellence, reprit le vieux, ce qui est fait est fait : on ne ramasse pas l'épi qui tombe du chariot !... Mais, au moins, rendez-moi ma pauvre Dounia !... Vous vous êtes amusé d'elle ; ne la perdez pas en vain !

— Bien sûr, ce qui est fait est fait, répliqua le jeune homme, visiblement troublé... Je suis coupable envers toi et heureux de pouvoir te demander pardon... Mais ne va pas croire que je puisse abandonner Dounia : elle sera heureuse, je t'en donne ma parole d'honneur. Qu'as-tu besoin d'elle ?... Elle m'aime, elle a rompu avec son ancienne condition. Ni toi-même, ni Dounia, vous n'oublierez jamais ce qui est arrivé.

Ensuite, après lui avoir fourré quelque chose dans le

revers de la manche, le capitaine ouvrit la porte et sans trop savoir comment, le maître de poste se retrouva dans la rue.

Longtemps il demeura immobile. Enfin il aperçut dans le revers de sa manche, un rouleau de papier. Il le sortit et déplia quelques assignats de cinq et dix roubles, tout froissés. Et de nouveau les larmes emplirent ses yeux, des larmes d'indignation !... Il roula les billets en boule, les jeta à terre, les piétina et s'en fut... Au bout de quelques pas, il s'arrêta et réfléchit... revint en arrière... plus d'assignats... Un jeune homme convenablement mis, l'ayant aperçu, courut vers un fiacre, dans lequel il bondit en criant au cocher :

— File !

Le maître de poste ne s'élança point derrière lui.

Il résolut de rentrer chez lui, dans son relais, mais d'abord voulut revoir encore une fois sa pauvre Dounia.

Pour ce faire, deux jours plus tard, il retourna chez Minski, mais l'ordonnance du capitaine lui déclara rudement que son maître ne recevait personne, le poussa carrément dehors et lui claqua la porte au nez. Le maître de poste attendit un moment... attendit et puis s'en alla...

Le même soir, après avoir fait dire une messe à l'église de Toutes-les-Douleurs, il longeait l'avenue Névski, quand une élégante voiture le dépassa à toute allure, et le maître de poste reconnut Minski. La voiture s'arrêta devant une maison à deux étages, tout contre le perron, et le hussard s'élança dans l'escalier.

Une bonne idée traversa l'esprit du maître de poste. Il revint sur ses pas et interpella le cocher :

— A qui est cet équipage, l'ami ?... N'est-ce pas celui du capitaine Minski ?

— Pour sûr, répondit le bonhomme... Qu'est-ce que tu lui veux, au capitaine ?

— Eh bien, voici : ton maître m'a demandé de porter un billet à sa Dounia, et moi, j'ai oublié où elle habite.

— Tiens, ici, au premier étage... Seulement, m'est avis que tu arrives un peu tard avec ton billet, rapport à ce que le maître y est déjà lui-même.

— Peu importe, répliqua le maître de poste, dont le cœur se crispait singulièrement. Merci du renseignement. Quant à moi, je sais ce que j'ai à faire.

Sur ces mots il s'engagea dans l'escalier. La porte était close. Il sonna. Quelques secondes s'écoulèrent, d'une attente pénible. La clef grinça dans la serrure. On lui ouvrit.

— Est-ce bien ici qu'habite Avdotia Sémionovna ? demanda-t-il.

— Oui, c'est ici, répondit une jeune soubrette. Que lui veux-tu ?

Sans répondre, le maître de poste pénétra dans le salon.

— Holà ! Holà ! On n'entre pas ! s'écria la servante. Avdotia Sémionovna reçoit du monde !

Mais le maître de poste, sans l'écouter, poursuivait sa marche. Les deux premières pièces étaient plongées dans l'obscurité ; dans la troisième, il y avait de la lumière. Il s'approcha de la porte ouverte et s'arrêta.

Dans la chambre luxueusement meublée, Minski était assis dans un fauteuil, l'air rêveur. Parée avec tout l'éclat de la mode, Dounia se tenait assise sur un bras du fauteuil, comme une amazone sur sa selle anglaise. Elle considérait le jeune homme avec une tendresse infinie et enroulait ses boucles noires sur ses doigts brillants de diamants. Malheureux maître de poste ! Jamais sa fille ne lui avait semblé si belle et, malgré lui, il demeurait coi d'admiration.

— Qui est là ? demanda-t-elle sans lever les yeux.

Le père se taisait toujours.

N'obtenant pas de réponse, Dounia le regarda... poussa un cri et s'effondra sur le tapis.

Épouvanté, Minski s'élança pour la relever, mais, ayant aperçu le maître de poste, debout dans l'encadrement de la porte, il laissa là Dounia et se précipita sur lui, frémissant de colère.

— Qu'est-ce qu'il te faut encore ? dit-il, les dents

serrées... Pourquoi faut-il que tu me suives partout, comme un voleur?... Tu voudrais peut-être m'égorger, hein?... Hors d'ici! Ouste!

Puis, empoignant le vieillard au collet d'une main robuste, il le poussa dans l'escalier.

Le vieux revint chez lui. Son ami lui conseilla de porter plainte, mais le maître de poste réfléchit un moment, fit un geste las et résolut de ne pas insister.

Deux jours plus tard, il quitta Pétersbourg, regagna son domicile et reprit ses fonctions.

— Voici plus de deux ans, conclut-il, que je vis sans ma Dounia. Et pas la moindre nouvelle!... Est-elle vivante ou non? Dieu seul le sait. Tout arrive. Ce n'est pas la première, ni la dernière qu'aura séduite un polisson de passage pour s'amuser d'elle, puis la laisser choir... Eh oui, elles sont beaucoup, à Pétersbourg, qui se parent aujourd'hui de soie et de velours, et qui, demain, iront balayer les rues avec la racaille... Quand je songe, parfois, que Dounia aussi est peut-être en train de se perdre, eh bien, le croirez-vous, malgré moi, il m'arrive de pécher et de lui souhaiter la tombe...

Tel fut le récit de mon ami le vieux maître de poste, récit souvent interrompu par les larmes qu'il essuyait pittoresquement avec le pan de son surtout, tel le zélé Térentitch, dans l'excellente ballade de Dmitriev[23].

Ces larmes, il est vrai, étaient fortement encouragées par le punch, dont il avait vidé cinq verres au cours de sa narration. Mais, quoi qu'il en fût, elles m'allèrent droit au cœur.

Longtemps après l'avoir quitté, je ne pus oublier le vieux maître de poste et la pauvre Dounia...

Tout récemment encore, passant par la localité de X..., je me souvins de mon ami. J'appris que le relais qu'il gouvernait avait été supprimé. A ma question : « Et le vieux maître de poste, est-il encore en vie ? », personne ne put répondre de façon satisfaisante.

Je résolus de visiter ces lieux que j'avais fréquentés, louai des chevaux à un maquignon et partis pour le village de N...

Cela se passait à l'automne. De petits nuages gris couvraient le ciel; une bise montait des champs moissonnés, emportant les feuilles rouges et jaunes des arbres. J'arrivai au village à l'heure du crépuscule et m'arrêtai devant le relais.

Une grosse bonne femme apparut dans le vestibule (celui-là même où naguère Dounia m'avait embrassé). Comme je l'interrogeais, elle me répondit que le vieux maître de poste était trépassé depuis un an et que sa maison était habitée par un brasseur, de qui elle était la femme. Je regrettai mon voyage inutile et mes sept roubles.

— De quoi donc est-il mort? demandai-je à la femme du brasseur.

— D'avoir trop bu, mon bon Monsieur, me renseigna-t-elle.

— Où est-il enterré?

— Au-delà du village, près de sa défunte.

— Ne pourrait-on pas me conduire jusqu'à sa tombe?

— Et pourquoi pas?... Hep, Vanka, assez joué avec le chat... Va conduire monsieur au cimetière et montre-lui la tombe du maître de poste.

A ces mots, un garnement en haillons, roux et bigle accourut près de moi et m'emmena à la limite du village.

Chemin faisant, je l'interrogeai :

— As-tu connu le défunt?

— Oh, bien sûr! Même qu'il m'a appris à tailler des pipeaux. Des fois (paix à son âme!), quand il rentrait du cabaret, on courait derrière lui : « Grand-père, grand-père, qu'on lui criait, donne-nous des noisettes! » Et il nous en distribuait toujours... Y passait son temps à s'amuser avec nous autres.

— Et les voyageurs, se souviennent-ils encore de lui?

— Les voyageurs? C'est qu'il n'y en a plus gros.

Bien sûr, l'assesseur passe quelquefois par ici, mais il a d'autres chats à fouetter que les macchabées... Cet été, tenez, une dame est venue demander des nouvelles du vieux, et elle a visité sa tombe.

— Quelle dame? demandai-je avec curiosité.

— Une très belle dame, répliqua le gamin. Elle voyageait dans un carrosse à six chevaux, avec trois jeunes maîtres, une nourrice et un petit chien noir. Quand on lui a dit que le vieux maître de poste était mort, elle s'est mise à pleurer et a dit aux petits enfants : « Restez tranquilles, et moi je vais au cimetière. » Je lui ai proposé de la conduire, mais elle n'a pas voulu : « Je connais le chemin », m'a dit la dame. Et elle m'a donné cinq kopecks-argent[24]... une bien gentille dame!...

Nous atteignîmes le cimetière, une sorte de terrain vague, sans clôture, peuplé de croix que n'ombrageait pas un seul arbre. De ma vie, je n'avais aperçu de plus triste cimetière.

— Et voici la tombe du vieux maître de poste! m'annonça mon petit guide, en sautant sur un tas de sable, où était plantée une croix noire avec une icône de cuivre.

— C'est ici que la dame est venue? questionnai-je.

— Pour sûr. Je l'ai regardée de loin. Elle s'est allongée ici et elle est restée longtemps. Et puis, elle est allée au village, elle a demandé le pope, lui a donné des sous. Ensuite, elle est partie... Elle m'a donné cinq kopecks-argent... une vraiment gentille dame!

Moi aussi, je donnai cinq kopecks au gamin. Je ne regrettais plus mon voyage, ni mes sept roubles.

14 septembre. Boldino.

LA DEMOISELLE-PAYSANNE

Quels que soient tes atours,
Mignonne, tu es belle...

BOGDANOVITCH[25].

Dans une de nos provinces reculées se trouvait le domaine d'Ivan Pétrovitch Berestov. Jeune homme, il avait servi dans la Garde ; retraité au début de 1797, il s'était retiré sur ses terres et, depuis lors, ne les avait plus quittées.

Ivan Pétrovitch avait été marié à une demoiselle noble, mais sans fortune, qui était morte en couches pendant que son mari parcourait les champs. Les occupations domestiques eurent tôt fait de le consoler. Il fit bâtir une maison, dont il dressa lui-même les plans, monta une fabrique de draps, tripla ses revenus et finit par se considérer comme le personnage le plus sensé de tout le pays. Du reste, ses voisins, qui venaient demeurer chez lui avec leur famille et leurs chiens, n'avaient cure de le contredire.

Les jours de semaine, il allait en blouse de velours ; pour les fêtes, il passait un surtout de drap de fabrication domestique, tenait lui-même ses comptes et ne lisait rien, hormis la *Gazette du Sénat*. On l'aimait en général, bien qu'on lui reprochât d'être fier. Seul, Grigori Ivanovitch Mouromski, son plus proche voisin, n'arrivait pas à s'entendre avec lui. Celui-là était un véritable gentilhomme campagnard russe. Ayant dilapidé à Moscou le plus clair de sa fortune, étant devenu veuf à la même époque, il s'était retiré dans son ultime domaine, où il continuait ses fredaines, mais dans un autre genre.

Mouromski se fit tracer un parc à l'anglaise, dont l'entretien dévorait presque tous les revenus qui lui restaient. Ses palefreniers exhibaient la tenue des jockeys d'Angleterre. Sa fille avait pour gouvernante une Anglaise. Les terres étaient cultivées selon la méthode britannique...

« Mais, le blé russe ne naît point à la mode étrangère » et, bien qu'il eût fortement comprimé ses dépenses, les revenus de Grigori Ivanovitch n'augmentaient pas pour autant. Même au village, il trouvait moyen de contracter de nouvelles dettes ! Avec tout cela, il avait la réputation d'être un homme passablement intelligent, car, le premier de toute la région, il avait eu la sagacité d'hypothéquer son domaine au Crédit foncier, une opération qui était considérée, en ce temps-là, comme extrêmement audacieuse et compliquée.

De tous ceux qui le critiquaient, Berestov était le plus sévère. La haine des innovations était le trait saillant de son caractère. Il ne pouvait parler sans perdre son calme de l'anglomanie de son voisin et ne manquait jamais un prétexte pour le condamner. Faisait-il à un hôte les honneurs de ses terres et entendait-il louer leur bonne tenue, qu'aussitôt il lançait avec un sourire malicieux :

— Mais oui, mais oui, bien sûr, ce n'est pas comme chez mon voisin Grigori Ivanovitch... Est-ce à nous autres de nous ruiner à l'anglaise, hé, hé !... N'en demandons pas tant, contentons-nous d'avoir de quoi manger, à la russe !

Ces sortes de plaisanteries, soigneusement commentées et enjolivées, étaient immédiatement transmises à Grigori Ivanovitch par des voisins empressés. L'anglomane supportait les critiques avec autant de patience que nos journalistes : il devenait furieux et traitait son zoïle d'ours et de provincial.

Telles étaient les relations entre ces deux propriétaires, à l'époque où le fils de Berestov débarqua dans le village de son père. Le jeune homme avait fait ses études à l'université de X... Il projetait d'embrasser la carrière militaire, mais son père s'y opposait. Et cependant, le jeune homme ne se sentait pas la moindre disposition pour la vie de fonctionnaire. Aucun des deux ne voulait céder et, pour le moment, Alexis résolut de mener une existence de fils de hobereau, en laissant pousser sa moustache, à tout hasard.

Notre Alexis, convenons-en, était un franc gaillard. C'eût été vraiment dommage que l'uniforme de l'armée ne sanglât jamais sa svelte taille et qu'au lieu de caracoler fièrement, il passât sa jeunesse, courbé sur des paperasses. A le voir à la chasse, galoper toujours de l'avant, sans s'inquiéter du chemin, les voisins décrétaient à l'unanimité qu'il ne ferait jamais un chef de bureau convenable. Les jeunes filles le regardaient, que dis-je, le lorgnaient, mais Alexis ne leur prêtait aucune attention, et l'on imputait cette réserve à une liaison amoureuse. Du reste, en effet, l'on se passait de main en main la copie de l'adresse d'une de ses lettres :

« Pour Akoulina Pétrovna Kourotchkina, à Moscou, chez le chaudronnier Savéliev, face au monastère de Saint-Alexis, avec l'instante prière de transmettre ce message à A.N.R. »

Ceux de mes lecteurs, qui n'ont jamais vécu à la campagne, ne peuvent s'imaginer le charme des jeunes filles de district ! Élevées au grand air, à l'ombre des pommiers, elles puisent dans la lecture leur connaissance du monde et de la vie. L'isolement, la liberté et le commerce des livres développent de bonne heure, en elles, des sentiments et des passions que ne connaissent point nos frivoles beautés. Pour une jeune fille, le son du grelot est déjà une aventure ; une excursion à la ville toute proche fait époque dans l'existence ; le passage d'un hôte laisse un souvenir durable, voire éternel...

Bien sûr, libre à chacun de rire de certaines de leurs

bizarreries. Et cependant, les boutades de l'observateur superficiel ne peuvent porter atteinte à leurs qualités essentielles, dont la plus claire est sans doute cette particularité de caractère, cette *individualité*, sans quoi, de l'avis de Jean-Paul, il n'est point de dignité humaine.

Il se peut que dans les capitales, les femmes reçoivent une meilleure instruction, mais l'habitude du monde a vite fait de niveler les caractères et de rendre leurs âmes aussi uniformes que leurs coiffures. Ceci n'étant point dit, d'ailleurs, en manière de jugement ou de critique, mais *nota nostra manet*, comme l'écrit un ancien commentateur...

On imagine sans peine l'impression que dut produire Alexis dans l'aréopage de nos demoiselles. Pour la première fois, elles apercevaient un jeune homme sombre et désenchanté; pour la première fois, il leur parlait de ses joies perdues, de sa jeunesse flétrie... Ajoutez encore à cela qu'il portait une bague noire avec une tête de mort. Tout cela était prodigieusement neuf dans cette province, et les jeunes filles étaient folles d'Alexis.

Mais aucune ne s'intéressait à lui comme Lise, la fille de mon anglomane (ce dernier l'appelait plus volontiers Betsy). Les deux pères ne se rendaient point visite; Lise n'avait pas encore vu Alexis, alors que toutes les jeunes voisines ne juraient plus que par lui.

Lise avait dix-sept ans. Ses yeux noirs égayaient un visage agréable à la peau brune. Elle était fille unique, et, donc, enfant gâtée. Sa vivacité et ses fréquentes incartades ravissaient Grigori Ivanovitch, mais faisaient le désespoir de miss Jackson, une demoiselle quadragénaire, guindée, qui se passait les joues au blanc, se fardait les yeux, relisait *Paméla* deux fois l'an, recevait pour cela deux mille roubles et se mourait d'ennui dans notre pays de sauvages.

Lise avait une servante, Nastia. Elle était un peu plus âgée que sa maîtresse, mais aussi écervelée. Lise l'aimait beaucoup, n'avait point de secrets pour elle et la versait dans tous ses complots. Bref, Nastia était, au village de Priloutchino, une personne singulièrement plus importante que n'importe quelle confidente de tragédie française.

— Me permettrez-vous de sortir aujourd'hui? fit un jour la soubrette en habillant sa maîtresse.

— Parfait. Mais où vas-tu?

— A Touguilovo, chez les Berestov. C'est la fête de la femme du cuisinier; elle est venue nous inviter hier.

— Bravo! répliqua Lise. Les maîtres se chamaillent et les serviteurs s'invitent à dîner!

— Qu'est-ce que vous voulez qu'ils nous fassent, les maîtres?... De plus, je suis à vous et non pas à votre papa. Vous ne vous êtes pas encore querellée avec le jeune Berestov, pas? ... Laissez les vieux se chamailler, si ça leur chante!

— Nastia, tâche de voir Alexis Berestov et racontemoi comme il est fait et quel genre d'homme c'est.

Nastia promit de faire de son mieux, et, durant toute la journée, Lise guetta son retour avec impatience.

La soubrette revint au soir.

— Vous savez, Lisavéta Grigorievna, je l'ai vu, le jeune homme, et bien vu, parce que nous avons passé toute la journée avec lui.

— Comment cela?... Raconte, raconte-moi tout depuis le commencement.

— Eh bien, voici. Nous sommes parties, nous quatre : Anissia Iégorovna, Nénila, Dounka et votre servante...

— Oui, oui, je le sais!... Après?...

— Attendez, Mademoiselle, attendez que je vous raconte tout dans l'ordre. Comme quoi, nous sommes arrivées juste pour le dîner. La chambre était pleine d'invités. Des gens de Kolbino, de Zakharievo, la femme de l'intendant avec ses filles, des gens de Khloupino.

— Bon, bon... et Berestov?

— Un instant, Mademoiselle, un instant... Nous

nous sommes donc attablées : la femme de l'intendant à la place d'honneur, votre servante à côté d'elle... les filles faisaient une tête comme ça, mais je m'en fiche, je leur crache dessus...

— Nastia, si tu savais comme tu peux être fastidieuse avec tes continuels détails !

— Oh, vous êtes bien impatiente, Mademoiselle !... Bon, alors nous sommes sorties de table... On y était bien resté pas moins de trois heures, rapport à ce que le dîner était fameux : du blanc-manger bleu, rouge et panaché... Bon, alors nous sommes sorties de table pour aller dans le jardin et jouer à colin-maillard, quand le jeune maître est arrivé...

— Eh bien, est-il aussi beau qu'on le dit ?

— Extraordinairement. Un vrai bel homme, c'est bien le cas de le dire. Élancé, grand, les joues rouges comme des pommes...

— Tiens, et moi qui le croyais tout pâle !... Eh bien, comment l'as-tu trouvé : triste, rêveur ?...

— Oh ! là ! là ! Je n'ai jamais vu personne plus enragé que lui !... Figurez-vous qu'il s'est avisé de jouer à colin-maillard avec nous autres...

— A colin-maillard ?... avec vous ?... C'est impossible !

— Oh ! que si, je vous le jure !... Même qu'il a inventé un drôle de jeu : sitôt qu'il en attrapait une, il vous l'embrassait !

— Libre à toi de me raconter tout ce que tu voudras, mais tu mens, Nastia.

— Libre à vous de ne pas croire, mais je ne mens point. Même que j'ai eu du mal à me débarrasser de lui. Toute la journée qu'il a joué avec nous autres !

— Mais alors, pourquoi raconte-t-on qu'il est amoureux et ne regarde personne ?

— Pour ça, Mademoiselle, je n'en sais rien. En tous les cas, moi, il m'a bien regardée, un peu trop même, et puis aussi Tania, la fille de l'intendant, et la Pacha de Kolbino... Ma foi, ce serait péché de dire qu'il en a oublié une : un fripon, quoi !

— C'est extraordinaire!... Et qu'est-ce que ses gens disent de lui?

— Un bien brave maître, qu'ils disent, si bon, si gai. Un problème seulement : il aime un peu trop courir les filles. Mais pour moi, ça n'est pas un malheur : il s'assagira avec le temps.

— Oh, comme j'aurais aimé le voir! soupira Lise.

— Qu'y a-t-il de sorcier à ça?... Touguilovo n'est pas loin, trois verstes à peine. Allez vous promener de ce côté-là, à pied ou à cheval : pour sûr que vous le rencontrerez... Chaque jour, le matin de bonne heure, il va à la chasse, avec son fusil.

— Oh, non! Ce ne serait pas bien. Il pourrait croire que je cours après lui. De plus, nos pères sont fâchés et, de toute manière, je ne pourrai pas faire sa connaissance... Oh, Nastia, sais-tu ce que je vais faire?... Je vais me travestir en paysanne!

— De vrai : mettez une chemise de grosse toile, un sarafane et allez carrément à Touguilovo. Là, je vous réponds que le Berestov ne vous manquera pas!

— De plus, je sais très bien parler comme les gens du pays... Oh, Nastia, chère Nastia, quelle excellente idée!

Et Lise se coucha, fermement décidée à réaliser son plaisant projet.

Dès le lendemain, elle mit tout en œuvre : envoya chercher au marché de la grosse toile, du nankin bleu et des boutons de cuivre; aidée de Nastia, elle se tailla une chemisette et un sarafane, mit à coudre toutes les servantes, tant et si bien qu'au soir tout était prêt. Lise essaya sa nouvelle toilette et dut s'avouer, devant une glace, que jamais elle ne s'était trouvée plus belle. Ensuite, elle répéta son rôle. S'exerça à saluer très bas, en marchant, à hocher la tête comme un magot chinois, à parler patois, à rire, en se cachant le visage avec sa manche... Nastia ne lui ménagea pas son approbation. Une seule chose chiffonnait Lise : elle avait tenté de traverser la cour, les pieds nus, mais les herbes piquantes déchiraient ses tendres pieds; le contact du gravier et du sable lui parut insupportable.

Une fois encore, Nastia sauva la situation : elle prit mesure du pied de Lise, courut chez Trofime, le pâtre, et lui commanda une paire de chaussons tressés en tille.

Le lendemain matin, Lise se réveilla avec les coqs. Toute la maisonnée dormait encore. Nastia guettait le pâtre devant la porte cochère. On entendit le son de sa corne, et le troupeau défila devant le manoir. En passant devant Nastia, le pâtre lui remit une paire de sandales, menues et bariolées, et reçut cinquante kopecks de récompense. Lise, sans faire de bruit, se travestit en paysanne; à voix basse, elle donna à Nastia des instructions concernant miss Jackson, sortit par le perron de derrière, traversa le potager et gagna la campagne.

L'aurore brillait à l'Orient et les nuages, en rangs dorés, attendaient le soleil, comme les courtisans guettent le souverain. Le ciel clair, la fraîcheur de l'aube, la rosée, une brise légère et le pépiement des oiseaux — tout cela remplissait le cœur de Lise d'une gaieté enfantine. Dans sa crainte de rencontrer quelqu'un de connaissance, elle ne marchait pas, mais semblait voler. En approchant du bosquet, qui se trouvait à la limite des terres paternelles, elle ralentit sa course. C'était là qu'elle devait attendre Alexis. Son cœur battait vite et fort, sans qu'elle sût pourquoi. Mais, au fait, l'émotion, compagne inséparable des folies de jeunesse, n'en constitue-t-elle pas le principal attrait ?

Lise pénétra dans la pénombre du bosquet. Une rumeur, sourde et inégale comme un bruit de ressac, salua la jeune fille. Sa gaieté s'apaisa. Petit à petit, elle s'abandonna à une douce rêverie. A quoi songeait-elle ?... Voyons, est-il possible de savoir au juste à quoi pense une jeune fille de dix-sept ans, seule, dans un bosquet, à la sixième heure d'un jour de printemps ?

Or donc, toute rêveuse, elle longeait la route, que bordaient de grands arbres, quand soudain un magnifique chien d'arrêt l'apostropha en aboyant. Au même instant, elle perçut une exclamation : « *Tout beau, Sbogar, ici**... », et un jeune chasseur apparut derrière les buissons...

— N'aie pas peur, mignonne, dit-il à Lise, il ne mord pas...

Remise de sa frayeur, Lise sut aussitôt tirer parti des circonstances.

— Eh non, maître, fit-elle avec une mine mi-timide, mi-farouche, j'ai peur... Vois comme il est méchant ; il va encore se jeter sur moi.

Alexis (mon lecteur l'aura reconnu déjà) examinait attentivement la jeune paysanne.

— Je vais te faire un bout de conduite, proposa-t-il. Tu permets que je marche à côté de toi ?

— Et pourquoi pas ? répliqua Lise. La route est à tout le monde, chacun est libre de faire ce qu'il lui chante !

— D'où viens-tu ?

— De Priloutchino. Je suis la fille de Vassili, le forgeron. Je suis venue aux champignons.

(En effet, elle portait un petit panier, suspendu à une ficelle.)

— Et toi, maître ?... Tu viens de Touguilovo ?

— Oui, répondit Alexis, mais je suis le valet de chambre du jeune maître.

Alexis voulait égaliser leurs conditions, mais Lise pouffa de rire, l'ayant dévisagé.

— A d'autres ! On n'est pas si bête ! Je vois bien que tu es le maître !

— Qu'est-ce qui te fait penser cela ?

— Tout !

— Mais encore ?

— Comme si on pouvait confondre un maître et un domestique ! Tu n'es pas habillé de la même manière, tu causes autrement et puis tu n'appelles pas ton chien comme nous autres.

Lise plaisait de plus en plus à son interlocuteur. Accoutumé à ne pas y aller par quatre chemins avec

* En français dans le texte.

les jeunes paysannes, il fit mine de l'étreindre, mais la jeune fille s'écarta d'un bond et prit un air froid et sévère qui, bien qu'il amusât Alexis, l'empêcha de se livrer à d'autres tentatives.

— Monsieur, si vous tenez à ce que nous restions amis, prononça-t-elle gravement, veuillez ne pas vous oublier !

— Oh ! oh ! qui est-ce qui t'a appris des phrases aussi savantes ? demanda Alexis, qui pouffait de plus belle. Ne serait-ce pas Nastenka, ma jeune amie, la soubrette de votre maîtresse ?... Et voilà par quelles voies se propage l'instruction !

Lise, s'étant rendu compte qu'elle avait oublié son rôle, s'empressa de se reprendre :

— Crois-tu donc que je ne vais jamais chez les maîtres ? J'en ai vu et j'en ai entendu des choses, pour sûr ! Mais, continua-t-elle, je bavarde avec toi et ce n'est pas comme cela que je remplirai mon panier. Allez, maître, va de ton côté et moi j'irai du mien. Adieu.

Lise fit mine de s'éloigner, mais Alexis la retint par la main.

— Comment t'appelles-tu, mon âme ?

— Akoulina, répondit Lise, en s'efforçant de dégager ses doigts... Allons, allons, lâche-moi : il faut que je rentre...

— Akoulina, mon amie, sache bien que je ne manquerai pas de venir rendre visite à ton père, le forgeron Vassili...

— De quoi, de quoi ? Au nom du Christ, n'y va pas, se défendit vivement la jeune fille... Si jamais on apprend que j'ai bavardé, seule, dans un bosquet, avec le maître, ça ira mal pour moi. Mon père, le forgeron Vassili, me battra à mort...

— Mais c'est que je tiens absolument à te revoir.

— Eh bien ! je reviendrai un jour par ici aux champignons...

— Quand ?

— Tiens, demain, par exemple.

— Chère Akoulina, je t'aurais embrassée, mais je

n'ose le faire... Alors demain à la même heure?... C'est promis?...

— Oui, oui.

— Tu ne me tromperas point?

— Non, non.

— Jure-le!

— Tiens, je le jure par le Vendredi saint, je viendrai!

Les jeunes gens se quittèrent. Lise sortit du bois, traversa les champs, se faufila dans le verger et courut à toutes jambes en direction de la ferme, où l'attendait Nastia. Arrivée là, elle se changea, tout en répondant distraitement aux questions impatientes de sa confidente, et se rendit au salon.

La table était servie, le déjeuner prêt et miss Jackson, fardée et corsetée « à la taille de guêpe », découpait de fines tartines. Mouromski félicita Lise pour sa sortie matinale.

— Rien n'est plus sain que de se réveiller à l'aube, observa-t-il.

Là-dessus, il cita quelques exemples de longévité, empruntés à des revues anglaises, en spécifiant que tous les centenaires n'avaient jamais pris d'eau-de-vie et s'étaient levés avec le soleil, hiver comme été.

Lise ne l'écoutait pas. Elle évoquait mentalement tous les détails de sa rencontre matinale, toute la conversation d'Akoulina avec le jeune chasseur, et le remords commençait de la tourmenter. Vainement, elle se persuadait que leur entretien n'avait jamais dépassé les bornes de la bienséance, que son incartade ne pouvait avoir aucune conséquence : sa conscience parlait plus haut que sa raison. Et surtout rien ne l'inquiétait comme la promesse qu'elle avait donnée pour le lendemain : elle faillit même se résoudre à ne pas tenir son serment solennel. Pourtant Alexis, après l'avoir attendue inutilement, pouvait s'en venir au village, rechercher la fille de Vassili le forgeron, la véritable Akoulina, une grosse fille au visage grêlé, et découvrir sa supercherie. Cette éventualité l'épouvanta et elle décida de retourner dans le bosquet, le lendemain matin, travestie en Akoulina.

Alexis, de son côté, était dans le ravissement. Tout le jour, il pensa à sa nouvelle amie. La nuit, l'image de la belle enfant brune hanta son imagination.

L'aube se levait à peine, qu'il était déjà tout habillé. Sans même prendre le temps de charger son fusil, il sortit avec son fidèle Sbogar et courut au lieu du rendez-vous. Près d'une demi-heure s'écoula dans une intolérable attente ; enfin, il aperçut, à travers les buissons, le sarafane bleu de la chère Akoulina et s'élança au-devant d'elle. La jeune fille sourit à ses transports de gratitude, mais Alexis lut aussitôt sur son visage des traces d'inquiétude et de tristesse. Il voulut en connaître la raison.

Lise avoua que sa propre conduite lui semblait frivole ; elle s'en repentait ; pour cette fois, elle avait voulu tenir sa promesse, mais leur rencontre serait la dernière, car elle demandait à son compagnon de couper court à leurs relations, dont il ne pouvait résulter rien de bon. Toutes ces choses furent dites en patois, comme il se devait ; cependant les idées et les sentiments exprimés par Lise, passablement inattendus de la part d'une villageoise, frappèrent Alexis. Il déploya toute son éloquence pour détourner Akoulina de sa résolution, la persuada de l'innocence de ses propres désirs, promit de ne jamais rien entreprendre qu'elle regrettât ensuite et de lui obéir en tout, la conjura de ne point le priver de son unique joie, celle de la voir en tête à tête, ne serait-ce que tous les deux jours ou même deux fois par semaine. Son langage était celui de la vraie passion et, en ce moment, il était réellement épris.

Lise l'écoutait en silence.

— Jure-moi, lui dit-elle enfin, jure-moi de ne jamais me rechercher dans le village, de ne jamais interroger personne sur moi. Jure-moi de ne pas essayer de provoquer d'autres rencontres que celles que je fixerai moi-même.

Alexis allait déjà le lui jurer par le Vendredi saint, quand elle l'interrompit avec un sourire.

— Je n'ai pas besoin de tes serments. Ta promesse me suffira.

Après cela, ils conversèrent amicalement, en se promenant dans le bois, jusqu'à ce que Lise dise à son compagnon : « Il est temps de partir. »

Ils se quittèrent, et Alexis, resté seul, se demanda comment une petite villageoise avait pu, en deux entrevues, réussir à prendre sur lui un réel ascendant. Ses rapports avec Akoulina avaient tout l'attrait de la nouveauté et, bien que les conditions prescrites par cette étrange paysanne lui semblassent parfois pénibles à remplir, l'idée ne l'effleura même pas de ne pas tenir parole. Il faut vous dire qu'Alexis, en dépit de la bague fatale, malgré sa correspondance mystérieuse et son ténébreux désenchantement, était un brave et ardent garçon, au cœur pur, capable de goûter le charme de l'innocence.

Si je n'écoutais que mon bon vouloir, je ne manquerais pas de vous décrire par le menu les rendez-vous des deux jeunes gens, leur penchant mutuel et leur confiance grandissante, leurs occupations et leurs propos. Mais non, je sais que la majorité des lecteurs ne partageraient pas mon plaisir. Ces sortes de détails sont généralement fades, aussi les omettrai-je et me contenterai-je d'observer qu'au bout de deux mois à peine notre Alexis était éperdument amoureux, et Lise, quoique plus réservée en apparence, ne l'était pas moins. Heureux dans le présent, les deux jeunes gens songeaient peu à l'avenir.

La pensée de liens indissolubles traversait assez souvent leur esprit, mais jamais ils ne l'exprimaient tout haut entre eux. La raison en était claire : malgré tout son attachement à sa chère Akoulina, Alexis ne pouvait pas oublier l'écart entre lui-même et une pauvre villageoise; Lise, de son côté, connaissait l'animosité réciproque des pères, n'osait compter sur une réconciliation. En outre, son amour-propre était secrètement piqué par un sombre et romanesque espoir de voir enfin le jeune maître de Touguilovo aux pieds de la fille du forgeron de Priloutchino.

Un événement grave faillit soudain changer leurs relations.

Par une matinée claire et froide (l'automne russe n'en est point avare), Ivan Pétrovitch Berestov s'en était allé faire une sortie à cheval, emmenant avec lui, à tout hasard, trois couples de lévriers, un piqueur et quelques gamins armés de crécelles. A la même heure, Grigori Ivanovitch Mouromski, séduit par le beau temps, faisait seller sa jument courtaude et partait au trot pour visiter ses terres *anglicisées*. En approchant du bois, il aperçut son voisin, fier et droit en selle, vêtu d'une casaque doublée de renard, guettant l'apparition du lièvre que ses gamins étaient en train de débusquer, à grand renfort de cris et de bruit de crécelle.

Si Grigori Ivanovitch avait pu prévoir cette rencontre, il aurait assurément tourné bride, mais il était tombé sur Berestov inopinément et s'était trouvé soudain en face de lui, à la distance d'une portée de pistolet. Il n'y avait rien à faire. En Européen civilisé, Mouromski aborda son ennemi en le saluant courtoisement. Berestov lui rendit son salut avec autant de grâce que l'ours incline la tête devant les *maîtres*, à l'injonction de son montreur.

En ce moment, un lièvre bondit de derrière les buissons et fila à travers champs. Berestov et son piqueur poussèrent un cri strident, lâchèrent les chiens et s'élancèrent au galop. Le cheval de Mouromski, qui n'avait jamais pris part à la chasse, fit un écart et s'emballa. Le hobereau, qui se flattait d'être un excellent cavalier, rendit la main, ravi, dans son for intérieur, du hasard qui le débarrassait d'une rencontre inopportune. Mais la jument, devant un fossé qu'elle n'avait pas aperçu, se jeta soudain de côté et Mouromski fut désarçonné. Lourdement affalé sur la terre gelée, il maudit sa jument courtaude; cette dernière se ressaisit et s'arrêta aussitôt qu'elle se sentit sans cavalier.

Ivan Pétrovitch accourut au galop et demanda à Mouromski s'il n'était pas blessé. Le piqueur, pendant ce temps, amenait par la bride la jument coupable. Il aida Grigori Ivanovitch à se remettre en selle ; Berestov l'invita à déjeuner. Mouromski ne pouvait refuser, car il se sentait l'obligé de son ennemi. De cette façon, Berestov regagna glorieusement son manoir, fort de la double victoire remportée sur un lièvre et sur l'adversaire blessé, qui le suivait quasiment comme un prisonnier de guerre.

Pendant le déjeuner, la conversation prit un tour assez cordial. Mouromski demanda à Berestov de bien vouloir lui prêter une voiture, car ses contusions l'empêchaient de rentrer à cheval. Berestov le conduisit jusqu'au perron et Mouromski ne partit qu'après avoir fait jurer à son voisin de venir dîner chez lui le jour suivant, en compagnie de son fils.

C'est ainsi qu'une inimitié ancienne et profondément enracinée, allait, semblait-il, prendre fin grâce à l'humeur ombrageuse d'une jument courtaude.

Lise accourut au-devant de son père.

— Qu'est-ce à dire, papa ? fit-elle, toute surprise... Vous boitez ?... Où est votre cheval ? A qui appartient cette voiture...

— Tu ne le devineras jamais, *my dear*, répondit Grigori Ivanovitch, qui mit sa fille au courant de tous les événements.

Lise n'en croyait pas ses oreilles. Son père, sans lui laisser le temps de se ressaisir, lui annonça que les deux Berestov, père et fils, viendraient à dîner le lendemain.

— Oh, mon Dieu ! que dites-vous là ! répliqua-t-elle en pâlissant... Les Berestov... le père et le fils... à dîner chez nous demain !... Papa, faites ce que bon vous semblera, mais je ne me montrerai en aucun cas !

— Qu'as-tu donc, tu es folle ?... Y a-t-il longtemps que tu es devenue si timide ?... Ou bien, tu nourris à leur égard une haine familiale, comme une héroïne de roman ?... Allons, allons, ne fais pas la sotte...

— Non, papa, en aucun cas, à aucun prix, je ne verrai les Berestov.

Grigori Ivanovitch haussa les épaules, n'insista plus, sachant bien qu'on n'obtenait rien de sa fille par la controverse, et alla se reposer de cette mémorable aventure.

Lisavéta Grigorievna se retira dans sa chambre et convoqua Nastia. Longtemps, elles épiloguèrent sur cette visite, prévue pour le jour suivant. Que penserait Alexis s'il reconnaissait son Akoulina dans cette jeune fille parfaitement élevée?... Que penserait-il de sa conduite, de ses principes et de son bon sens?... D'un autre côté, Lise était curieuse de voir l'impression que lui produirait une rencontre aussi imprévue... Soudain, une idée lui traversa l'esprit. Elle en fit part à Nastia; toutes deux s'en amusèrent comme d'une trouvaille et résolurent de la mettre à exécution.

Le lendemain, pendant le déjeuner, Grigori Ivanovitch demanda à sa fille si elle avait toujours l'intention de se cacher des Berestov.

— Papa, répondit-elle, je les recevrai, puisque vous y tenez, mais à une condition : quelle que soit ma tenue, quelle que soit ma conduite, vous ne vous fâcherez pas et ne manifesterez aucun signe de surprise ou de mécontentement.

— Toujours espiègle! répliqua en riant Grigori Ivanovitch... Bon, bon, soit : fais tout ce qui te plaira, mon petit démon aux yeux noirs.

A ces mots, il la baisa au front, et Lise courut prendre ses dispositions.

A deux heures précises, une calèche de fabrication domestique, attelée de six chevaux, pénétra dans la cour et fit le tour de la pelouse verte. Le vieux Berestov mit pied sur le perron, soutenu par les deux laquais de Mouromski, en livrée. Son fils arriva à cheval, peu de temps après lui, et les deux hommes entrèrent dans la salle à manger, où la table était déjà servie.

Mouromski les reçut on ne peut plus aimablement, leur offrit, avant le dîner, de visiter le parc et la ménagerie, les promena le long d'allées de sable, soigneusement entretenues.

En son for intérieur, le vieux Berestov déplorait le temps et le travail gaspillés en aussi vaines fantaisies, mais il se taisait par politesse. Son fils ne partageait ni la réprobation du propriétaire économe, ni l'enthousiasme infatué de l'anglomane. Il attendait avec impatience qu'apparût mademoiselle Mouromski, dont il avait entendu dire bien des choses et, quoique son cœur fût déjà pris, comme nous le savons, une belle avait toujours droit à son imagination.

De retour au salon, les trois hommes prirent des sièges. Les deux vieux évoquèrent des souvenirs de jeunesse et des histoires de service ; Alexis se demandait quel rôle il allait jouer en présence de Lise. En fin de compte, il décida qu'une froide distraction serait on ne pouvait plus de mise et se prépara à prendre cette attitude.

La porte s'ouvrit. Alexis tourna la tête avec un tel détachement et tant de fière nonchalance que le cœur de la coquette la plus endurcie en aurait dû frémir. Hélas, ce n'était point Lise, mais la vieille miss Jackson, fardée et corsetée, les yeux baissés. Elle esquissa une sorte de révérence, et la belle manœuvre d'Alexis s'avéra inutile.

A peine avait-il eu le temps de se remettre, que la porte s'ouvrit de nouveau. Cette fois-ci, c'était Lise. Tous se levèrent. Grigori Ivanovitch se mit en devoir de faire les présentations, mais s'arrêta pile et se mordit les lèvres... Sa Lise, sa belle et brune Lise, était méconnaissable : le visage était enduit de blanc jusqu'aux oreilles et les yeux fardés pis que ceux de miss Jackson ; elle s'était affublée d'une perruque aux boucles blondes et crêpelées à la Louis XIV, beaucoup plus claire que ses propres cheveux ; d'un corsage aux manches *à l'imbécile*, raides comme les paniers de Mme de Pompadour ; sa taille était serrée comme un X ; tous les bijoux de feue sa mère, non encore engagés au mont-de-piété, scintillaient sur ses doigts, son cou et ses oreilles. Alexis ne pouvait pas reconnaître son Akoulina dans cette brillante et comique jeune fille .

Berestov père baisa la main de la demoiselle; son fils l'imita avec dépit. Lorsqu'il frôla du bout des lèvres les doigts blancs et menus, il crut s'apercevoir qu'ils tremblaient légèrement. En outre, il sut remarquer un petit pied, coquettement chaussé et que l'on avançait à dessein. Cela le réconcilia tant soit peu avec le reste de la parure. Quant au blanc et aux fards, il n'y fit d'abord pas attention, dans sa candeur d'âme, et, plus tard, ne soupçonna même pas la supercherie.

Fidèle à sa promesse, Grigori Ivanovitch s'efforçait de dissimuler sa surprise, mais l'incartade de sa fille l'amusait tellement qu'il avait peine à se retenir. Tout autre était la réaction de la fière Anglaise : celle-ci se doutait bien que le blanc et les fards avaient été dérobés dans sa commode; la rougeur de son violent dépit perçait à travers la fausse pâleur de son teint. Miss Jackson lançait des regards fulgurants à la coquine, qui feignait de ne pas s'en apercevoir, préférant différer l'explication.

On se mit à table. Alexis continuait de jouer l'indifférence et la distraction rêveuse. Lise faisait des manières, minaudait, parlait à travers les dents, d'une voix chantante et seulement en français. Son père la dévisageait à tout moment, ne comprenant pas où elle voulait en venir, mais franchement amusé. L'Anglaise enrageait et se taisait. Seul Ivan Pétrovitch se sentait comme chez lui, mangeant comme quatre, buvant à mesure, s'esclaffant de ses propres saillies, de plus en plus joyeux et cordial.

Enfin, on se leva de table. Les invités s'en retournèrent chez eux, et Grigori Ivanovitch put donner libre cours à son rire et à ses questions.

— Quelle idée t'a donc prise de les tourner en bourrique? A propos, sais-tu que le blanc te va bien? Sans vouloir me mêler des détails de la toilette féminine, je me permets d'observer qu'à ta place je me serais fardée, pas trop, bien sûr, mais un peu!

Lise était ravie du succès de son invention. Elle

embrassa son père, promit de réfléchir à son conseil et courut apaiser miss Jackson; celle-ci, furieuse, ne consentit qu'à grand'peine à ouvrir sa porte et prêter l'oreille au plaidoyer de la coupable. Lise avait eu honte de se montrer à des étrangers, noiraude comme elle l'était, et n'avait pas osé demander à miss Jackson de lui prêter ses fards... elle était convaincue que la bonne, la chère miss Jackson lui pardonnerait, etc., etc.

Persuadée finalement que Lise n'avait pas songé à se moquer d'elle, miss Jackson s'apaisa, embrassa la jeune fille et, pour sceller l'entente, lui fit cadeau d'un petit pot de blanc, d'origine anglaise, que Lise accepta avec les marques de la plus sincère reconnaissance.

Le lecteur se doute bien que, le lendemain matin, Lise ne manqua pas d'être fidèle au rendez-vous.

— Tu es allé voir nos maîtres hier? dit-elle à son ami. Comment as-tu trouvé la demoiselle?

Alexis répondit qu'il ne l'avait pas remarquée.

— C'est dommage, répliqua Lise.

— Pourquoi donc?

— Parce que je voulais te demander si les gens disent vrai...

— Et que disent-ils?

— Que je ressemble à notre demoiselle.

— Quelle sottise!... A côté de toi, c'est la plus laide des laides!

— Voyons, voyons, c'est honteux de dire ça! Notre maîtresse est si blanche, si élégante!... Pourrais-je me comparer à elle?...

Alexis lui jura qu'elle était infiniment plus belle que n'importe quelle « blanche demoiselle », et, pour la consoler, décrivit la jeune fille en traits si comiques que Lise rit de bon cœur.

— Pourtant, soupira-t-elle, même si notre demoiselle est comique, je ne suis à côté d'elle qu'une sotte, une illettrée...

— Oh! là! là! fit Alexis, il y a vraiment de quoi se désoler!... Du reste, si tu le veux, je t'apprendrai à lire et à écrire.

— De vrai, répondit Lise, si l'on essayait ?

— Tout de suite, si tu veux.

Ils s'assirent. Alexis tira de sa poche son calepin et un crayon, et Akoulina apprit l'alphabet avec une rapidité inouïe. Alexis était coi d'admiration. Le lendemain matin, elle voulut essayer d'écrire. Pour commencer, le crayon refusa de lui obéir, mais au bout de très peu de temps, elle forma des lettres assez correctes.

— C'est prodigieux ! observa Alexis. Nous progressons encore plus rapidement que par la méthode Lancastre[26] !

En effet, dès la troisième leçon, Akoulina épelait *Nathalie, fille de boyard*[27], en s'interrompant pour faire des remarques qui ahurissaient Alexis. De plus, elle couvrit une feuille de papier d'aphorismes, tirés de ce roman.

Au bout d'une semaine, les deux jeunes gens purent correspondre. La boîte aux lettres fut installée dans le creux d'un vieux chêne. Nastia s'acquittait secrètement des fonctions de facteur... Alexis déposait dans le creux ses lettres, écrites en gros caractères, et y trouvait les gribouillis de sa bien-aimée, tracés sur du gros papier bleu. Akoulina châtiait visiblement son discours ; son esprit ne cessait d'évoluer et de se former rapidement.

Cependant, les nouvelles relations entre Ivan Pétrovitch Berestov et Grigori Ivanovitch Mouromski devenaient de plus en plus cordiales et se muèrent finalement en une véritable amitié, voici en quelles circonstances.

Mouromski se redisait souvent qu'à la mort d'Ivan Pétrovitch tous ses biens passeraient à son fils, qu'à ce moment-là Alexis deviendrait un des plus riches propriétaires du pays et qu'à tout prendre rien ne s'opposait à ce qu'il épousât Lise. Le vieux Berestov, de son côté, tout en critiquant le caractère extravagant de son voisin (ce qu'il appelait « ses lubies anglaises ») lui reconnaissait de nombreuses et remarquables qualités, à commencer par son doigté en affaires. Grigori Ivanovitch était un proche parent du comte Pronski, un « gros bonnet », qui pouvait être très utile à Alexis, et Mouromski (c'était du moins ce que se disait Ivan Pétrovitch) serait enchanté de caser avantageusement sa fille.

A force d'y penser chacun de son côté, les deux vieux s'expliquèrent, s'étreignirent, se promirent mutuellement d'œuvrer pour la cause commune et passèrent de la théorie à la pratique chacun de leur côté. Dès l'abord, Mouromski se heurtait à une grave difficulté : il s'agissait, pour lui, de convaincre sa Betsy de faire plus ample connaissance avec le jeune Alexis, qu'elle n'avait pas revu depuis le mémorable dîner. Les deux jeunes gens ne semblaient pas beaucoup se plaire : Alexis n'était plus revenu à Prilouttchino, et Lise s'enfermait dans sa chambre toutes les fois qu'Ivan Pétrovitch honorait son voisin d'une visite.

« Mais, se disait Grigori Ivanovitch, mais si Alexis vient ici chaque jour, il faudra bien que Betsy finisse par tomber amoureuse de lui. Cela n'est-il pas dans l'ordre des choses ?... Le temps arrange tout... »

Ivan Pétrovitch était moins inquiet quant au succès de sa mission. Le soir même de l'explication, il convoqua Alexis dans son cabinet, ferma la porte, alluma sa pipe, observa un silence et dit enfin :

— Eh bien, Aliocha, tu ne me parles plus d'entrer dans l'armée... Je vois que l'uniforme de hussard ne te séduit plus autant, hein ?

— Si fait, mon père, répondit respectueusement le jeune homme, mais je vois qu'il ne vous plaît pas que j'entre dans l'armée, et mon devoir est de vous obéir.

— Parfait, parfait, répliqua Ivan Pétrovitch. Je vois que tu es un bon fils, et cela me console... Cependant, je ne voudrais pas te forcer... Vois, je ne t'oblige pas à prendre du service immédiatement... dans l'administration... C'est qu'en attendant, j'ai idée de te marier.

— A qui donc, mon père ? demanda le jeune homme, stupéfait.

— A Lisavéta Grigorievna Mouromski... Une fiancée ou je ne m'y connais pas, hein ?

— Père, je ne songe pas encore au mariage !

— C'est justement pourquoi j'y ai songé à ta place. Et j'ai trouvé.

— Libre à vous... Seulement, Lise Mouromski ne me plaît pas du tout.

— Elle te plaira. L'habitude amène l'amour.

— Mais je ne me sens pas capable de faire son bonheur !

— Ce n'est pas toi que ça regarde !... Hein, quoi ?... C'est ainsi que tu obéis à ton père ?... Bon, bon !

— C'est comme il vous plaira de le prendre. Mais moi, je ne veux pas me marier et ne me marierai point !

— Tu te marieras, ou je te maudirai !... Quant au domaine, Dieu m'est témoin que je le vendrai, que je mangerai tout et que tu n'auras pas un kopeck ! Je te donne trois jours pour réfléchir. D'ici là, ne t'avise pas de te montrer à moi !

Alexis le savait d'expérience : lorsque son père s'était mis martel en tête, rien ne pouvait l'en déloger, « pas même un coin de fer », selon la pittoresque expression de Tarass Skotinine[28] ; mais le jeune homme tenait de son père, et il n'était guère plus facile de le faire changer d'avis.

Il se retira dans sa chambre pour se livrer à des réflexions sur les limites permises à l'autorité paternelle ; puis il pensa à Lisavéta Grigorievna, au serment fait par son père de le réduire à la pauvreté, enfin à sa chère Akoulina. Pour la première fois, il dut convenir qu'il était passionnément épris. La romanesque idée d'épouser une paysanne et de vivre du fruit de son propre labeur lui traversa l'esprit ; et, plus il méditait cette démarche décisive, plus elle lui semblait raisonnable.

Depuis quelques jours, les rendez-vous au bois n'avaient plus lieu, en raison du mauvais temps. De sa plus lisible écriture et dans le style le plus farouche, Alexis rédigea une lettre pour Akoulina, afin de la mettre au courant du péril qui les menaçait et de lui offrir sa main. Il courut porter la lettre dans le creux de l'arbre et se coucha, parfaitement satisfait de lui-même.

Le jour suivant, fermement résolu à n'en point démordre, Alexis s'en vint trouver Mouromski, de bon matin, afin d'avoir une franche explication. Il escomptait pouvoir tabler sur la magnanimité du hobereau et le faire pencher en sa faveur.

— Grigori Ivanovitch est-il chez lui ? demanda-t-il en arrêtant son cheval devant le perron du manoir de Priloutchino.

— Non, Monsieur, répondit le domestique. Grigori Ivanovitch est sorti le matin de bonne heure.

« Quel dommage ! » pensa Alexis.

— Lisavéta Grigorievna, du moins, est-elle à la maison ?

— Oui, Monsieur.

Alexis mit pied à terre, lança la bride aux mains du laquais et entra sans se faire annoncer.

« Tout sera décidé ! se disait-il en s'approchant du salon... Je vais m'expliquer avec elle-même... »

Il entra... et s'arrêta comme pétrifié !... Lise... mais non, Akoulina, sa chère, sa brune Akoulina, non plus en sarafane, mais en peignoir blanc, lisait sa lettre, assise à la croisée. Elle était tellement absorbée qu'elle ne l'entendit pas venir.

Alexis ne put retenir une exclamation joyeuse. Lise tressaillit, leva la tête, poussa un cri et voulut s'enfuir. Il s'élança pour l'arrêter :

— Akoulina !... Akoulina !...

Lise essaya de se dégager :

— *Mais laissez-moi donc, Monsieur : mais êtes-vous fou ?*

— Akoulina, mon Akoulina ! répétait-il en lui baisant les mains...

Miss Jackson, témoin de la scène, ne savait que penser. En ce moment, la porte s'ouvrit, laissant entrer Grigori Ivanovitch.

— Ah! ah! fit-il, m'est avis, l'affaire est dans le sac!...

Le lecteur me fera grâce de lui décrire le dénouement.

20 septembre. Boldino. 9 heures du soir.

HISTOIRE DU VILLAGE DE GORIOUKHINO

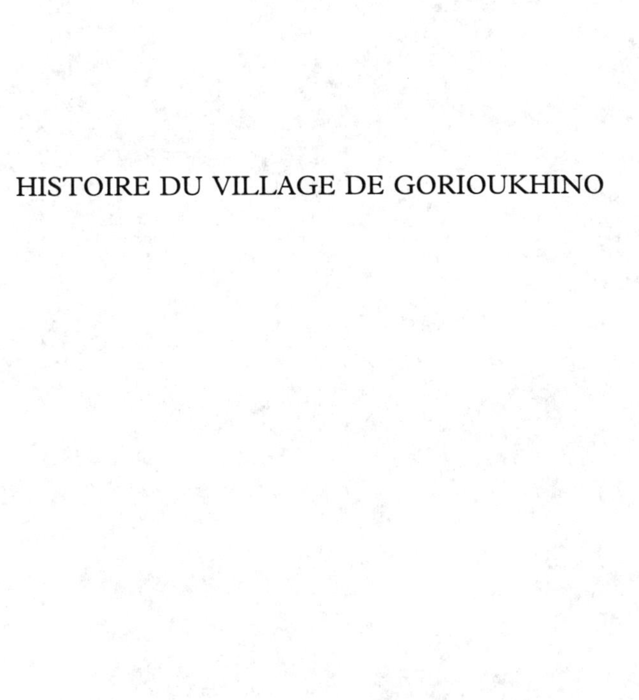

Si Dieu me donne des lecteurs, peut-être seront-ils curieux de savoir comment je résolus d'écrire l'histoire du village de Gorioukhino. Mais, pour cela, je dois leur révéler quelques détails préliminaires.

Je naquis de parents nobles et honorables au village de Gorioukhino[1], le premier jour du mois d'avril, et je reçus mon instruction élémentaire de notre diacre. C'est à cet homme respectable que je dois le goût, développé par la suite en moi, de la lecture et en général des travaux littéraires. Mes progrès, il est vrai, furent lents, mais assurés : ainsi, à l'âge de dix ans, je savais déjà presque tout ce qui jusqu'à présent est resté dans ma mémoire, faible naturellement, et qu'en raison d'une santé tout aussi faible on ne me permit pas de surcharger.

Le métier de littérateur m'a toujours semblé le plus enviable de tous. Mes parents, des gens respectables, mais frustes et élevés à l'ancienne mode, n'avaient jamais rien lu et, dans toute leur maison, il n'y avait, en guise de livres, qu'un alphabet acheté à mon intention et un *Manuel du parfait secrétaire*[2]. Longtemps, la lecture de ce manuel constitua mon exercice favori. Je le savais par cœur et cependant, chaque jour, je lui découvrais de nouvelles beautés, précédemment inaperçues.

Kourganov me semblait être le plus grand des hommes, après le général Plemiannikov, à qui mon père avait servi jadis d'aide-de-camp. Je m'adressais à tout le monde pour obtenir des renseignements sur mon auteur préféré, mais, hélas, personne ne put satisfaire à ma curiosité, faute de l'avoir connu personnellement. A toutes mes questions, on répondait seulement que Kourganov avait composé le *Manuel du parfait secrétaire*, mais cela, je le savais déjà ! Les nuages de l'obscurité l'enveloppaient comme une sorte de demi-dieu antique ; quelquefois même, il m'arrivait de douter de son existence. Je me demandais si son nom n'était pas une fiction et sa légende un vain mythe promis aux investigations de quelque nouveau Niebuhr[3]. Cependant, il obsédait mon imagination ; je tâchais de donner forme à ses traits énigmatiques, et résolus enfin qu'il devait ressembler à l'assesseur territorial Korioutchkine, un petit vieillard au nez rouge et aux yeux brillants.

En 1812, on m'emmena à Moscou et me fit entrer au pensionnat de Karl Ivanovitch Meyer, où je ne restai guère plus de trois mois, car on nous congédia devant l'approche de l'ennemi... Je revins donc au village. Après l'expulsion de l'armée des douze nations[4], mes parents voulaient me ramener à Moscou, pour voir si Karl Ivanovitch n'avait point regagné son logis incendié et, dans l'éventualité contraire, me confier à un autre établissement scolaire. Mais je suppliai ma mère et réussis à la convaincre de me garder à la campagne, car mon état de santé ne me permettait pas de me lever à sept heures du matin, comme cela se pratique généralement dans tous les pensionnats. De cette manière-là, j'entrai dans ma seizième année sans avoir reçu d'autre instruction que mes premiers rudiments et en jouant avec mes camarades à la balle : la seule science où j'eusse acquis quelque érudition durant mon séjour chez Karl Ivanovitch.

A cette époque, je m'enrôlai, comme junker[5], dans le Nième régiment d'infanterie, et ne le quittai qu'en 18.., c'est-à-dire l'année dernière. Mon séjour au régiment m'a laissé bien peu d'impressions agréables, hormis ma promotion au grade d'officier et un gain de

240 roubles au jeu à un moment où tout mon avoir se montait à un rouble soixante kopecks.

La mort de mes très-chers parents m'obligea de prendre ma retraite et regagner mon domaine.

⁂

Cette période de ma vie est tellement importante pour moi que j'ai l'intention de m'y étendre, en faisant appel au préalable à la mansuétude de mon lecteur et lui demandant de me pardonner si j'abuse de son indulgente attention.

On était à l'automne. Il faisait un jour gris. Arrivé au relais, où je devais obliquer dans la direction de Gorioukhino, je louai des chevaux à un particulier et me fis conduire à travers champs.

Mon naturel est doux, mais l'impatience de revoir les lieux où j'avais vécu mes meilleures années s'empara si bien de moi que je ne cessai de harceler le postillon, en lui promettant, à tour de rôle, un bon pourboire et une verte correction. Étant donné qu'il m'était infiniment plus commode de le pousser dans le dos que de sortir ma bourse et d'en dénouer les cordons, je confesse lui avoir infligé deux ou trois bourrades, chose qui ne m'était jamais arrivée auparavant, car je professe une affection particulière (j'ignore pourquoi d'ailleurs) à l'adresse de la noble corporation des cochers.

Le postillon pressait son attelage, mais il me semblait que, tout en sermonnant les chevaux et agitant le fouet, le bonhomme, conformément à l'usage de ses collègues, tirait sur les guides. A la fin, j'aperçus le bois de Gorioukhino et, dix minutes plus tard, je pénétrai dans la cour de notre manoir. Mon cœur battait à se rompre ; je regardais autour de moi avec une indicible émotion ; depuis huit ans, je n'avais plus revu mon pays.

Autrefois, on avait planté de jeunes pousses de bouleaux le long de la clôture ; à présent, je voyais des arbres hauts et touffus. Dans le temps, une allée semée de sable courait entre trois corbeilles de fleurs rigoureusement symétriques ; maintenant, la cour du manoir ressemblait à un pré non fauché ; une vache rousse y paissait en liberté.

Ma calèche s'arrêta devant le perron d'honneur. Mon domestique s'en alla ouvrir la porte, mais elle était clouée, bien que les volets fussent ouverts et que la maison parût habitée. Une paysanne sortit du bâtiment réservé aux gens et s'informa de l'objet de ma visite. Ayant appris que j'étais le maître, elle rentra précipitamment dans les communs et bientôt toute la valetaille fit cercle autour de moi. Je fus touché profondément de revoir ces visages familiers ou inconnus et les embrassai tous avec affection. Mes compagnons de jeux étaient devenus de robustes moujiks ; les fillettes, qui traînaient dans l'antichambre dans l'attente d'une course à faire, étaient des femmes mariées. Les hommes pleuraient. Aux femmes je disais, sans me gêner :

— Ce que tu as vieilli !

Et elles me répondaient avec sentiment :

— Et vous, maître, comme vous avez enlaidi !

On me conduisit au perron de service. Ma nourrice vint au-devant de moi et m'embrassa avec force larmes et sanglots comme Ulysse qui a tant souffert.

D'aucuns s'élancèrent pour faire chauffer les bains. Le cuisinier, qui avait laissé pousser sa barbe pour meubler son oisiveté, s'offrit à préparer un repas, dîner ou souper, à mon choix, car le jour déclinait.

On nettoya prestement les pièces, occupées par la nourrice et les servantes de feu ma mère ; je me retrouvai dans l'humble demeure de mes pères et m'endormis dans la chambre même où j'avais vu le jour, il y avait de cela vingt-trois années.

Trois semaines environ s'écoulèrent en démarches de tout genre : il me fallut rendre visite à des assesseurs, à des maréchaux de la noblesse, à toutes sortes de fonctionnaires provinciaux. Passé ce laps de temps, je pus recueillir mon héritage et prendre possession de mon domaine.

Enfin, je me calmai. Hélas, bientôt l'ennui, dû à l'oisiveté, commença de me tourmenter. Je ne connaissais pas encore mon bon et respecté voisin X... Les soucis domestiques ne m'intéressaient pas le moins du monde. Toute la conversation de ma nourrice, promue économe et gouvernante par mes soins, se bornait à quinze anecdotes familiales, fort curieuses pour moi, mais immuables. En fin de compte, il en fut, de la nounou, comme du *Manuel du parfait secrétaire* : je savais d'avance qu'en l'ouvrant à telle page, je trouverais telle phrase.

Quant à l'original, c'est-à-dire au vieux *Manuel*, chargé d'ans et de mérites, je le découvris dans la réserve, en piteux état, au milieu d'un tas de bric-à-brac. Je le rendis à la lumière et essayai de le relire, mais malheureusement, Kourganov ne m'enchantait plus comme par le passé. Je le relus une fois et ne l'ouvris plus jamais.

En ces conjonctures extrêmes, il me vint une idée : et si je tentais moi-même d'écrire quelque chose ?... Mon indulgent lecteur sait à quel point mon instruction a été faite à bon marché, et que je n'ai jamais eu l'occasion de combler mes lacunes : jusqu'à seize ans, je passai tout mon temps à courir avec la marmaille serve, et ensuite à voyager de province en province, de logement en logement, à me distraire en compagnie de juifs et de vivandiers, à jouer sur des tables de billard rapiécées et à marcher bravement dans la gadoue.

En outre, le métier de littérateur me semblait un art tellement complexe, si peu accessible aux non-initiés, que la seule idée de m'armer d'une plume me fit d'abord peur. Pouvais-je décemment compter figurer un jour parmi nos écrivains, alors que mon ardent désir de rencontrer l'un d'eux n'avait pas même été exaucé ?

Mais cela me rappelle une anecdote que j'ai l'intention de conter pour montrer à quel point j'ai toujours été passionnément épris des lettres nationales.

En 1820 (j'étais encore junker), il m'était arrivé de me rendre, pour les besoins du service, à Pétersbourg.

J'y demeurai huit jours et, bien que je n'y connusse personne, passai mon temps le plus joyeusement du monde. Chaque jour, j'allais au théâtre, en grand mystère, et m'installais au poulailler. Je finis par connaître les noms de tous les comédiens et tombai éperdument amoureux de la demoiselle X..., qui avait joué un dimanche, avec un art inouï, le rôle d'Amélie dans un drame intitulé *Misanthropie et Repentir*[6].

Le matin, en revenant du Grand État-Major, j'avais l'habitude de m'arrêter dans un petit café-pâtisserie[7] au plafond bas et, tout en sirotant une tasse de chocolat, de lire les revues littéraires. Un jour que j'étais plongé dans la lecture d'un article du *Bien-Pensant*[8], un homme en manteau couleur de pois, s'approcha de moi et tira doucement, d'en dessous mon volume, un numéro de la *Gazette de Hambourg*[9]. Absorbé comme je l'étais, je ne levai même pas les yeux. L'inconnu commanda un beafsteack et prit place en face de moi. Je lisais toujours, sans prêter la moindre attention à mon vis-à-vis, qui, cependant, déjeuna, tança le garçon pour lui reprocher son incurie, but une demi-bouteille de vin et sortit. Deux jeunes gens déjeunaient à une autre table.

— Sais-tu qui était cet homme? demanda l'un d'eux à son compagnon... C'était B..., le littérateur[10].

— Un littérateur! m'exclamai-je malgré moi.

Et, plantant là mon article et ma tasse à moitié pleine, je courus régler le prix de ma consommation, puis, sans attendre la monnaie, m'élançai dans la rue.

Ayant promené mon regard dans tous les sens, j'aperçus au loin le manteau couleur de pois et le suivis, presque au pas de course, le long de la perspective Névski.

Au bout de quelques pas, on m'interpelle. Je m'arrête : un officier de la Garde me fait la leçon. Au lieu de le bousculer, j'aurais dû faire halte, me mettre au garde-à-vous et saluer.

Cette semonce me rendit plus circonspect, mais, pour mon infortune, je croisai encore officier sur officier. A tout moment, je m'arrêtais, et mon littérateur courait toujours. Jamais encore ma capote de soldat n'avait pesé si lourd à mes épaules ; jamais les épaulettes d'officier ne m'avaient paru aussi enviables. Finalement, près du pont Anitchkov, je rattrapai le manteau couleur de pois.

— Permettez-moi de vous demander, dis-je en portant la main à mon front, si vous êtes bien Monsieur B..., de qui j'ai lu les merveilleux articles dans *L'Émulateur de l'Instruction...* ?

— Non, Monsieur, me fut-il répondu. Je ne suis pas un littérateur, je suis avoué. Cependant je connais très bien M. B... Il n'y a pas un quart d'heure, je l'ai rencontré près du pont de la Police.

De cette manière-là, mon amour des lettres me coûta 30 kopecks, oubliés sur le comptoir, une verte semonce, presque la salle de police — et tout cela pour rien !

Malgré toutes les objections de mon bon sens, la téméraire idée de devenir écrivain m'obsédait sans répit. En fin de compte, incapable de résister davantage à mon penchant naturel, je pris soin de coudre un gros cahier, fermement résolu à le remplir de quelque façon que ce soit. Pour commencer, j'étudiai tous les genres poétiques (je ne songeais pas encore à l'humble prose), les disséquai, les jaugeai et décidai de composer coûte que coûte un poème épique, inspiré de l'histoire nationale. J'eus vite fait de trouver un héros, Riourik[11], et m'attelai à la tâche.

J'avais acquis une certaine pratique des vers à force de recopier de petits recueils qu'on se passait de main en main entre officiers, à savoir : *Un voisin dangereux*[12], *La Critique du boulevard de Moscou, La Critique des étangs de la Presnia*, etc. En dépit de cela, mon poème avançait lentement, et je l'abandonnai au troisième vers.

Je me dis alors que le genre épique n'était pas le mien et j'entrepris une tragédie : *Riourik*. Elle ne me réussit pas mieux. J'essayai d'en faire une ballade, mais elle me résista. Finalement, l'inspiration m'illumina : je commençai une inscription pour un portrait de Riourik et la menai à bonne fin.

Bien que mon « inscription » ne fût nullement indigne d'attirer l'attention, venant surtout d'un jeune versificateur débutant, je me rendis compte que je n'étais pas un poète né et m'en tins à cette première tentative. Cependant mes ébauches créatrices m'avaient tellement attaché aux lettres que désormais je ne pouvais plus me séparer de mon cahier, ni de mon écritoire.

Je voulus m'abaisser à la prose. Pour commencer, n'éprouvant pas la moindre envie de procéder à des études préliminaires, à l'établissement d'un plan d'ensemble et de liens entre les diverses parties, je résolus de noter mes pensées au hasard, sans ordre, sans enchaînement, telles qu'elles germaient spontanément dans mon esprit. Par malheur, elles ne germèrent point et, au bout de deux jours de méditation, je ne pus concevoir que la remarque suivante :

« L'homme, qui ne se soumet point aux lois de la raison et qui s'habitue à obéir aux impulsions des passions, se trompe souvent et s'expose à un repentir tardif. »

L'idée était certes judicieuse, mais point neuve. Renonçant aux pensées, je m'attaquai aux récits[13]. N'ayant pas l'habitude d'agencer des événements imaginaires, je choisis diverses anecdotes remarquables, qui m'avaient été contées jadis par différentes gens, et m'efforçai d'embellir la réalité par la vivacité de la narration et parfois même avec les fleurs de ma propre imagination. En rédigeant ces nouvelles, je mis progressivement au point mon style et j'appris à m'exprimer correctement, agréablement, avec aisance.

Hélas, mes réserves s'épuisèrent rapidement et il me fallut chercher un autre terrain pour mon activité littéraire.

Depuis longtemps, l'idée de renoncer aux anecdotes médiocres et douteuses pour me consacrer à la narration de grands et véridiques événements excitait mon imagination. Être l'arbitre, l'observateur, le prophète des peuples et des temps, voilà, me disais-je, le plus sublime échelon de la carrière littéraire ! Oui, mais dans quel domaine pouvais-je me lancer, avec ma fruste instruction, sans encourir le risque d'y avoir été devancé par des hommes érudits et consciencieux ? Était-il un seul genre qui ne fût pas encore épuisé par eux ? Allais-je écrire une histoire universelle ? Mais n'y avait-il pas déjà l'œuvre immortelle de l'abbé Millot[14] ?... — Une histoire de Russie ? Mais que pouvais-je dire, venant après Tatistchev, Boltine et Golikov[15] ?... Et puis, me convenait-il d'éplucher les chroniques et de déchiffrer le sens sacré d'une langue tombée hors d'usage, à moi qui n'avais seulement pas su apprendre la numération slavonne[16] ?...

Je songeai à une histoire de dimensions plus modestes, comme par exemple celle de notre chef-lieu ; pourtant, là encore, que d'obstacles insurmontables pour moi ! Une excursion à la ville, des visites en perspective chez le gouverneur et l'archevêque, la nécessité de solliciter l'autorisation d'être admis aux archives, dans les caveaux des monastères, etc.

L'histoire de notre chef-lieu de canton aurait été davantage dans mes cordes, mais elle ne pouvait intéresser ni le philosophe, ni l'homme d'action et offrait peu de nourriture à l'éloquence. N... n'avait été promu au rang de ville qu'en 17.., et le seul événement remarquable consigné dans ses annales, c'est l'incendie d'il y a dix ans, qui détruisit le marché et les bâtiments de l'administration.

Un incident fortuit mit fin à ma perplexité. En allant pendre le linge sur une corde dans le grenier, une paysanne mit la main sur un vieux panier, rempli de copeaux, de détritus et de bouquins. Toute la maisonnée savait combien j'étais passionné de lecture. L'économe, au moment où, assis devant mon gros cahier, je grignotais le bout de ma plume et songeais à des essais de sermons ruraux, traîna triomphalement le panier dans ma chambre en criant joyeusement : des livres ! des livres !

— Des livres! répétai-je avec enthousiasme, en m'élançant vers la corbeille.

En effet, j'aperçus une multitude de volumes à reliure cartonnée, verte ou bleue. C'était une collection de vieux almanachs. Cela refroidit mon enthousiasme, bien que je fusse heureux de la découverte inattendue. C'était quand même des livres, et je récompensai généreusement le zèle de la lingère en lui remettant cinquante kopecks en argent.

Resté seul, j'examinai mes almanachs qui, bientôt, éveillèrent vivement mon attention. Ils constituaient une chaîne ininterrompue, qui s'étendait de 1744 à 1799, c'est-à-dire sur un espace de 55 ans. Les feuilles de papier bleu qu'on a coutume d'insérer dans les almanachs, étaient entièrement couvertes d'une écriture ancienne.

Ayant jeté un regard sur ces lignes, je m'aperçus avec stupéfaction qu'elles ne contenaient pas seulement des remarques à propos du temps et des comptes ménagers, mais encore de brèves notices historiques, concernant le village de Gorioukhino. Séance tenante, je me mis à l'étude des précieuses notes et découvris bientôt qu'elles représentaient presque tout un siècle de l'histoire de mon domaine, dans l'ordre chronologique le plus rigoureux. Elles renfermaient, en outre, une réserve inépuisable de remarques économiques, statistiques, météorologiques et autres savantes observations.

Depuis lors, l'étude des almanachs m'absorba entièrement, car je m'étais rendu compte qu'il était possible d'en extraire une relation élégante, curieuse et instructive.

Après avoir suffisamment pris connaissance de ces inestimables documents, je partis à la recherche d'autres sources de l'histoire du village de Gorioukhino et fus bientôt surpris de leur nombre. Après six mois d'études préalables, je pus entreprendre enfin la besogne qui m'était chère entre toutes et, avec l'aide du Seigneur, je l'ai achevée en ce jour du 3 novembre 1827.

Maintenant qu'à l'instar de cet historien, dont le nom m'échappe[17], j'ai mis le point final à mon pénible exploit, je repose ma plume et vais avec tristesse méditer dans le jardin sur ce que j'ai fait. Et à moi aussi, il me semble qu'après l'achèvement de l'*Histoire de Gorioukhino* le monde n'a plus besoin de moi. Ma tâche est accomplie, il est temps de dormir d'un sommeil éternel !

J'ajoute ici la liste des sources qui m'ont servi pour composer l'*Histoire de Gorioukhino* :

1. Une collection d'anciens calendriers. *Cinquante-quatre parties*. Les vingt premières sont écrites à la main en vieux caractères avec sigles abréviatifs. Cette chronique a été composée par mon arrière-grand-père André Stépanovitch Belkine. Elle se distingue par la clarté et la concision du style. Par exemple :

4 mai. Neige. Trichka fouetté pour insolence[18].

Le 6. La vache brune est crevée. Senka fouetté pour ivrognerie.

Le 8. Temps clair.

Le 9. Pluie et neige. Trichka fouetté pour le temps.

Le 11. Temps clair. Neige poudreuse. Pris trois lièvres à courre.

Et ainsi de suite, sans aucun commentaire...

Les trente-cinq parties restantes sont couvertes d'écritures différentes, pour la plupart de celles qu'on appelle *écritures de boutiquier* avec ou sans sigles abréviatifs, en général abondantes, décousues et sans aucun respect de l'orthographe. Çà et là on remarque une main féminine. A ce groupe appartiennent les notes de mon grand-père Ivan Andréiévitch Belkine et celles de ma grand-mère son épouse, Eupraxie Alexéievna, ainsi que celles de l'intendant Garbovitski.

2. *La chronique du diacre de Gorioukhino*. Ce curieux manuscrit, je l'ai découvert chez mon pope, marié à la fille du chroniqueur. Les premiers feuillets en ont été arrachés et utilisés par les enfants du prêtre pour confectionner ce qu'on appelle des cerfs-volants. L'un d'eux s'abattit au milieu de ma cour : je le

ramassai et voulus le rendre aux enfants quand je remarquai qu'il était couvert d'écriture. Je me rendis compte, dès les premières lignes, que le cerf-volant avait été fabriqué avec cette chronique et j'eus le bonheur de sauver ce qu'il restait de cette dernière. Acquise par moi pour un quart d'avoine[19], elle se distingue par une profondeur de pensée et une élévation du discours extraordinaires.

3. Des traditions orales. Je n'ai dédaigné aucune information. Mais je suis particulièrement redevable à Agrafiona Trifonovna, la mère du staroste Avdeï, et ancienne maîtresse, à ce que l'on dit, de l'intendant Garbovitski.

4. Les rôles de recensement fiscal, avec les remarques des anciens starostes (livres de comptes et de dépenses) sur la moralité et la condition matérielle des paysans.

La contrée qu'on appelle, du nom de sa capitale, Gorioukhino, occupe sur le globe terrestre plus de 240 déciatines[20]. Le nombre de ses habitants atteint soixante-trois âmes. Il avoisine au nord avec les villages de Dérioukhovo[21] et de Perkoukhouvo, dont les habitants sont pauvres, malingres et de petite taille et dont les orgueilleux propriétaires s'adonnent aux belliqueux exercices de la chasse au lièvre. Au sud, la rivière Sivka la sépare des possessions des agriculteurs libres de Karatchévo, voisins turbulents, connus pour l'impétueuse cruauté de leurs mœurs. A l'ouest, l'entourent les plaines florissantes de Zakharino, qui prospèrent sous l'autorité de propriétaires sages et éclairés. A l'est, Gorioukhino confine à des lieux sauvages, inhabités, à un marécage infranchissable, où ne pousse que l'airelle des marais, où ne se fait entendre que le monotone coassement des grenouilles et qu'une tradition superstitieuse attribue comme résidence à un démon.

N.B. Ce marécage s'appelle justement le *Marais du Diable*. On raconte qu'une bergère demi-stupide, qui gardait un troupeau de porcs non loin de cet endroit isolé, tomba enceinte et ne put jamais donner d'explication satisfaisante à ce fait. La voix populaire accusa le démon du marais : mais ce conte n'est pas digne d'attirer l'attention et, après Niebuhr, il serait inexcusable d'y croire.

Depuis les temps les plus reculés, Gorioukhino était réputé pour sa fertilité et le caractère bénéfique de son climat. Le seigle, l'avoine, l'orge et le blé noir poussent dans ses plaines grasses. Un bois de bouleaux et une forêt de sapins fournissent les habitants en matériaux de construction et en bois mort pour le chauffage. On ne manque ni de noisettes, ni d'airelles des marais, ni d'airelles rouges, ni de myrtilles. Les champignons poussent en quantité extraordinaire : fris à la crème, ils fournissent une nourriture agréable bien qu'indigeste. L'étang est plein de carassins, et la Sivka est peuplée de brochets et de barbeaux.

Les habitants de Gorioukhino sont pour la plupart de taille moyenne, de constitution robuste et virile ; ils ont les yeux gris, les cheveux châtains ou roux. Les femmes se distinguent par leur nez un peu retroussé, leurs pommettes saillantes et leur belle stature.

N.B. Une bonne femme bien en chair, cette expression se rencontre souvent dans les annotations du staroste aux rôles de recensement. Les hommes sont de bonnes mœurs, travailleurs (surtout sur leur lopin particulier[22]), braves, belliqueux : nombre d'entre eux affrontent seuls les ours et sont réputés dans les environs comme boxeurs, et tous en général sont portés sur les plaisirs sensuels de l'ivrognerie. Les femmes, en plus de leurs occupations domestiques, partagent avec les hommes la plus grande part de leurs travaux : elles ne leur cèdent en rien quant à l'intrépidité et rares sont celles qui craignent le staroste. Elles forment une redoutable garde publique, qui veille constamment dans la cour du seigneur, et on les appelle *kopeïchtchitsy*, du slavon *kop'io*, « épieu[23] ». L'obligation des *kopeïchtchitsy* est de frapper avec une pierre aussi souvent que possible sur une plaque de fonte pour effrayer les gens mal-intentionnés. Elles sont aussi chastes qu'elles sont belles : aux tentatives des audacieux, elles donnent une réponse rude et bien envoyée.

Les habitants de Gorioukhino, depuis longtemps, pratiquent un riche commerce d'écorce de tilleul, de corbeilles et chaussons de tille. Ce commerce est favorisé par la Sivka, qu'ils franchissent au printemps sur des canots, à la façon des anciens Scandinaves, et aux autres époques de l'année à gué, après avoir relevé leur culotte jusqu'aux genoux.

La langue de Gorioukhino doit sans aucun doute être une branche du slave, mais elle s'en distingue autant que le russe. Elle est pleine de contractions et d'apocopes, certaines lettres sont tout à fait supprimées ou remplacées par d'autres. Mais un Grand-Russien peut aisément comprendre un gorioukhinien et inversement.

Les hommes se mariaient d'habitude dans leur treizième année à des filles de vingt ans. Les épouses battaient leurs maris pendant quatre ou cinq ans. Après quoi, les maris commençaient à battre leurs femmes : ainsi, chaque sexe avait sa période de pouvoir, et l'équilibre était observé.

Les rites d'enterrement se passaient de la manière suivante. Le jour même de sa mort, on emportait le défunt au cimetière, pour qu'il n'occupe point dans l'izba une place superflue. A cause de cela, il arrivait que, pour la joie inexprimable des parents, le mort éternuait ou bâillait au moment précis où on l'emportait dans son cercueil hors des limites du village. Les femmes pleuraient leurs maris en hurlant et en ressassant : « Ma lumière, ma tête intrépide, pour qui m'as-tu abandonnée ? Avec quoi vais-je célébrer ton souvenir ? » Au retour du cimetière, commençait le repas en l'honneur du défunt ; les parents et les amis s'enivraient deux-trois jours, ou même toute une semaine, à proportion de leur zèle et de leur attachement à sa mémoire. Ces coutumes antiques se sont conservées jusque de nos jours.

Le costume des gorioukhiniens consistait en une chemise portée par-dessus le pantalon, ce qui est un trait distinctif de leur origine slave. L'hiver, ils portaient une pelisse courte de mouton, mais plutôt pour l'élégance que par besoin véritable, car leur habitude était de jeter la pelisse sur une seule épaule et de s'en débarrasser pour la moindre tâche demandant une liberté de mouvement.

Les sciences, les arts et la poésie étaient à Gorioukhino, depuis les temps reculés, dans un état assez florissant. En plus du prêtre et de son clergé, il y eut toujours des gens sachant lire et écrire. Les chroniques mentionnent le scribe rural Térentiï, qui vivait vers 1767 et qui savait écrire non seulement de la main droite mais aussi de la main gauche. Cet homme peu ordinaire se rendit célèbre dans les alentours par la composition de toutes sortes de lettres, de suppliques, de faux passeports[24], etc. Il eut plus d'une fois à souffrir pour ses talents, son obligeance et sa participation à divers événements remarquables, il mourut à un âge déjà très avancé, au moment même où il apprenait à écrire du pied droit : car l'écriture de l'une et l'autre de ses mains était désormais trop connue. Il joue aussi, comme le lecteur le verra plus loin, un rôle important dans l'histoire de Gorioukhino.

La musique a toujours été l'art favori des gorioukhiniens cultivés. La balalaïka et la cornemuse, qui enchantent les cœurs sensibles, retentissent encore de nos jours dans leurs demeures, en particulier dans l'antique édifice public orné d'un sapin et de l'effigie de l'aigle à deux têtes[25].

La poésie eut son heure de prospérité dans l'ancien Gorioukhino. Jusque de nos jours, les vers d'Arkhippe-le-Chauve ont été conservés par la postérité.

Ils ne le cèdent en rien en tendresse aux églogues du fameux Virgile et, pour la beauté de l'imagination, ils surpassent de loin les idylles de M. Soumarokov[26], et bien que, pour l'élégance du style, ils le cèdent aux productions modernes de nos muses, ils les égalent pour ce qui est de l'ingéniosité et de l'esprit.

Nous en donnons comme exemple le poème satirique suivant :

Vers la maison du boyard
Se rend le staroste Anton (bis)
Ses planchettes dans son sein (bis)[27]
Il les donne au boyard,
Le boyard les regarde,
Il n'y comprend rien.
Ah, toi, Anton le staroste,
Tu as dévalisé les seigneurs,
Réduit le village à la mendicité;
Comblé de cadeaux ton épouse.

Ayant ainsi fait connaître à mon lecteur la description ethnographique et statistique de Gorioukhino, ainsi que les us et coutumes de ses habitants, passons maintenant à la narration proprement dite.

LES TEMPS FABULEUX

LE STAROSTE TRYPHON

Le genre de gouvernement de Gorioukhino a changé plusieurs fois. Ce dernier s'est trouvé tour à tour sous l'autorité des *starchines*[28] élus par le *mir*[29], d'intendants nommés par le seigneur, et en fin de compte sous l'administration directe des seigneurs. Les avantages et les inconvénients de ces différents modes d'administration seront développés par moi au cours de ma narration.

Les ténèbres de l'ignorance recouvrent de leur voile la fondation de Gorioukhino et son peuplement originel. Des traditions obscures affirment que Gorioukhino était un village vaste et riche, et que tous ses habitants vivaient dans l'aisance : les redevances étaient collectées une fois l'an et expédiées on ne sait trop à qui sur plusieurs chariots. En ce temps-là, on achetait tout bon marché et l'on vendait cher. Point d'intendants, les starostes ne persécutaient personne, les habitants travaillaient peu, tous vivaient heureux, et les bergers gardaient leurs troupeaux en bottes[30]. Nous ne devons point nous laisser séduire par ce tableau enchanteur. L'idée de l'Age d'Or est commune à tous les peuples et prouve seulement que les gens ne sont jamais satisfaits du présent, que, n'ayant par expérience guère d'espoir dans l'avenir, ils embellissent le passé à jamais révolu de toutes les fleurs de leur imagination. Voici ce qui est établi :

Le village de Gorioukhino, depuis les temps les plus anciens, appartenait à l'illustre famille des Belkine[31]. Mes ancêtres, cependant, comme ils possédaient de nombreuses autres terres, n'accordaient aucune attention à cette contrée éloignée. Gorioukhino payait un tribut réduit, il était administré par les *starchines* élus par l'assemblée[32] dite *skhodka* communale[33].

Mais, avec le temps, les possessions héréditaires des Belkine se morcelèrent et tombèrent en décadence. Les petits-enfants appauvris d'un grand-père riche, incapables de se défaire de leurs habitudes de luxe, exigeaient d'un domaine désormais dix fois moins grand le revenu intégral de jadis. Des prescriptions menaçantes se succédaient les unes aux autres. Le staroste en donnait lecture à l'assemblée; les *starchines* déployaient leur éloquence, la commune s'agitait, et les maîtres, au lieu d'une redevance doublée, recevaient des excuses astucieuses et d'humbles plaintes, écrites sur du papier graisseux et scellées d'un demi-kopeck.

Une sombre nuée planait sur Gorioukhino, et personne ne s'en doutait. La dernière année du règne de Tryphon, le dernier staroste élu par le peuple, le jour même de la fête de l'église, alors que le peuple en sa totalité entourait à grand bruit le lieu de plaisir appelé en langue vulgaire bistrot, ou bien errait par les rues bras dessus bras dessous en chantant les chansons d'Arkhippe-le-Chauve, entra dans le village une calèche couverte en osier, attelée d'une paire de haridelles à demi crevées. Un Juif en haillons trônait sur le siège du cocher, et de la calèche sortit une tête en casquette qui sembla contempler avec curiosité la liesse populaire. Les habitants accueillirent l'équipage avec des rires et de grossiers quolibets. (*N.B.* Roulant en tuyau les pans de leur vêtement, les insensés se moquaient du cocher juif en criant plaisamment :

« Youpin, Youpin, mange une oreille de cochon ! », *Chronique du diacre de Gorioukhino.*) Mais quelle ne fut pas leur surprise quand la calèche s'arrêta au milieu du village et que le nouveau venu en sortit d'un bond pour exiger sur un ton de commandement le staroste Tryphon. Ce dignitaire se trouvait à l'intérieur du lieu de plaisir, d'où deux *starchines* le firent sortir en le tenant respectueusement sous les bras. L'inconnu, après l'avoir examiné d'un air menaçant, lui remit une lettre qu'il lui ordonna de lire sur-le-champ. Les starostes de Gorioukhino avaient coutume de ne jamais rien lire eux-mêmes. Le staroste Tryphon était illettré.

On envoya chercher le scribe rural Avdeï. On le trouva non loin de là, dans une ruelle, dormant au pied d'une palissade, et on l'amena devant l'inconnu. Mais à peine arrivé, par l'effet d'une soudaine frayeur, ou d'un amer pressentiment, les caractères de la missive, bien que fort clairs, lui parurent enveloppés de brouillard, et il s'avéra hors d'état de les déchiffrer. L'inconnu, après avoir envoyé dormir le staroste Tryphon et le scribe Avdeï, accompagnés d'effroyables malédictions, remit la lecture de la lettre au lendemain, et se rendit dans l'izba administrative, où le Juif apporta à sa suite son petit bagage.

Les Gorioukhiniens considéraient, muets d'étonnement, cet événement extraordinaire, mais ils oublièrent bientôt la calèche, le Juif et l'inconnu. La journée s'acheva dans le bruit et la gaieté, et Gorioukhino s'endormit sans se douter de ce qui l'attendait.

Au lever du soleil, les habitants furent réveillés par un coup à la fenêtre et convoqués à la réunion du *mir*. Les citoyens parurent l'un après l'autre dans la cour de l'izba administrative qui servait de forum pour l'assemblée. Leurs yeux étaient troubles et rougis, leurs visages bouffis ; bâillant et se grattant, ils examinaient l'homme à la casquette et en vieux cafetan bleu qui se tenait, l'air important, sur le perron de l'administration, et s'efforçaient de se rappeler les traits de son visage, qu'ils avaient dû voir dans le temps. Le staroste Tryphon et le scribe Avdeï se tenaient debout près de lui, nu-têtes, avec une expression obséquieuse et l'air profondément affligés. « Tout le monde est là ? » demanda l'inconnu. « Tout le monde est-il bien là ? » répéta le staroste. « Tous... là ! » répondirent les citoyens. Alors, le staroste annonça qu'il avait reçu du seigneur une épître, et donna l'ordre au scribe de donner lecture de celle-ci pour que la commune en prît connaissance. Avdeï fit un pas en avant et, d'une voix puissante, lut ce qui suit. (*N.B.* De la chronique du diacre : « J'ai cette lettre pleine de menaces recopiée chez le staroste Tryphon, qui la conservait dans l'armoire aux icônes avec d'autres documents relatifs à son règne sur Gorioukhino. » Pour ma part, je n'ai pu retrouver cette lettre curieuse.)

> Tryphon Ivanov !
>
> Le porteur de la présente lettre, mon fondé de pouvoir **, se rend au village de Gorioukhino, ma possession, pour en prendre en ses mains l'administration. Que dès son arrivée on rassemble les moujiks, et qu'on leur fasse connaître ma volonté seigneuriale, à savoir : Qu'eux, les moujiks, obéissent aux ordres de mon fondé de pouvoir ** comme si c'étaient les miens. Qu'ils exécutent sans mot dire tout ce qu'il pourra exiger, sinon ** est en droit de les traiter avec toute la sévérité possible. C'est leur désobéissance impudente qui m'a contraint à ces mesures, et aussi ton double jeu de fripon, Tryphon Ivanov.
>
> Signé : N.N.

Alors **, les jambes écartées comme la lettre X et les mains aux hanches comme la lettre Φ, prononça le discours suivant, bref mais expressif : « Faites attention à ne pas trop faire les malins avec moi ! Je vous connais, on vous a gâtés : je vous ferai sortir la bêtise de la tête, croyez-moi, et plus vite que la cuite d'hier ! » De la cuite, il ne restait plus trace dans aucune tête. Les Goroukhiniens, comme frappés par la foudre, baissèrent le nez et regagnèrent leurs demeures épouvantés.

L'ADMINISTRATION DE L'INTENDANT **

** prit les rênes du gouvernement et procéda à la mise en œuvre de son système politique, lequel mérite un examen particulier.

Le fondement principal en était l'axiome suivant : plus le moujik est riche, plus il est gâté, plus il est pauvre, plus il est tranquille. En vertu de quoi, ** s'efforça d'obtenir pour le domaine la tranquillité comme la principale vertu paysanne. Il exigea une liste des paysans, et les divisa en riches et pauvres. 1. — Les arrérages de redevances furent répartis entre les moujiks prospères et exigés d'eux avec la dernière sévérité. 2. — Ceux qui n'avaient pas assez de terres et les fainéants furent aussitôt affectés aux travaux agricoles ; si, à son estimation, leur travail s'avérait insuffisant, il les livrait comme journaliers aux autres paysans, lesquels, pour cela, lui versaient un tribut volontaire ; ceux qui avaient été ainsi mis en esclavage pouvaient de plein droit se racheter en payant, en plus de leurs arrérages, une redevance annuelle doublée. Toute corvée publique tombait sur les paysans aisés. Les opérations de recrutement étaient le triomphe de l'avide gouvernant : car les moujiks riches s'en rachetaient l'un après l'autre jusqu'à ce que le tirage au sort tombât sur un vaurien ou un miséreux*. Les assemblées de la commune furent supprimées. L'intendant collectait les redevances par petites sommes et tout le long de l'année. Outre cela, il institua des levées non prévues. Les moujiks, semble-t-il, payaient, pas beaucoup plus, certes, que par le passé, mais ne parvenaient ni à gagner ni à mettre de côté assez d'argent. En trois ans, Gorioukhino fut réduit à une complète misère.

* L'intendant maudit mit aux fers Anton Timoféiev, et le vieux Timoféiev racheta son fils pour 100 roubles. L'intendant mit aux fers Pétrouchka Eréméiev et son père le racheta pour 68 roubles, et le maudit voulait enchaîner Lékha Tarassov, mais celui-ci s'enfuit dans la forêt, et l'intendant en fut fort contrarié et il se répandit en grossièretés, et on emmena à la ville et on donna au recrutement Vanka l'ivrogne (Déposition des moujiks de Gorioukhino).

Gorioukhino perdit tout courage, le marché fut déserté, les chansons d'Arkhippe-le-Chauve cessèrent de se faire entendre. Les petits enfants partirent mendier. La moitié des moujiks était aux travaux des champs, l'autre moitié servait comme journaliers, et le jour de la fête de l'église devint, selon l'expression du chroniqueur, non un jour de joie et d'allégresse, mais le jour anniversaire du chagrin et d'un souvenir amer.

. . . .

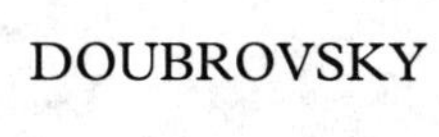
DOUBROVSKY

PREMIÈRE PARTIE

CHAPITRE PREMIER

Il y a de cela quelques années, vivait sur l'une de ses terres un seigneur russe de vieille souche, Kirila Pétrovich Troiékourov.

Sa fortune, ses ancêtres et ses relations personnelles lui assuraient une grande autorité dans la province où était situé son domaine. Les voisins se pliaient avec empressement à ses moindres caprices, et le bruit de son nom faisait trembler les fonctionnaires du chef-lieu.

Troiékourov acceptait ces marques d'obséquiosité comme un tribut légitime. Sa maison ne désemplissait pas de convives, qui ne demandaient pas mieux que de distraire son seigneurial désœuvrement et de partager ses distractions bruyantes, voire brutales. Aucun n'osait se dérober à son invitation; personne n'avait le courage de ne pas se présenter au jour dit, avec les marques de la plus obséquieuse déférence, au village de Pokrovskoié.

Dans la vie familiale, Troiékourov manifestait tous les vices propres à un homme de peu d'instruction. Gâté par son entourage, il avait pris coutume de donner libre cours à toutes les impulsions de son naturel violent, à toutes les lubies de son esprit, assez borné. En dépit de son extraordinaire vigueur physique, il souffrait régulièrement, une ou deux fois par semaine, d'indigestion due à sa goinfrerie. Chaque soir, il sortait de table entre deux vins.

Dans l'une des ailes de la maison vivaient seize filles de chambre, occupées aux ouvrages d'aiguille propres à leur sexe. Les fenêtres de cette aile étaient barrées par un treillis de bois; les portes étaient fermées par des cadenas dont les clés étaient gardées par Kirila Pétrovitch. Les jeunes recluses, à heures fixes, descendaient au jardin pour s'y promener sous la surveillance de deux vieilles. De temps à autre, Kirila Pétrovitch en mariait quelques-unes, et de nouvelles venaient prendre leur place.

Avec les serfs domestiques et les paysans, il se comportait en despote intraitable et fantasque.

Mais ils s'enorgueillissaient de la richesse et du renom de leur seigneur, et à leur tour s'en permettaient beaucoup dans leurs rapports avec leurs voisins, étant assurés de sa puissante protection.

Troiékourov passait son temps à faire des tournées dans ses immenses terres, des festins prolongés, à inventer, chaque jour, quelque mauvaise farce, dont la victime était habituellement choisie dans les relations nouvelles. D'ailleurs, les vieux amis n'y échappaient pas toujours, sauf un : Andréi Gavrilovitch Doubrovsky.

Ce Doubrovsky, lieutenant de la garde en retraite, riche de soixante-dix âmes, habitait dans le voisinage immédiat. Terriblement arrogant, même à l'égard des personnes les plus haut placées, Troiékourov respectait Doubrovsky, en dépit de sa fortune modeste. Autrefois, ils avaient été camarades au régiment, et Kirila Pétrovitch connaissait, par expérience, le caractère impatient et ferme de son voisin.

Les circonstances les avaient longtemps séparés. Doubrovsky, à moitié ruiné, avait été obligé de quitter son service dans l'armée et de se retirer dans ce qu'il lui restait de terres.

Ayant eu vent de la chose, Troiékourov lui avait offert sa protection, mais Doubrovsky l'en avait remercié, et il était demeuré pauvre et indépendant.

Quelques années plus tard, Kirila Pétrovitch, général d'armée en retraite[1], était revenu dans son domaine, et les deux compagnons s'étaient revus avec joie. Dès lors, ils se rencontrèrent tous les jours et Troiékourov, qui, de son vivant, n'avait jamais honoré personne de ses visites, s'en venait voir son ami en toute simplicité. Étant du même âge, appartenant, par la naissance, à la même classe, élevés dans les mêmes principes, ils se ressemblaient en partie de goûts et de caractère. Et même le destin de l'un n'allait pas sans présenter de profondes analogies avec celui de l'autre : tous deux avaient fait un mariage d'amour, étaient restés veufs à brève échéance, avec un enfant sur les bras. Le fils de Doubrovsky faisait ses études à Saint-Pétersbourg; la fille de Troiékourov grandissait sous les yeux de son père, qui disait volontiers à son voisin :

— Que t'en semble, vieux frère : à supposer que ton Volodka ne devienne pas un chenapan, je lui donnerai ma Macha... Peu m'importe qu'il soit nu comme un ver!

A cela, Doubrovsky répondait invariablement, en hochant la tête :

— Hé non, Kirila Pétrovitch, mon Volodka n'est pas un parti pour Maria Kirilovna. Pauvre comme il l'est, j'aime mieux le voir marié à quelque jeune fille sans fortune, de petite noblesse, plutôt que de devenir un intendant au service d'un petit bout de femme gâtée.

Tout le monde enviait la parfaite entente qui régnait entre l'arrogant Troiékourov et son pauvre voisin, s'étonnant de la témérité de ce dernier, qui n'hésitait pas, à table, chez Kirila Pétrovitch, à exprimer carrément son avis, sans se soucier de savoir s'il s'accordait à celui de son hôte.

D'aucuns tentèrent de l'imiter et de sortir du cadre de l'obédience requise, mais Troiékourov leur donna une si bonne peur, qu'il leur ôta une fois pour toutes le goût pour de pareilles tentatives, et, depuis lors, Doubrovsky fut le seul qui échappât à la commune loi. Un incident imprévu vint tout bouleverser.

Cela se passait aux premiers jours de l'automne.

Kirila Pétrovitch se préparait à partir pour la chasse à courre. Depuis la veille, piqueurs et palefreniers avaient reçu l'ordre d'être prêts à cinq heures du matin. Une tente et une cuisine roulante avaient été expédiées à l'endroit où Kirila Pétrovitch comptait prendre son repas.

L'hôte et ses convives s'en allèrent faire une visite au chenil; plus de cinq cents chiens courants et lévriers y vivaient au chaud et dans la satiété, en glorifiant la générosité du maître dans leur langage canin. Il y avait là, tout près, une infirmerie pour chiens, confiés à la garde du médecin-chef Timochka, ainsi qu'un réduit où les nobles chiennes mettaient bas et allaitaient leur nichée. Kirila Pétrovitch était très fier de cette magnifique installation et ne laissait jamais passer l'occasion d'en tirer gloriole en présence de ses invités, dont chacun visitait le chenil pour la vingtième fois, au moins.

Il faisait le tour du chenil, entouré de ses invités, suivi de Timochka et des principaux piqueurs, s'arrêtait devant une niche, s'enquérait de la santé d'un malade, faisait des remontrances plus ou moins justes et sévères, appelait les chiens qu'il connaissait et leur parlait avec douceur.

Les convives s'estimaient obligés d'afficher un enthousiasme de commande; seul Doubrovsky se taisait et se renfrognait. Grand chasseur devant l'Éternel, sa condition ne lui permettait de posséder que deux chiens courants et une paire de lévriers, aussi ne pouvait-il réprimer un léger mouvement d'envie, au spectacle de cette meute magnifique.

— Tu en fais une mine! observa Kirila Pétrovitch. Est-ce que mon chenil n'a pas le don de te plaire?

— Oh! si, il est merveilleux, mais je doute que vos gens vivent aussi confortablement que vos chiens, répliqua d'un ton bourru Doubrovsky.

L'un des piqueurs prit la mouche :

— Nous autres, on n'a pas lieu de se plaindre,

grâce à Dieu et à notre maître, mais je connais des seigneurs qui ne feraient pas mal de changer leur manoir contre une de ces niches. Ils y seraient plus au chaud et mieux nourris.

Troiékourov s'esclaffa bruyamment en entendant la saillie de son serf. Les convives en firent autant, bien qu'ils sentissent que la repartie du piqueur pouvait aussi bien s'adresser à eux-mêmes. Doubrovsky blêmit et ne souffla mot.

En ce moment précis, on apporta au maître, dans un panier d'osier, une portée de chiots nouveau-nés. Il les examina, en choisit deux et ordonna de noyer les autres. Cependant Doubrovsky s'était éclipsé et nul ne s'était aperçu de sa disparition.

En rentrant du chenil, Kirila Pétrovitch et ses hôtes se mirent à table ; alors seulement, ne voyant pas Doubrovsky, il s'enquit de lui.

On lui répondit qu'Andréi Gavrilovitch était rentré chez lui. Troiékourov donna l'ordre de le rattraper et de le ramener coûte que coûte. Jamais il n'était allé à la chasse sans Doubrovsky, Nemrod expérimenté, fin connaisseur de la race canine, arbitre inattaquable de toutes les querelles cynégétiques.

Le domestique revint au galop, quand tout le monde était encore à table et rapporta à son maître que Doubrovsky, ne voulant rien entendre, avait refusé de rebrousser chemin. Kirila Pétrovitch, excité, selon son habitude, par de trop copieuses libations, s'emporta et renvoya le domestique dire à son voisin que s'il refusait de venir passer la nuit à Pokrovskoié, il se fâcherait avec lui à tout jamais. Le domestique s'exécuta. Troiékourov se leva de table, renvoya ses invités et alla se mettre au lit.

Le jour suivant, sa première question fut :

— Est-ce qu'Andréi Gavrilovitch est ici ?

En guise de réponse, on lui tendit une lettre, pliée en triangle. Kirila Pétrovitch ordonna à son secrétaire de lire tout haut. Voici ce qu'il entendit :

« Mon très cher Monsieur,

« Je n'ai pas l'intention de revenir à Pokrovskoié, tant que vous ne m'aurez pas envoyé le piqueur Paramochka, pour me faire amende honorable. Il m'appartient de décider si je lui ferai grâce ou le châtierai. Je ne suis pas d'humeur à supporter les plaisanteries de vos larbins, pas plus que les vôtres, car je ne suis pas un pitre, mais un gentilhomme de vieille souche. Là-dessus, je reste votre bien dévoué serviteur.

« ANDRÉI DOUBROVSKY. »

Pareil message pouvait paraître injurieux au regard de l'étiquette du temps ; ce ne fut point la forme qui courrouça Kirila Pétrovitch, mais la teneur.

— Comment ! tonna-t-il, en sautant hors de son lit, les pieds nus. Que je lui envoie mes gens pour faire amende honorable ! Et il serait libre de leur faire grâce ou de les châtier ! Se rend-il compte de ce qu'il dit et à qui il s'en prend ?... Ah ! ah ! attends un peu, mon bonhomme. Je t'en ferai goûter et tant et plus... Tu verras alors ce qu'il en coûte de s'attaquer à Troiékourov !

Kirila Pétrovitch s'habilla et partit pour la chasse avec son faste accoutumé, mais elle se révéla infructueuse. De toute la journée, on n'aperçut qu'un lièvre qui eut tôt fait de dérouter ses poursuivants. Le repas sous la tente ne fut guère plus réussi ; du moins, il ne fut pas du goût de Troiékourov, qui battit son cuisinier, injuria ses invités et tint absolument, au retour, à traverser avec toute la chasse les terres de Doubrovsky.

Quelques jours passèrent, sans apporter de réconciliation entre les deux voisins. Doubrovsky ne revenait pas à Pokrovskoié ; Troiékourov s'ennuyait ferme et manifestait bruyamment son dépit par les propos les plus outrageants, que des voisins bien intentionnés s'empressaient de transmettre à Doubrovsky, enjolivés et complétés. Un nouvel incident anéantit jusqu'au dernier espoir de réconciliation.

Comme il inspectait un jour son domaine et

s'approchait d'un bois de bouleaux, Doubrovsky perçut des coups de cognée, puis le fracas d'un arbre qu'on abattait. Se précipitant dans le bois, il se trouva nez à nez avec des moujiks de Pokrovskoié, qui venaient lui voler son bois sans la moindre vergogne.

A son apparition, ils tentèrent de détaler; Doubrovsky et son cocher réussirent à en attraper deux et à les ramener chez lui, solidement ligotés. Trois chevaux, pris à l'ennemi, complétèrent le butin du vainqueur. Doubrovsky était hors de lui. Les gens de Troiékourov, réputés pour leurs habitudes de brigandage, n'avaient encore jamais eu l'audace de venir polissonner sur ses terres, sachant l'amitié qui le liait à leur maître. A présent, ils profitaient de la querelle et Doubrovsky, contrairement à toutes les lois martiales en usage, résolut de corriger ses prisonniers avec les propres verges dont ils avaient fait ample provision dans son bois, et d'exploiter les chevaux, en les joignant à son cheptel.

Kirila Pétrovitch apprit le jour même ce qui s'était passé. Son premier mouvement fut de lancer une offensive contre Kisteniovka (tel était le nom du domaine voisin), avec tous ses gens, de la saccager de fond en comble, d'assiéger le maître dans sa demeure. Pareille prouesse n'était pas pour le faire reculer.

Mais bientôt, ses pensées prirent un autre cours. Comme il arpentait le grand salon de son pas pesant, Troiékourov jeta par hasard un coup d'œil dans la cour et aperçut une troïka, arrêtée devant son portail. Un petit homme, coiffé d'une casquette de cuir et vêtu d'un manteau de frise, descendit de la charrette et se dirigea vers l'aile du bâtiment réservée à l'intendant. Troiékourov reconnut l'assesseur Chabachkine et le fit mander. Au bout d'une minute, Chabachkine se tenait devant Kirila Pétrovitch, faisait révérence sur révérence et attendait ses ordres avec une obséquieuse déférence.

— Salut, l'ami... comment t'appelles-tu déjà, dit Troiékourov, quel vent t'amène?

— J'allais en ville, Votre Excellence, répliqua Chabachkine, et me suis permis de passer chez Ivan Démianov pour demander s'il n'y avait pas d'ordre de Votre Excellence.

— Tu tombes rudement bien, l'ami... Voyons, comment t'appelles-tu déjà?... J'ai justement besoin de toi. Tiens, bois cette vodka et écoute-moi...

Pareille cordialité surprit agréablement l'assesseur. Il refusa l'eau-de-vie, mais écouta Kirila Pétrovitch avec une attention extrême.

— Voilà. J'ai un voisin. Un petit propriétaire et un grossier personnage. J'ai envie de lui prendre ses terres. Qu'est-ce que tu en dis?

— Votre Excellence, s'il y a des documents, ou bien...

— Tu déraillles, mon bonhomme... Des documents, qu'est-ce que tu as à en faire?... C'est des oukases qu'il faut. La vraie force consiste précisément à s'emparer d'un bien auquel on n'a pas droit!... Attends, pourtant. Ce domaine nous a appartenu dans le temps. Il a été acheté à un certain Spitzine, puis revendu au père de Doubrovsky. Ne pourrait-on pas chicaner là-dessus?

— Difficilement, Votre Excellence; il faut croire que la vente s'est faite en bonne et due forme.

— Réfléchis bien, l'ami. Cherche.

— Si, par exemple, Votre Excellence pouvait, par un moyen ou par un autre, obtenir de votre voisin le récépissé ou l'acte de vente, en vertu duquel il possède son domaine, alors, bien sûr...

— Oui, je comprends... Seulement, voilà le malheur : tous ses papiers ont péri au cours d'un incendie.

— Quoi, Votre Excellence, ses papiers ont brûlé! Mais alors, que vous faut-il de mieux? Agissez selon la loi, Votre Excellence, et nul doute que vous obteniez complète satisfaction.

— Tu crois ça?... Eh bien! soit, je compte sur toi, et tu peux être assuré de n'avoir pas affaire à un ingrat.

Chabachkine se plia quasiment jusqu'à terre et se

retira. Le jour même, il entreprenait toutes démarches utiles et, grâce à son habileté, quinze jours plus tard exactement, Doubrovsky était convié, par les autorités de la ville, à fournir des pièces détaillées, justifiant de ses droits à la possession de son fief.

Stupéfait par cette enquête subite, Andréi Gavrilovitch répondit assez vertement, le jour même, qu'il tenait le domaine de feu son père, qu'il en jouissait conformément au droit d'héritage, que cela ne regardait Troiékourov en aucune manière et que toute prétention d'autrui à la possession de son fief n'était que chicane et malversation.

Sa missive produisit une très agréable impression sur l'assesseur Chabachkine. Il en conclut que d'une part Doubrovsky était un novice en matière de procédure et que, de l'autre, il ne serait point malaisé de mettre dans la position la plus embarrassante un homme aussi impétueux et irréfléchi.

Ayant relu, à tête reposée, les termes du questionnaire de l'assesseur, Doubrovsky se rendit compte qu'il y fallait répondre d'une façon plus circonstanciée et rédigea un mémoire assez correct, mais qui s'avéra insuffisant par la suite.

L'affaire se mit à traîner. Assuré de son bon droit, Andréi Gavrilovitch ne s'en inquiétait pas outre mesure. De plus, il n'avait ni l'envie, ni la possibilité de prodiguer son argent. Quoiqu'il fût le premier à se moquer de la vénalité de la gent papivore, l'idée de pouvoir être victime d'une machination n'effleurait même pas son esprit.

De son côté, Troiékourov se désintéressait tout autant du souci de gagner l'affaire engagée par ses soins : Chabachkine se chargeait de toutes les démarches, agissait en son nom, terrorisait un juge, en soudoyait un autre, interprétait à tort et à travers tous les oukases possibles.

Le neuvième jour de février, de l'an de grâce 18.., Doubrovsky reçut, par le truchement de la police de ville, une convocation en bonne et due forme, l'invitant à se présenter devant le juge territorial pour entendre lire le jugement sur l'affaire de propriété qui l'opposait, lui, lieutenant de la garde, au général d'armée Troiékourov. Après lecture, il était libre de contresigner l'arrêt ou de faire appel.

Aussitôt, il partit. Troiékourov le dépassa sur la route. Les deux adversaires se dévisagèrent d'un air arrogant, et Doubrovsky remarqua un mauvais sourire sur le visage de Kirila Pétrovitch.

CHAPITRE II

Parvenu à la ville, Doubrovsky s'arrêta chez un négociant de sa connaissance, passa la nuit chez lui et se présenta, le lendemain matin, à l'audience du tribunal de district. Personne ne lui prêta la moindre attention.

Mais lorsque Kirila Pétrovitch fit son entrée, après lui, les greffiers se levèrent, la plume derrière l'oreille, et les membres du tribunal le reçurent avec une extrême servilité et lui firent approcher un fauteuil, en signe de déférence pour son grade, son âge et sa corpulence. Troiékourov prit place près de la porte ouverte à deux battants, Doubrovsky, debout, s'adossa au mur. Il se fit un profond silence, et le secrétaire commença de lire la sentence du tribunal d'une voix de stentor.

> Ce 27 octobre 18 .., le tribunal de district de ... a examiné l'affaire de la possession irrégulière, par le lieutenant de la Garde André, fils de Gabriel, Doubrovsky, d'un bien appartenant au général de corps d'armée, Kirila, fils de Pierre, Troiékourov, sis en la province de ..., consistant en le village de Kisténiovka, *n* âmes du sexe masculin et *n* dessiatines de terres, prairies et dépendances. De laquelle affaire il apparaît :
>
> Ledit général de corps d'armée Troiékourov a déposé audit tribunal, le 9 juin de l'année écoulée 18.., une requête portant que son défunt père, l'assesseur de collège et chevalier Pierre, fils d'Efim, Troiékourov, le 14 août 17.., servant alors comme secrétaire provin-

cial à la lieutenance impériale de ..., acheta en tenure noble au clerc de chancellerie Thaddée, fils de Yégor, Spitzine, une propriété englobant *n* finages au village mentionné de Kisténiovka (laquelle localité était alors désignée, selon le ...e recensement, « écart de Kisténiov »), comprenant d'après le quatrième recensement *n* âmes de sexe masculin avec tout leur avoir paysan, une maison seigneuriale avec terres labourées et friches, forêts, prés à foin, pêcheries en la rivière dite Kisténiovka, toutes dépendances afférentes à ladite propriété et maison de maître construite en bois, et généralement et sans reliquat tout ce qui après la mort du père dudit, le sous-officier de police et noble Yègor, fils de Térenti, Spitzine, lui était échu en héritage et propriété, sans excepter ni une âme ni un pouce de terre, pour le prix de deux mille cinq cents roubles, en foi de quoi acte de vente fut dressé le même jour à la ... e chambre de jugement et d'expédition, et le père dudit Troiékourov fut incontinent, le 26 août, mis en possession par le tribunal territorial de N... et transfert accompli à son nom.

Qu'enfin le 6 septembre 17.., son père décéda par la volonté de Dieu, cependant que lui, demandeur, général de corps d'armée Troiékourov, se trouvait depuis l'an 17.. et presque depuis l'enfance au service armé et la plupart du temps en campagne hors des frontières, en raison de quoi il ne pouvait avoir connaissance tant de la mort de son père que des biens qui restaient après lui. Mais que présentement, s'étant retiré définitivement dudit service et étant revenu dans les propriétés de son père, sises dans les provinces de ... et de ..., districts de ... et de ..., en diverses localités comptant au total environ trois mille âmes, il constate que parmi l'ensemble desdites propriétés les *n* âmes ci-dessus mentionnées (lesquelles, après le récent ...e recensement sont devenues en tout *n* âmes en ce village), ainsi que la terre et toutes dépendances, se trouvent, sans aucun titre de propriété, en la possession du susdit lieutenant de la Garde André, fils de Gabriel, Doubrovsky. A raison de quoi, présentant avec ladite requête l'authentique acte de vente remis à son père par le vendeur Spitzine, il requiert que le bien susmentionné soit retiré à la possession illégitime de Doubrovsky et remis à qui de droit, c'est-à-dire à lui, Troiékourov, en pleine et entière disposition. Et que soit Doubrovsky, pour appropriation illégitime dudit bien et jouissance injustifiée des revenus d'icelui, après estimation dûment établie desdits revenus, poursuivi aux fins de leur recouvrement, et en soit donné satisfaction à lui, Troiékourov.

Après information ouverte sur ladite requête par le tribunal territorial de N..., il est apparu : que le susdit détenteur actuel du bien en litige, le lieutenant de la Garde Doubrovsky, a donné sur place pour explication, à l'assesseur de la noblesse, que le bien qu'il détient présentement, consistant en le village susdit de Kisténiovka et *n* âmes avec terre et dépendances, lui est échu par héritage à la mort de son père, le sous-lieutenant d'artillerie Gavrila, fils d'Evgraf, Doubrovsky, lequel le tenait par achat du père du demandeur, l'ex-secrétaire provincial et plus tard assesseur de collège Troiékourov, comme il appert d'une procuration, enregistrée au tribunal d'arrondissement de ..., donnée par lui le 30 août 17.., au conseiller titulaire Grégoire, fils de Basile, Sobolev, en laquelle il était dit qu'il devait être établi acte de vente de ce bien au père dudit, puisqu'il y est précisément dit que lui, Troiékourov, a cédé au père dudit Doubrovsky tout le bien acquis par lui par acte de vente du clerc de chancellerie Spitzine, soit *n* âmes avec la terre, et que la somme convenue y afférente, soit trois mille deux cents roubles, a été entièrement et sans retour reçue par lui dudit père, et qu'il prie ledit fondé de pouvoir Sobolev de remettre audit père le titre de propriété officiel; et qu'entre-temps ledit père, cette procuration faisant foi du paiement intégral de la somme, soit possesseur du bien acquis par lui et en dispose jusqu'à expédition du titre de propriété, et que lui, Troiékourov, vendeur, ni nul autre ne prétendra plus à la possession de ce bien. Que, toutefois, quand exactement et devant quelle instance l'acte de vente en cause a été remis effectivement par le fondé de pouvoir Sobolev à son père, lui, André Doubrovsky l'ignore, car il était en ce temps en bas âge, et après la mort de son père il n'a pu retrouver ledit titre de propriété, et suppose qu'il a peut-être été détruit avec d'autres actes et effets lors de l'incendie qui éclata en l'année 17.. dans la maison, et dont furent témoins les habitants de cette localité. Et que de ce bien, depuis le jour de la vente par le père de Troiékourov ou de la remise par icelui d'une procuration à Sobolev, c'est-à-dire depuis l'an 17.., et depuis la mort dudit père en 17.. et jusqu'à ce jour, les sieurs Doubrovsky ont été possesseurs sans conteste, dont il est attesté par les habitants du voisinage, lesquels, au nombre de cinquante-deux interrogés sous serment, ont déclaré qu'effectivement et autant qu'ils peuvent se souvenir, les sieurs Doubrovsky ont commencé à posséder le bien litigieux sus désigné quelque soixante-dix années sans aucune contestation de quiconque, mais qu'ils ignorent en vertu de quel acte ou titre de propriété; que quant au précédent acheteur, ci-dessus nommé, dudit bien, le secrétaire provincial Pierre Troiékourov, ils n'ont pas souvenir s'il fut en possession de ce bien; que la maison des sieurs Doubrovsky fut détruite il y a environ trente ans par suite d'un incendie qui éclata la nuit dans leur localité, et qu'alors il fut admis par des tiers que le bien litigieux susmentionné pouvait rapporter bon an mal an un revenu non inférieur à deux mille roubles.

A l'encontre de quoi le général de corps d'armée Kirila, fils de Pierre, Troiékourov, a été le 3 janvier de cette année devant ledit tribunal, disant que, bien que le susdit lieutenant de la Garde André Doubrovsky ait présenté, lors de l'information ouverte sur cette affaire, une procuration confiée par son feu père Gavrila Doubrovsky au conseiller titulaire Sobolev et afférente au bien à lui vendu, non seulement il n'a pas fourni d'acte de vente authentique, mais il n'a pas même administré de l'établissement effectif dudit acte aucune preuve manifeste selon les termes du chapitre 19 du Règlement général du 29 novembre 1752. Qu'en conséquence la procuration elle-même, vu le décès de son auteur le père dudit, et en vertu de l'oukaze du .. mai 1818, est actuellement totalement annulée. Qu'en outre

IL EST ORDONNÉ que les propriétés litigieuses doivent

être attribuées, si elles sont sur titres, d'après les titres, et, à défaut de titres, par décision de justice.

Que dudit bien, ayant appartenu à son père, a déjà été présenté par lui comme preuve le titre de propriété, en vertu duquel il convient donc, sur la base des textes légaux susinvoqués, de le retirer à la possession illégitime du susdit Doubrovsky et de le donner à lui par droit d'hoirie. Et vu que les propriétaires susnommés, détenant un bien qui ne leur appartenait pas et en l'absence de tout titre, ont joui illégitimement des revenus d'icelui, d'en faire estimation et requérir restitution contre le noble Doubrovsky et en donner satisfaction à lui, Troiékourov.

Après examen de ladite cause, des faits d'icelle et des extraits des lois le tribunal de district de ... *a jugé :*

Il appert que le général de corps d'armée Kirila, fils de Pierre, Troiékourov, a fait valoir sur le bien litigieux susmentionné, présentement en possession du lieutenant de la Garde André, fils de Gavrila Doubrovsky, comprenant au village de Kisténiovka, selon le dernier ...^e^ recensement, *n* âmes de sexe masculin avec la terre et les dépendances, un acte authentique de la vente dudit à son feu père, secrétaire provincial et plus tard assesseur de collège, en l'an 17.., par le noble clerc de chancellerie Thadée Spitzine ; et qu'en outre ledit acheteur Troiékourov, comme il ressort de cet acte de vente, fut en cette même année 17.. mis par le tribunal territorial en possession de ce bien, duquel bien fut aussi fait transfert en son nom ; et que bien qu'à l'encontre de ces faits le lieutenant de la Garde André Doubrovsky excipe d'une procuration donnée par ledit acheteur défunt Troiékourov au conseiller titulaire Sobolev en vue de l'établissement d'un acte de vente à son père à lui, Doubrovsky, il demeure qu'il est interdit par oukaze non seulement d'approprier par de telles transactions des biens immeubles nobles, mais même de les posséder temporairement, et qu'au surplus la procuration elle-même est totalement annulée par la mort de son auteur ; mais qu'en outre, de la date et du lieu où en vertu de ladite procuration aurait été effectivement dressé acte de vente dudit bien litigieux, il n'a été fourni par Doubrovsky aucune preuve manifeste depuis le début de la procédure, c'est-à-dire en 18.., et jusqu'à ce jour.

Pour ces motifs ce tribunal décide : le bien en cause, de *n* âmes, avec terre et dépendances, en l'état où il se trouve présentement, est confirmé, selon l'acte de vente présenté par lui, propriété du général de corps d'armée Troiékourov; la charge d'évincer de la disposition dudit le lieutenant de la Garde Doubrovsky, et de mettre dûment en possession dudit le sieur Troiékourov, ainsi que d'en faire transfert en son nom à titre d'hoirie, sera donnée au tribunal territorial de N... Mais bien qu'en outre le général de corps d'armée Troiékourov requière d'exiger contre le lieutenant de la Garde Doubrovsky, pour détention illicite de son bien d'hoirie, restitution des revenus produits par icelui, et vu que ledit bien, au témoignage d'habitants de longue date, a été en la possession non contestée des sieurs Doubrovsky, et qu'il n'appert pas des faits de la cause qu'il y ait eu jusqu'à présent de la part du sieur Troiékourov aucune plainte en possession illégitime dudit bien par les sieurs Doubrovsky; qu'en outre, aux termes de l'*Oulojénié*,

IL EST ORDONNÉ, si quelqu'un ensemence la terre ou enclôt la résidence d'autrui, et que supplique est adressée contre lui pour appropriation illégitime, et que restitution est requise, — que cette terre soit rendue au légitime propriétaire, y compris le blé semé, et la clôture et le bâtiment,

pour ces raisons le général de corps d'armée Troiékourov est débouté de sa poursuite en recouvrement contre le lieutenant de la Garde Doubrovsky, vu que le bien lui appartenant est remis en sa possession sans que rien en soit excepté ni distrait de ce qui lui revient; laissant toutefois au général de corps d'armée Troiékourov, au cas où il aurait à l'appui de cette revendication des preuves manifestes et légales, possibilité d'en appeler spécialement à qui de droit.

Lequel jugement sera signifié par voie légale, sous réserve d'appel, tant au demandeur qu'au défendeur, lesquels seront convoqués en ce tribunal, à la diligence de la police, pour entendre ce jugement et y donner sous signature leur assentiment ou opposition.

Lequel jugement a été signé de tous les membres séants de ce tribunal[2].

Il se tut. L'assesseur se leva, s'inclina bassement devant Troiékourov, l'invitant à apposer sa signature au bas d'une pièce qu'il lui tendait. Et Troiékourov exultant, exprima d'un trait de plume son parfait accord sous la *décision* du tribunal.

Vint le tour de Doubrovsky. Le secrétaire lui présenta le document. Le gentilhomme ne fit pas un geste, la tête basse.

Le secrétaire répéta son invitation à marquer par sa signature, sa satisfaction ou son désaccord absolu, au cas où il estimerait en toute conscience que sa cause était juste et aurait l'intention d'en appeler à qui de droit, dans les délais prévus par la loi.

Doubrovsky se taisait toujours...

Subitement, il redressa la tête, les yeux étincelants, frappa du pied, repoussa le secrétaire avec une telle violence que ce dernier tomba à la renverse, saisit un encrier et le lança sur l'assesseur.

L'assistance était épouvantée.

— Quoi ! Vous ne respectez plus la maison de Dieu !... Hors d'ici, tribu de Judas !

Puis, se tournant vers Kirila Pétrovitch :

— A-t-on jamais vu cela, Votre Excellence ?... Des piqueurs amènent leurs chiens dans la maison de Dieu ! Et les chiens courent dans l'église !... Attendez que je vous corrige !

Les gardes accoururent à l'esclandre et le maîtrisèrent à grand-peine.

On l'emporta et le déposa dans un traîneau.

Troiékourov sortit derrière lui, suivi de tout le tribunal. La folie subite de Doubrovsky l'avait profondément impressionné et lui gâtait son triomphe.

Les juges, qui escomptaient les effets de sa gratitude, ne furent même pas récompensés d'une parole aimable. Il repartit le jour même pour Pokrovskoié.

Pendant ce temps, l'infortuné Doubrovsky était étendu sur un lit. Le médecin du district, qui, heureusement, n'était pas un parfait ignare, songea, alors qu'il était temps encore, à pratiquer la saignée, en lui appliquant des sangsues et des taons. Au soir, son état parut s'améliorer et il reprit connaissance.

Le jour suivant, on l'emmena à Kisténiovka, qui ne lui appartenait presque plus.

CHAPITRE III

Les jours passaient, et la santé de l'infortuné Doubrovsky ne s'arrangeait guère. Ses accès de démence ne se renouvelaient pas, il est vrai, mais ses forces périclitaient à vue d'œil. Oubliant ses habitudes et ses occupations d'autrefois, il sortait rarement de sa chambre et demeurait songeur, des journées entières.

Iégorovna, une brave vieille qui jadis avait soigné son fils, s'était faite à présent sa nourrice. Elle le surveillait comme un enfant, lui rappelait de manger et de dormir, lui servait ses repas et le mettait au lit. André Gavrilovitch se laissait faire, docile, et ne voyait personne, hormis la bonne vieille.

Voyant que son maître était incapable de s'occuper de ses affaires et de prendre des dispositions domestiques, Iégorovna résolut d'en aviser le jeune Doubrovsky. Celui-ci se trouvait à Saint-Pétersbourg et servait dans un régiment d'infanterie de la Garde. Arrachant une page du livre de comptes, elle dicta sur-le-champ une lettre au cuisinier Khariton, le seul lettré de Kisténiovka, et la fit porter à la poste sans plus attendre.

Mais il serait temps, je crois, de présenter à mon lecteur le vrai héros de l'aventure.

Vladimir Doubrovsky avait été élevé chez les Cadets et, à sa sortie de l'école, promu aspirant de la Garde. Son père ne lésinait pas sur la dépense quand il s'agissait de lui et le jeune homme recevait, pour son entretien, des sommes nettement supérieures à ses attentes. Prodigue et ambitieux, il se passait les fantaisies les plus coûteuses, jouait gros jeu, s'endettait et ne se souciait pas de l'avenir, escomptant tôt ou tard se marier avantageusement — rêve de tous les jeunes hommes pauvres.

Un soir que plusieurs officiers de ses amis se trouvaient réunis chez lui, affalés sur des divans et suçant ses pipes à bout d'ambre, son domestique, Gricha, lui remit une lettre, dont l'écriture et le cachet frappèrent vivement le jeune homme. Il l'ouvrit en hâte et lut :

« Notre bon maître Vladimir Andréiévitch, c'est la vieille nourrice qui décide de te faire part de l'état de santé de ton cher papa. Il est très mal. Il lui arrive de divaguer. Tout le jour, il reste planté sur sa chaise, comme un enfant idiot. Dieu seul dispose de la vie et de la mort. Viens nous voir, mon cher petit faucon. Nous t'enverrons des chevaux à Pessotchnoié. Paraît que le tribunal du district va nous donner à Kirila Pétrovitch Troiékourov. Nous lui appartenons, à ce qu'il dit, mais, en réalité, nous avons toujours été à vous autres et n'avons jamais rien entendu de semblable. Puisque tu es à Saint-Pétersbourg, tu pourrais en avertir notre bon père, le Tzar. Il ne nous abandonnera pas dans le malheur. Je reste ta serve soumise et ta nourrice.

« ORINA IÉGOROVNA BOUZYRIOVA[3]. »

« J'envoie ma bénédiction maternelle à Gricha. Est-ce qu'il te sert bien ? Ici, il pleut depuis quinze jours et le pâtre Rodia est mort pas longtemps après la Saint-Nicolas. »

Vladimir Doubrovsky relut à plusieurs reprises ces lignes assez incohérentes, avec un trouble profond. Ayant perdu sa mère dès la prime enfance, envoyé à Saint-Pétersbourg à l'âge de huit ans, il connaissait à peine son père, mais avait pour lui une sorte d'attachement romanesque et chérissait d'autant mieux la vie de famille qu'il n'en avait pour ainsi dire jamais goûté les joies douces.

L'idée de perdre son père lui déchirait le cœur, et son état de santé, tel qu'il apparaissait d'après la lettre de la nourrice, avait de quoi effrayer. Il se l'imagina seul, dans un village perdu, abandonné aux soins d'une vieille stupide et de ses domestiques, menacé de Dieu sait quels malheurs, succombant, sans réconfort, au milieu des souffrances physiques et morales. Le jeune homme se reprocha sa funeste négligence : depuis longtemps déjà, ne recevant pas de messages de son père, il aurait dû prendre de ses nouvelles, mais il n'avait pas songé à s'enquérir de lui, le croyant en déplacement ou absorbé par les soucis ménagers.

Il résolut de partir et même de quitter l'armée, si jamais la maladie de son père exigeait une présence constante. Voyant son trouble, ses camarades le laissèrent seul. Vladimir rédigea une demande de congé, alluma sa pipe et s'abîma dans de profondes réflexions.

Le jour même, il s'occupa de son congé, et, le surlendemain, il était déjà sur la grand'route.

Vladimir Andréiévitch approchait du relais où il devait bifurquer en direction de Kisténiovka. D'amers pressentiments emplissaient le cœur du jeune homme : il redoutait de ne plus trouver son père en vie, et son imagination lui brossait, par avance, une triste vision de son existence au village : solitude, misère, tracasseries domestiques, auxquelles il ne connaissait goutte — tel allait être son lot. Arrivé au relais, il s'en vint trouver le maître de poste et lui réclama des chevaux à ses frais. L'autre, s'étant enquis du but de son voyage, lui répondit que les bêtes étaient là, qui l'attendaient depuis trois jours. Bientôt, il aperçut Anton, le vieux cocher, qui l'avait promené jadis à travers les écuries et pansé son poney. Anton versa des larmes en le voyant, le salua jusqu'à terre, lui apprit que le vieux maître était encore en vie et courut atteler les chevaux. Vladimir refusa le repas qu'on lui offrait et se hâta de repartir.

Anton le mena par de petits chemins de traverse. Le maître et le serviteur lièrent conversation.

— Dis-moi, Anton, qu'est-ce que c'est que ce litige entre mon père et Troiékourov?

— Faudrait être le bon Dieu pour s'y reconnaître. Votre Excellence... Notre maître, à ce qu'il paraît, s'est fâché avec Kirila Pétrovitch, qui s'est adressé aux juges... A quoi bon, on se le demande, vu qu'il se fait souvent justice lui-même... C'est pas notre affaire, à nous autres, de discuter la volonté du maître : faut croire que notre maître a eu tort de s'en prendre à Kirila Pétrovitch, rapport à ce que l'éléphant est plus fort que la mouche.

— Mais alors, à ce que je vois, ce Kirila Pétrovitch fait la loi chez vous?

— Eh oui, maître. Paraît qu'il se fiche de l'assesseur comme de l'an quarante et que le capitaine de gendarmerie lui sert de commis, révérence parler. Tous les seigneurs d'alentour ne manquent pas de lui rendre visite pour témoigner leur respect... Que voulez-vous : tant qu'il y a une auge, il y a des cochons!

— Est-il vrai qu'il nous prend notre bien?

— C'est bien ce qu'on nous a dit, notre pauvre maître. Il n'y a pas longtemps, le sacristain de Pokrovskoié, il a dit comme ça, à un baptême chez notre staroste : « Assez joué, les petits gars, attendez un peu que Kirila Pétrovitch vous prenne en mains! » Même que Mikita, le maréchal-ferrant, lui a répondu : « Ça va, Savélitch, ne fais pas de peine au compère et ne trouble pas les invités. Vois-tu, Kirila Pétrovitch est ce qu'il est, et André Gavrilovitch est ce qu'il est, et nous, nous sommes à Dieu et au Tzar », mais tu coudras pas un bouton sur la bouche d'autrui...

— Vous n'avez donc pas envie d'appartenir à Kirila Pétrovitch?

— Appartenir à Kirila Pétrovitch! Dieu nous sauve et nous protège! Déjà des fois ce n'est pas la joie pour ses propres gens : qu'est-ce que ce sera avec nous autres, étrangers. Il ne nous arrachera pas seulement la peau, il prendra aussi la viande! Puisse le Seigneur donner longue vie à Andréi Gavrilovitch, et, si jamais faut qu'il nous l'enlève, on ne veut pas d'autre maître que toi, notre bon père nourricier ! Ne nous abandonne pas, et nous aussi, on saura te défendre, va !

Ce disant, Anton fit claquer son fouet, secoua les guides et l'attelage partit au grand trot.

Touché par le dévouement du vieux domestique, Doubrovsky se tut et s'abîma dans ses pensées. Il se passa plus d'une heure, quand soudain Gricha le fit revenir à lui, en criant : « Voilà Pokrovskoié ! »

Vladimir leva la tête. L'équipage longeait les bords d'un grand lac, d'où s'échappait une petite rivière, qui serpentait au loin, entre les collines. Sur l'une de celles-ci, au-dessus d'un épais écran de verdure, s'élevait la toiture verte et le belvédère d'une grosse maison de pierre. Au sommet d'une autre colline, se dressait une église à cinq coupoles et un antique clocher, puis, disséminées tout alentour, des izbas de bois, avec leurs potagers et leurs puits.

Vladimir reconnut les lieux et se souvint d'avoir joué, sur cette colline même, avec la petite Macha Troiékourova, de deux ans sa cadette, qui promettait déjà d'être une rare beauté. Il allait demander de ses nouvelles à Anton, mais une sorte de timidité le retint.

En approchant de la demeure seigneuriale, il aperçut une robe blanche, qui passait entre les arbres du parc. Mais, à ce moment, Anton fouetta les chevaux et, mû par une gloriole bien propre aux cochers de ville comme à ceux de la campagne, les mit au grand galop, pour franchir le pont et le village. Ayant quitté le hameau, ils montèrent une côte ; Vladimir discerna le petit bois de bouleaux et à gauche, sur un terre-plein, une maisonnette grise à toit rouge. Son cœur battit plus fort : il était à Kisténiovka, devant la pauvre demeure de son père.

Dix minutes plus tard, il pénétrait dans la cour et regardait autour de lui avec une émotion indicible. Depuis douze ans déjà, il n'avait pas revu le lieu de sa naissance. Les bouleaux, que l'on venait juste de planter à l'époque de son départ, près de la palissade, étaient devenus de grands arbres feuillus. La cour, qu'agrémentaient jadis trois parterres de fleurs séparés par une large allée soigneusement entretenue, était devenue un pré non fauché, sur lequel paissait un cheval entravé.

Les chiens allaient aboyer mais ils se turent en reconnaissant Anton, le saluèrent en agitant leur queue à longs poils. La valetaille se précipita hors des izbas, qui servaient de communs, et entoura le jeune maître, en donnant tous les signes d'une joie bruyante. Vladimir eut peine à se frayer un chemin à travers la foule enthousiaste et gravir d'un bond le perron vétuste. Dans le vestibule, la vieille Iégorovna vint au-devant de lui et l'embrassa en pleurant.

— Bonjour, bonjour, nounou, répétait-il en la pressant sur son cœur. Où est mon père ? Comment est-il ?...

Un grand vieillard, blême et décharné, portant robe de chambre et bonnet de nuit, entra dans la pièce, en se déplaçant péniblement.

— Salut, Volodka, fit-il d'une voix exténuée.

Vladimir étreignit son père avec ferveur.

La joie était trop forte pour l'infortuné malade ; il faiblit, ses genoux fléchirent, et il serait tombé, si son fils ne l'avait soutenu.

— Pourquoi t'es-tu levé ? ronchonna Iégorovna. Ça ne tient pas debout, et ça veut courir avec les gens !

On emporta le vieillard dans sa chambre. Il essayait de parler à Vladimir, mais les idées se brouillaient dans son cerveau, et il ne balbutiait que des mots sans suite. Finalement, il se tut et tomba en prostration. Vladimir était bouleversé. Il s'installa dans la chambre de son père, et demanda qu'on le laissât seul avec lui. Les gens s'exécutèrent, reportèrent leur intérêt sur Gricha, l'emmenèrent à l'office, l'y régalèrent à la villageoise tout en l'accablant de questions et de manifestations de joie.

CHAPITRE IV

Un cercueil est posé sur la table des fêtes[4].

Quelques jours après son arrivée, le jeune Doubrovsky voulut s'occuper des affaires de la propriété, mais son père n'était pas en état de lui fournir les explications nécessaires, et il n'avait point de fondé de pouvoirs.

En examinant les papiers, Vladimir mit la main sur la première lettre de l'assesseur et le brouillon de la réponse. Cela n'était pas suffisant pour se faire une notion du litige, et il résolut de laisser les événements suivre leur cours, en comptant sur son bon droit.

Cependant, l'état d'André Gavrilovitch s'aggravait d'heure en heure. Craignant une issue imminente, le jeune homme ne quittait plus son père, complètement retombé en enfance.

De cette façon-là, les délais légaux s'écoulèrent sans qu'il eût été fait appel. A présent, Kisténiovka appartenait à Troiékourov.

Chabachkine se présenta chez lui, avec force courbettes et compliments, et pria Son Excellence d'avoir la bonté de lui indiquer le jour où Elle voulait prendre possession de son bien récemment acquis, en spécifiant si Elle avait l'intention de le faire en personne ou par le truchement d'un homme de loi, agissant en son nom et portant une procuration. Kirila Pétrovitch se troubla. Il n'était nullement cupide de nature; un sot désir de vengeance l'avait entraîné beaucoup plus loin qu'il ne l'avait voulu, et sa propre conscience se révoltait. Il savait dans quel état se trouvait son adversaire, le compagnon de sa jeunesse, et son triomphe ne le réjouissait pas. Voilà pourquoi il lança, à Chabachkine un regard foudroyant et chercha un prétexte pour l'abreuver d'injures. N'en trouvant point, il se contenta de grommeler :

— Va-t'en, je n'ai pas envie de te voir!

Voyant qu'il n'était pas dans un de ses bons jours, Chabachkine ploya l'échine et s'éclipsa en toute hâte. Resté seul, Kirila Pétrovitch se mit à arpenter la pièce, en sifflotant un air martial : « Retentis, tonnerre de la victoire[5] ! » Ce qui dénotait habituellement, chez lui, un grand trouble de la pensée.

Enfin, il fit atteler ses drojki de course, s'habilla chaudement (l'on était déjà aux derniers jours de septembre) et se mit en route, conduisant lui-même.

Bientôt, il reconnut au loin la petite maison d'André Gavrilovitch, et des sentiments contradictoires remplirent son âme. La vengeance satisfaite et l'amour de la domination avaient bien failli l'emporter sur des sentiments plus nobles, mais ces derniers eurent le dessus, en fin de compte; Kirila Pétrovitch résolut de se réconcilier avec son vieux voisin et de dissiper toute trace d'hostilité en lui restituant son bien. Rasséréné par ces bonnes intentions, il mit le cap, au trot, sur le domaine de Doubrovsky, l'âme plus légère, et pénétra directement dans la cour du manoir.

Le malade était assis à la fenêtre. Il reconnut Kirila Pétrovitch, et son visage trahit un trouble terrible. De blêmes qu'elles étaient, ses joues devinrent pourpres : ses yeux étincelèrent et il émit quelques sons inarticulés. Son fils, qui se trouvait là à vérifier des registres, leva la tête et fut frappé de le voir ainsi. Le malade pointa l'index dans la direction de la cour, avec une expression de colère et d'effroi.

Rassemblant à la hâte les pans de sa robe de

chambre, prêt à se lever de son fauteuil, il se mit d'aplomb... et s'écroula comme une masse... Vladimir se précipita vers lui. Le vieillard gisait sans connaissance, sans souffle, terrassé par une attaque d'apoplexie.

— Vite, un médecin!... Courez en ville! s'écria le jeune homme.

— Kirila Pétrovitch demande à vous voir, annonça un domestique, en pénétrant dans la pièce en cet instant précis.

Vladimir le foudroya du regard.

— Va dire à Kirila Pétrovitch qu'il décampe au plus vite, avant que je l'aie fait jeter dehors!... File!...

Tout guilleret, le domestique s'empressa d'aller faire la commission. Iégorovna leva les bras au ciel :

— Notre maître, fit-elle d'une voix aiguë. Tu veux donc que c'en soit fait de toi!... Kirila Pétrovitch nous mangera tous tant que nous sommes!

— Tais-toi, nourrice, répliqua Vladimir avec irritation. Dis à Anton de courir en ville et de ramener un médecin.

Iégorovna sortit. Le vestibule était désert : tous les gens s'étaient attroupés dans la cour pour voir Kirila Pétrovitch.

La nourrice sortit sur le perron et entendit le domestique répéter le propos de son maître. Kirila Pétrovitch l'écouta, sans bouger de ses drojki. Son visage devint plus sombre que la nuit, il sourit d'un air méprisant, toisa la valetaille d'un regard terrible et s'en fut, au pas de son cheval. Au passage, il jeta également un coup d'œil à la fenêtre, où il avait aperçu André Gavrilovitch, mais n'y vit plus personne.

La nourrice restait plantée sur le perron, oubliant la commission de son maître. Les autres domestiques commentaient bruyamment l'incident. Tout à coup, Vladimir apparut au milieu d'eux et lança d'une voix brève :

— Pas besoin de médecin... Mon père est mort.

Il se fit une grande confusion. La valetaille se précipita dans la chambre du défunt maître. Il était étendu dans le fauteuil où Vladimir l'avait transporté; son bras droit, ballant, traînait jusqu'à terre; sa tête était penchée sur la poitrine : il n'y avait plus signe de vie dans ce corps, encore tiède, mais déjà défiguré par la mort.

Iégorovna éclata en lamentations. Les domestiques entourèrent la dépouille mortelle confiée à leurs soins, la lavèrent, lui passèrent un uniforme taillé en 1797[6], et la déposèrent sur la table qu'ils avaient dressée, durant tant d'années, pour leur vieux maître.

CHAPITRE V

L'enterrement eut lieu deux jours plus tard. La dépouille de l'infortuné vieillard reposait sur la table, recouverte d'un linceul et entourée de cierges[7]. Les serfs domestiques emplissaient la salle à manger. Tout était prêt pour la levée du corps.

Vladimir et trois serviteurs soulevèrent le cercueil. Le prêtre prit la tête de la procession, suivi du sacristain, qui chantait les prières d'usage. Pour la dernière fois, le maître de Kisténiovka franchit le seuil de sa maison. On porta le cercueil à travers un bois, derrière lequel se trouvait l'église. Il faisait un jour clair et froid. Les arbres laissaient choir les feuilles de l'automne.

En sortant du bosquet, on aperçut la petite église en bois de Kisténiovka, et l'humble cimetière, à l'ombre de vieux tilleuls. La mère de Vladimir y reposait déjà. Une nouvelle fosse avait été creusée, dès la veille, à côté de sa tombe.

L'église était remplie de paysans, venus de tout Kisténiovka, afin de rendre un ultime hommage à feu leur maître. Doubrovsky prit place près du chœur. Point de larmes sur son visage, point de prières à ses lèvres, mais son air était terrifiant.

La triste cérémonie était terminée. Le premier, Vladimir fit ses adieux à la dépouille de son père, imité par les gens de maison. On apporta le couvercle. Le cercueil fut cloué.

Les femmes se lamentaient à tue-tête ; les hommes écrasaient du poing une larme furtive.

Toujours aidé par les trois domestiques, Vladimir transporta le cercueil au cimetière, suivi de tout le village. On descendit le cercueil dans la fosse, et chacun des assistants vint jeter à son tour une poignée de sable. La tombe fut comblée. On s'inclina une dernière fois et on se sépara. Devançant tout le monde, Vladimir s'éloigna en hâte et disparut dans le bois de Kisténiovka.

En son nom, Iégorovna invita le pope et tout le clergé au repas funéraire, en déclarant que le jeune maître n'avait pas l'intention d'y prendre part. Et ainsi, le pope Anton, la popadia Fédotovna, son épouse, et le diacre se rendirent à pied au manoir, tout en devisant avec la nourrice des vertus du défunt et du sort qui, très certainement, était réservé à son héritier. (Tout le monde était au courant de la visite de Troïékourov et de l'accueil qui lui avait été ménagé ; les politiques du village promettaient, à l'affaire, des conséquences extrêmement graves.)

— Advienne que pourra ! fit la popadia. Dommage seulement si Vladimir Andréiévitch n'est plus notre seigneur. Un gaillard, y a pas à dire.

— Qui veux-tu que ce soit, si c'est pas lui ? l'interrompit la nourrice. Va, Kirila Pétrovitch a tort de monter sur ses grands chevaux. Mon lascar n'a pas froid aux yeux. Mon petit faucon saura se défendre tout seul et, si Dieu veut, ses saints protecteurs ne l'abandonneront pas. Il se croit trop malin le Kirila Pétrovitch ! N'empêche qu'il a bien serré la queue, quand Gricha lui a crié : « Fiche le camp d'ici, vieux chien ! Allez, ouste, dehors ! »

— Aïe, aïe, aïe, ma bonne Iégorovna, fit le diacre, moi, je me demande comment la langue ne lui a pas fourché, à Grigori, quand il a dit ça. Moi, tel que tu me vois, j'aimerais mieux plutôt aboyer sur Son Éminence que regarder seulement de travers Kirila Pétrovitch. Le croiras-tu? Dès que je l'aperçois, la crainte et le respect me font courber le front, et l'échine se ploie toute seule, toute seule...

— Vanité des vanités! observa le pope. Allez, Kirila Pétrovitch nous l'enterrerons bien un jour, comme, tout à l'heure, André Gavrilovitch. Sauf qu'il y aura plus de monde et d'argent de dépensé... Mais le bon Dieu, crois-tu que ça lui fasse quelque chose?

— C'est que nous autres aussi, on voulait inviter tous les environs, mais Vladimir Andréiévitch s'y est opposé. Allez, nous avons largement de quoi régaler le monde!... Seulement, qu'est-ce que vous voulez que j'y fasse?... Enfin, vous en faites pas : moins on est et mieux on mange!... Je vais vous régaler à ma façon, tant que vous êtes.

Cette promesse réconfortante et la séduisante perspective d'une tourte succulente firent presser le pas aux interlocuteurs. Bientôt, ils arrivèrent sans encombre au manoir, où la table était déjà mise et la vodka en place.

Cependant, Vladimir s'enfonçait dans l'épaisseur du bois, croyant dissiper, par le mouvement et la fatigue, la douleur de son âme. Il allait droit devant lui. Les branches des arbres l'accrochaient et l'égratignaient à tout moment : ses pieds s'embourbaient dans la vase du sol détrempé — il ne s'en apercevait même pas.

Enfin, il atteignit un petit vallon, entouré de bois de tous les côtés; un ruisseau silencieux serpentait entre les arbres effeuillés par l'automne. Vladimir s'arrêta, s'assit sur le gazon glacé, et des pensées, les unes plus sombres que les autres, envahirent son esprit. Il sentait avec force sa solitude. L'avenir était voilé de nuages menaçants. Le différend qui l'opposait à Troiékourov présageait de nouvelles infortunes. Que son humble patrimoine passât en des mains étrangères, et ce qui l'attendait, c'était la misère!

Longtemps, il resta immobile, assis à la même place, à contempler le ruisseau sans murmure, qui emportait quelques feuilles jaunies, lui fournissant une comparaison exacte et forte pour sa vie, une comparaison si commune.

S'étant enfin aperçu que le soir tombait, il se leva, s'en fut à la recherche du chemin qui conduisait au manoir, mais vagabonda encore longtemps à travers ce bois, avant de découvrir un sentier inconnu qui le ramena droit devant le portail de sa demeure.

Chemin faisant, il croisa le pope, avec sa suite. L'idée d'un sinistre présage lui traversa l'esprit. Malgré lui, il fit un crochet et se dissimula derrière un arbre. Ils ne le remarquèrent pas et passèrent devant lui, en discutant avec ardeur.

— Fuis le mal, fais le bien, disait le pope à son épouse. Nous n'avons rien à faire ici. Ce malheur n'est pas le nôtre et peu nous chaut de savoir comment l'affaire va tourner !

La popadia lui répondit quelque chose que Vladimir ne put saisir.

En approchant du manoir, il aperçut un attroupement : paysans et domestiques se pressaient dans la cour seigneuriale. Vladimir perçut de loin une rumeur inusitée et des éclats de voix. Deux troïkas étaient arrêtées près de la grange. Des inconnus en uniforme semblaient discuter gravement sur le perron.

— Qu'est-ce que cela signifie ? s'informa le jeune homme avec colère, en avisant Anton, qui accourait à sa rencontre. Qui sont ces gens et que veulent-ils ?

— Ah ! notre bon seigneur, Vladimir Andréiévitch, répondit le vieux, à bout de souffle. C'est le tribunal qui est arrivé ! On nous livre à Troiékourov, on nous enlève à tes bontés !...

Vladimir baissa la tête. Ses gens s'empressèrent de faire cercle autour de leur malheureux maître.

— Tu es notre père, s'écriaient les serfs domestiques en lui baisant les mains. Nous ne voulons pas d'autre maître que toi ! Un mot de toi et nous réglons son compte au tribunal ! Va, nous mourrons sur place plutôt que de t'abandonner !

Vladimir les contemplait et d'étranges sentiments envahissaient son âme, la remplissaient de trouble.

— Ne bougez pas ! fit-il enfin. Je me charge de discuter avec ces agents.

— Parle-leur, notre maître ! Et exhorte-les bien, ces maudits !

Vladimir s'approcha des fonctionnaires. Casquette sur la tête, les poings sur les hanches, Chabachkine dévisageait la foule avec arrogance... Le chef des gendarmes, un personnage grand et gros, d'environ cinquante ans, à la mine rougeaude, encadrée de favoris et barrée d'une moustache, vit venir Doubrovsky, se racla la gorge et prononça d'une voix éraillée :

— Je vous répète encore une fois ce que je vous ai déjà dit : par décision du tribunal du district, vous appartenez dorénavant à Kirila Pétrovitch Troiékourov, ici présent en la personne de M. Chabachkine. Faites preuve de soumission en toutes choses. Quant à vous, les bonnes femmes, tâchez de l'aimer et de le respecter, rapport à ce qu'il est très friand de vous autres.

Après cette fine plaisanterie, le chef des gendarmes éclata d'un gros rire, imité par les autres fonctionnaires. Vladimir bouillait d'indignation.

— M'est-il permis de savoir ce que cela veut dire ? s'informa-t-il auprès du jovial capitaine, avec un sang-froid affecté.

— Cela veut dire, répliqua le salace fonctionnaire, cela veut dire que nous sommes ici pour faire rentrer Kirila Pétrovitch dans ses droits de propriétaire et demander *à certains autres* de décamper sans tambour ni trompette.

— Mais vous auriez pu, ce me semble, vous adresser d'abord à moi et m'annoncer, en ma qualité de propriétaire, la déchéance de mes droits...

— Qui donc es-tu, toi ? fit Chabachkine, en le dévisageant avec insolence. Le ci-devant propriétaire, André Gavrilov, fils Doubrovsky, est décédé, par la volonté du Seigneur. Nous ne vous connaissons pas et ne voulons pas vous connaître.

— C'est Vladimir Andréiévitch, notre jeune maître, jeta une voix dans la foule.

— Qui a osé ouvrir la bouche? tonna le capitaine, d'un air terrible. Quel maître?... Quel Vladimir Andréiévitch?... Votre maître, c'est Kirila Pétrovitch Troiékourov! Compris, bande de brutes?

— Ouais, tu peux toujours y compter! répliqua la même voix.

— Mais c'est une rébellion! s'écria le chef des gendarmes. Holà, le staroste, approche un peu!

Le staroste s'avança.

— Trouve-moi tout de suite celui qui s'est permis de discuter avec moi... Je vais lui apprendre!...

Le staroste s'adressa à la foule, demandant qui avait élevé la voix. Il n'y eut point de réponse. Un murmure monta des dernières rangées, s'enfla progressivement et se transforma, en fin de compte, en d'horribles vociférations. Le capitaine baissa le ton et s'efforça de raisonner la foule.

— Alors quoi, les gars, on va perdre notre temps à le regarder?... A mort toute la clique!...

La foule se mit en branle.

Chabachkine et ses acolytes se ruèrent dans le vestibule du manoir et verrouillèrent la porte derrière eux.

— Allons, les gars, qu'on les ficelle! clama la même voix.

Et la foule commença de peser sur la porte.

— Halte donc, imbéciles que vous êtes, hurla Doubrovsky. Que faites-vous?... Vous allez vous perdre, tous autant que vous êtes, et moi avec vous!... Rentrez chez vous, et laissez-moi tranquille. Soyez sans crainte, le tzar est équitable. Je vais faire appel à sa justice. Il nous protégera. Nous sommes ses enfants!... Au contraire, comment voulez-vous qu'il prenne votre défense si vous vous révoltez et faites les brigands?...

La harangue du jeune Doubrovsky, sa voix sonore et son air majestueux produisirent l'impression souhaitable. La foule se calma et se dispersa.

La cour se vida. Le tribunal restait toujours à l'intérieur de la maison. Enfin, la porte s'ouvrit prudemment, Chabachkine sortit sur le perron et remercia

Doubrovsky de son intervention, avec force courbettes.

Vladimir l'écouta d'un air méprisant et ne répondit rien.

— Nous avons résolu de passer la nuit ici, avec la permission de Votre Seigneurie. Il fait déjà noir, et vos moujiks pourraient nous attaquer en route. Faites-nous cette grâce : ordonnez aux domestiques de nous apporter ne serait-ce que quelques bottes de foin, dans le salon ; dès le lever du jour, nous nous en irons.

— Faites ce que vous voudrez, répondit sèchement Doubrovsky. Je ne suis plus le maître.

Sur ces mots, il se retira dans la chambre de son père et tira le verrou.

CHAPITRE VI

« Et voilà. C'est fini, se dit-il à lui-même. Ce matin encore, je possédais un coin à moi et un bout de pain. Demain, il va falloir que j'abandonne le toit sous lequel je suis né, sous lequel mon père est mort, et que je l'abandonne à l'homme responsable de sa mort et de ma misère. »

Ses yeux s'arrêtèrent fixement sur le portrait de sa mère. Le peintre l'avait représentée, appuyée à une balustrade, en peignoir blanc, avec une rose rouge dans les cheveux.

« Et ce portrait aussi va tomber aux mains de l'ennemi de ma famille... Et il va le jeter dans quelque dépendance obscure, pêle-mêle avec des chaises démolies... A moins qu'il ne l'accroche dans le vestibule, à la grande joie de ses piqueurs, qui feront de spirituelles observations... Dans sa chambre à coucher, dans la pièce... où mourut mon père, il installera son intendant, ou son harem... Eh bien ! non, la triste demeure, d'où il me chasse, ne sera jamais son bien ! »

Vladimir serra les dents. De terribles projets germaient dans sa cervelle. Les voix des clercs parvenaient à ses oreilles — ils se conduisaient en maîtres, exigeant ceci ou cela ; et ils l'arrachaient désagréablement à ses sombres pensées. Enfin, tout se tut.

Vladimir se mit en devoir d'inspecter tiroirs et commodes et de ranger les papiers du défunt. Il y avait surtout des comptes, relatifs au domaine, et toutes sortes de lettres d'affaires. Le jeune homme les déchira sans les lire.

Parmi eux, il trouva un paquet marqué : *Lettres de ma femme*. Il lut le contenu avec une indicible émotion. Elles avaient été écrites à Kisténiovka, pendant la campagne de Turquie[8], et adressées à son père, alors aux armées. La jeune femme relatait son existence solitaire, ses soucis ménagers, se plaignait tout bas de la séparation, implorait son époux de revenir vite entre ses bras aimants.

Dans une lettre, elle exprimait ses inquiétudes au sujet de la santé du petit Vladimir ; dans une autre, elle se félicitait de ses talents précoces, lui prédisait un avenir brillant et heureux.

Perdu dans sa lecture, plongé dans l'univers du bonheur familial, Vladimir avait tout oublié et ne sentait plus passer les heures. La pendule frappa onze coups. Le jeune homme fourra le paquet dans sa poche et sortit du cabinet de travail en emportant la chandelle.

Dans le salon, les clercs dormaient, affalés à même le sol. Une forte odeur de rhum régnait dans la pièce, et la table était jonchée de verres sales. Vladimir passa avec dégoût et se dirigea vers le vestibule. La porte était cadenassée. Ne trouvant pas la clef, il revint sur ses pas, la découvrit sur la table, ouvrit la porte et se heurta à un homme, tapi dans un coin. Une hache brillait dans sa main. Ayant tourné vers lui la flamme de la chandelle, Vladimir reconnut Arkhipe, le forgeron.

— Qu'est-ce que tu fais ici ? lui demanda-t-il.

— Ah ! c'est vous, Vladimir Andréiévitch ! chuchota le forgeron. Le bon Dieu nous protège et nous garde ! Quel bonheur que vous ayez pris une chandelle !

Vladimir le considérait avec stupéfaction.

— Pourquoi te caches-tu ici ?

— Je voulais... enfin je suis venu voir... si tout le monde était rentré, bredouilla Arkhipe, à voix basse.

— Et la hache ?

— La hache?... Ben, on ne peut plus sortir sans hache, par les temps qui courent... On ne sait jamais avec ces sacrés gredins de fonctionnaires...

— Tu es ivre!... Laisse ta hache et va dormir.

— Moi, ivre?... Dieu m'est témoin, Vladimir Andréiévitch, notre maître : pas la moindre goutte dans le gosier... Et puis, si vous croyez qu'on est d'humeur à ça!... C'est-il des choses permises?... les gens de loi qui se croient nos maîtres, les gens de loi qui chassent notre propriétaire de chez lui... Écoutez-les ronfler, cette bande de maudits... Pour moi, on leur tape tous dessus un bon coup — et toc, ni vu, ni connu!

Doubrovsky fronça les sourcils.

— Écoute-moi bien, Arkhipe, ce n'est pas ce qu'il faut faire. Ce n'est pas la faute des fonctionnaires. Allons, allume ta lanterne et suis-moi!

Arkhipe prit la chandelle, que tenait Doubrovsky, chercha sa lampe derrière le poêle, la trouva, l'alluma. Les deux hommes descendirent doucement le perron et contournèrent la cour. Le veilleur se mit à cogner sur sa plaque de fonte et les chiens à aboyer.

— Qui est de garde? s'informa Doubrovsky.

— C'est nous deux, notre maître! répondit une voix grêle. Vassilissa et Loukéria.

— Vous pouvez rentrer. On n'a plus besoin de vous.

— Finie la comédie! ajouta Arkhipe.

— Merci, notre père nourricier, répliquèrent les deux paysannes en se retirant prestement.

Doubrovsky poursuivit son chemin. Deux hommes s'approchèrent de lui et l'interpellèrent. Il identifia les voix d'Anton et de Gricha.

— Pourquoi ne dormez-vous pas?

— Si vous croyez qu'on a envie de dormir... Vrai, vivre pour voir cela — qui l'eût cru!

— Chut! Doucement! intima Doubrovsky. Où est Iégorovna?

— Elle est au manoir, dans sa mansarde, répondit Gricha.

— Va la chercher et amène-la ici... Et puis, fais sortir tout le monde de la maison : je veux qu'il n'y reste personne, à l'exception des fonctionnaires... Quant à toi, Anton, attelle la charrette.

Grigori s'éloigna et revint au bout d'un instant, avec sa mère.

La vieille n'avait même pas pris la peine de se déshabiller, cette nuit-là : en dehors des agents de l'administration, aucun des habitants du manoir n'avait fermé l'œil.

— Tout le monde est bien là ? demanda Doubrovsky. Il ne reste plus personne au manoir ?

— Personne, sauf les ronds-de-cuirs, répondit Gricha.

— C'est bon. Apportez de la paille ou du foin.

Les hommes se précipitèrent aux écuries et en ressortirent, portant le foin à pleins bras.

— Fourrez-le sous le perron... Là !... Comme ça !... Et maintenant, les gars, du feu !... Allez !

Arkhipe ouvrit sa lanterne et Doubrovsky enflamma un copeau.

— Minute ! dit-il à son compagnon. Pressé comme je l'étais, j'ai bien peur d'avoir verrouillé la porte de l'entrée. Va vite l'ouvrir.

Arkhipe courut dans le vestibule. La porte n'était pas verrouillée. Il la ferma soigneusement à clef, en ronchonnant : *que je l'ouvre... à d'autres !* et rejoignit son maître.

Vladimir approcha le copeau. Le foin prit feu, une longue flamme jaillit et illumina toute la cour.

— Mon Dieu ! Mon Dieu ! se lamenta Iégorovna. Qu'est-ce que tu es en train de faire, Vladimir Andréiévitch.

— Tais-toi, nourrice ! répliqua Doubrovsky. Allez, les gars, bonne chance, soyez heureux avec votre nouveau maître. Moi, je file droit devant moi, à Dieu vat !

— Nous partons avec toi, notre maître ! On se fera tuer plutôt que de te quitter !

On avança les chevaux. Doubrovsky monta dans la charrette, avec Gricha, indiqua à ses hommes le bois de Kisténiovka, comme lieu de rencontre. Anton leva le fouet, l'équipage s'ébranla et sortit de la cour.

Cependant, le vent se levait. En un clin d'œil, les flammes s'emparèrent de tout le bâtiment. Une fumée rougeâtre se tordait en grosses volutes au-dessus du toit. Des vitres craquaient et tombaient en miettes; des poutres en flammes s'effondraient. Il y eut des gémissements pitoyables :

— Nous brûlons!... Au secours!... Au secours!...

— Ouais, vous pouvez toujours y compter! fit Arkhipe, qui contemplait l'incendie avec un mauvais sourire.

— Arkhipouchka, Arkhipouchka, sauve-les ces maudits, répétait Iégorovna. Dieu te récompensera.

— A d'autres! ricana le forgeron.

A ce moment, les fonctionnaires apparurent à la fenêtre. Les malheureux conjuguaient leurs efforts pour enfoncer le double châssis, mais, à cet instant, le toit s'effondra sur eux, avec fracas, et les plaintes cessèrent.

Bientôt, toute la domesticité envahit la cour du manoir. Les femmes, en glapissant, se hâtaient de mettre à l'abri leurs hardes, les mioches sautaient de joie, en regardant l'incendie. Des étincelles volaient, de toutes parts, en bourrasque de feu, et les chaumières paysannes, elles-mêmes, commencèrent à brûler.

— Maintenant tout va bien! dit Arkhipe. Un joli brasier, pas?... Ça doit pas être vilain, vu de Pokrovskoié.

Mais un autre incident attira son attention : un chat courait sur le toit de la grange, ne sachant où sauter, car les flammes le cernaient; la pauvre bête appelait au secours, en miaulant à fendre l'âme. Les mioches mouraient de rire au spectacle de son désespoir.

— De quoi riez-vous donc, petits démons que vous êtes? grogna le forgeron. Vous n'avez pas honte : une créature du bon Dieu est en train de mourir, et ça vous amuse, espèces d'idiots!

Appuyant une échelle à la crête en flammes, il

grimpa au secours de la bête. Celle-ci, devinant son intention, s'accrocha à sa manche, avec empressement et gratitude. Le forgeron, tout brûlé, redescendit avec sa prise.

— Adieu, les gars ! dit-il à la foule, légèrement confuse. Moi, je n'ai plus rien à faire ici ! Bonne chance !... Et ne gardez pas trop mauvais souvenir de moi !

Après le départ du forgeron, l'incendie fit rage quelque temps encore. Enfin, il s'apaisa, et seuls d'énormes tas de braises rougeoyèrent dans la nuit, éclairant les sans-abri de Kisténiovka, qui erraient tout autour.

CHAPITRE VII

Le jour suivant, la nouvelle de l'incendie avait fait le tour des environs. Tout le monde se répandait en conjectures. D'aucuns assuraient que les gens de Doubrovsky, ayant bu plus que de raison à l'occasion des funérailles, avaient mis le feu au manoir par mégarde; d'autres accusaient les gratte-papier d'avoir trop copieusement fêté leur entrée en possession; il y en avait beaucoup qui prétendaient enfin que Doubrovsky avait péri lui-même au cours de l'incendie, avec ses gens et tout le tribunal de district.

Quelques-uns, plus perspicaces se doutaient de la vérité et affirmaient que le responsable n'était autre que Doubrovsky, poussé par la haine et le désespoir.

Dès le lendemain, Troiékourov se rendit en personne sur les lieux du sinistre et entreprit une enquête, qui révéla que le capitaine de gendarmerie, l'assesseur du tribunal du district, l'avoué, le greffier et le secrétaire, Vladimir Doubrovsky, la nourrice Iégorovna, le domestique Grigori, le cocher Anton et le forgeron Arkhipe avaient mystérieusement disparu... Interrogés, tous les serfs domestiques témoignèrent que les représentants du tribunal avaient brûlé sous le toit effondré : en effet, l'on déterra leurs ossements calcinés. Les paysannes Vassilissa et Loukéria déclarèrent avoir aperçu Doubrovsky et Arkhipe quelques minutes seulement avant l'incendie. Il résulta de la confrontation de tous les témoignages que le forgeron

Arkhipe, probablement encore en vie, devait être le principal, sinon le seul auteur du sinistre. Kirila Pétrovitch fit parvenir un rapport circonstancié au gouverneur de la province, et une nouvelle instruction fut ouverte.

D'autres nouvelles vinrent alimenter bientôt la curiosité et les commérages. Des brigands, apparus à X..., semaient la terreur dans le voisinage. Les mesures prises par la police s'avérèrent insuffisantes. Les pillages se succédaient, les uns plus audacieux que les autres. L'on ne se sentait plus en sécurité, ni sur la route, ni même au village. Des bandes de brigands circulant en troïkas arrêtaient en plein jour les voyageurs et la poste, arrivaient dans les villages, mettaient à sac les manoirs et les livraient aux flammes. Le chef de la bande avait une renommée d'intelligence lucide, d'audace et même d'une sorte de générosité. Des récits fabuleux couraient sur son compte, et le nom de Doubrovsky était sur toutes les lèvres : chacun était convaincu que le chef de la bande intrépide ne pouvait être que lui. On s'étonnait pourtant d'un fait : les terres de Troiékourov étaient épargnées — pas une grange pillée, pas un chariot détourné. Avec sa morgue coutumière, Kirila Pétrovitch attribuait ce traitement d'exception à la crainte qu'il avait su répandre dans le pays, et à l'extrême vigilance de la police, montée par ses soins dans ses villages.

Les premiers temps, les voisins se moquaient de la morgue de Troiékourov tout bas, attendant le jour où les indésirables hôtes viendraient lui rendre visite à Pokrovskoié, où il y avait de quoi rapporter un riche butin, mais, en fin de compte, il leur fallut se ranger à son avis et convenir que les brigands faisaient preuve, à son égard, d'un respect inexplicable... Troiékourov triomphait et, à chaque nouveau pillage de Doubrovsky, se répandait en quolibets à l'adresse du gouverneur, des gendarmes et des chefs des détachements de répression, à qui Doubrovsky filait régulièrement entre les doigts sain et sauf.

Mais sur ces entrefaites, vint le premier octobre, jour de la fête de l'église de Pokrovskoié...

Mais, avant d'aborder le récit de cette solennité et de ce qui s'ensuivit, nous devons faire connaître au lecteur, certains personnages, nouveaux pour lui, que nous nous sommes contentés de mentionner brièvement au début de notre relation.

CHAPITRE VIII

Le lecteur aura probablement deviné que la fille de Kirila Pétrovitch, dont nous n'avons dit encore que quelques mots, est l'héroïne de notre récit.

A l'époque qui nous intéresse, elle avait dix-sept ans, et sa beauté était en pleine fleur. Son père l'adorait, mais, fidèle à sa coutume, la traitait au gré de son caprice : tantôt, il s'efforçait de satisfaire son moindre désir; tantôt, il l'effrayait par ses manières sévères, voire cruelles. Assuré de son attachement, il n'avait pourtant jamais réussi à gagner sa confiance. La jeune fille avait pris l'habitude de lui cacher ses pensées et ses sentiments, ne connaissant jamais d'avance l'accueil qui leur serait réservé. Sans compagnes, ni amies, elle avait grandi dans la solitude. Il était rare, en effet, que les filles et les épouses des voisins vinssent rendre visite à Kirila Pétrovitch : ses propos et ses distractions ne convenaient qu'à une société d'hommes, et sa propre fille évitait de se mêler aux convives qui ripaillaient chez Kirila Pétrovitch.

On avait mis à sa disposition l'immense bibliothèque, composée à peu près exclusivement d'œuvres d'écrivains français du dix-huitième siècle. Son père, qui n'avait jamais rien lu, hormis le *Guide du parfait cordon bleu*, ne pouvait lui être d'aucun conseil dans le choix des livres et, tout naturellement, Macha, après avoir parcouru toutes sortes d'ouvrages, arrêta son choix sur les romans. Ainsi acheva-t-elle son éducation, entreprise jadis sous la férule d'une Mlle Mimi, à l'égard de qui Kirila Pétrovitch faisait preuve de beaucoup de confiance et d'attachement et qu'il fut obligé de faire partir, sans tambour ni trompette, pour une autre de ses propriétés, lorsque les marques de cette amitié devinrent par trop évidentes.

Mlle Mimi laissa le souvenir agréable d'une bonne fille, qui ne s'était jamais servie en mal de l'ascendant qu'elle avait pris sur Kirila Pétrovitch — en quoi elle différait des autres éphémères favorites. Kirila Pétrovitch lui-même semblait l'avoir aimée plus que les autres : certain gamin de neuf ans, aux allures espiègles, aux yeux noirs et dont les traits évoquaient ceux de la méridionale Mlle Mimi, était élevé à ses côtés et passait pour son fils, tandis qu'une multitude de petits enfants, ressemblant comme deux gouttes d'eau à Kirila Pétrovitch, couraient, pieds nus, sous ses fenêtres et étaient considérés comme des serfs domestiques.

Kirila Pétrovitch fit venir de Moscou pour son petit Sacha un précepteur français, lequel arriva à Pokrovskoié juste à l'époque des événements que nous rapportons.

Ce précepteur lui parut sympathique, de prime abord, à cause de son air plaisant et de ses manières simples. Il lui présenta des certificats et une lettre, émanant d'un parent de Kirila Pétrovitch, chez qui le jeune homme avait servi pendant quatre ans. Kirila Pétrovitch prit connaissance de tous ces documents, et seule une chose parut le mécontenter : la jeunesse de son Français. Non qu'il risquât de juger cet aimable défaut incompatible avec la patience et l'expérience, tellement nécessaires dans l'humble métier de précepteur, mais parce qu'il avait des doutes d'une autre sorte, qu'il décida de lui avouer sans tarder et, pour ce faire, convoqua Macha — lui-même ne parlait pas français, et la jeune fille lui servait d'interprète.

— Viens ici, Macha... Explique-lui, à ce Moussié, que je veux bien de lui, mais à la condition qu'il n'aille pas s'aviser de courir derrière mes filles, sinon moi, ce fils de chien... Traduis-lui ça, Macha.

La jeune fille rougit et, se tournant vers le précepteur, lui dit, en français, que son père comptait sur sa modestie et sur une conduite exemplaire.

Le Français s'inclina et répondit qu'il espérait gagner l'estime, si même la bienveillance lui était refusée.

Macha traduisit la réponse mot pour mot.

— Bon! Bon! répliqua Kirila Pétrovitch. Pas besoin d'estime, ni de bienveillance. Tout ce qu'on lui demande, c'est de surveiller Sacha et de lui apprendre la grammaire et la géographie... Allez, traduis-lui ça.

Maria Kirilovna s'exécuta, en adoucissant ce que les propos de son père pouvaient avoir de trop grossier, et le Français fut libre de s'isoler dans l'aile du bâtiment, où une chambre lui avait été réservée.

Macha ne fit pas grande attention au nouveau venu. Élevée dans les préjugés de l'aristocratie, elle considérait le précepteur comme une sorte de domestique ou d'artisan — et ni l'un ni l'autre n'étaient un homme, lui semblait-il. De même ne prit-elle point garde à l'impression qu'elle produisait sur M. Desforges, à son trouble, son émotion, à l'altération du timbre de sa voix. Plusieurs jours de suite, elle eut l'occasion de le croiser, sans jamais lui témoigner beaucoup d'intérêt. Certaines circonstances la firent brusquement changer d'idée sur lui.

On élevait habituellement, au manoir, quelques oursons, qui constituaient l'une des distractions favorites du maître de Pokrovskoié. Tout jeunes, on les amenait chaque jour au salon, et Kirila Pétrovitch s'amusait des heures entières à les opposer à des chats et à des chiots. Devenus plus grands, ils étaient enchaînés jusqu'à l'heure d'une vraie curée. De temps en temps, on les faisait sortir sous les fenêtres de Troiékourov, et on faisait rouler sur eux un baril vide, garni de clous; la bête le reniflait, le tâtait avec mille précautions, se piquait la patte, se fâchait, le frappait plus fort, et la douleur devenait plus aiguë. Folle de rage, elle se ruait sur le fût avec des grognements jusqu'à ce qu'on ôtât l'objet de son inutile fureur.

Il arrivait également qu'on attelât deux ours à un chariot, qu'on y fît asseoir, bon gré mal gré, des invités et lançât l'équipage à Dieu vat.

Mais sa farce préférée était la suivante : un ours affamé était isolé dans une pièce vide, attaché par une corde à un anneau scellé dans le mur. La longueur de la corde atteignait presque celle de la pièce, de telle sorte que seul un coin fût à l'abri des assauts de l'effrayante bête. L'on choisissait un convive, nouveau venu au manoir, le conduisait jusqu'à l'entrée de la pièce, le poussait à l'intérieur, comme par mégarde, et verrouillait la porte, laissant le malheureux en tête à tête avec l'ermite brun. La victime, les pans de son habit déchirés et griffé jusqu'au sang, trouvait rapidement l'angle de refuge, mais devait rester parfois trois heures entières serré contre le mur, à contempler la bête, qui rugissait à deux pas de lui, bondissait et, faisait des efforts pour l'atteindre. Tels étaient les nobles amusements d'un seigneur russe !

Peu de jours après l'arrivée du précepteur, Kirila Pétrovitch se souvint de son existence et résolut de le régaler dans la chambre de l'ours. Le faisant convoquer, un beau matin, il le guida lui-même à travers les couloirs obscurs.

Soudain, une porte s'ouvre sur le côté, deux domestiques poussent l'infortuné Français à l'intérieur du réduit et l'y enferment.

S'étant ressaisi, Desforges aperçut l'animal attaché. La bête renifla, sentant de loin la présence d'un hôte, se dressa sur ses pattes de derrière et marcha sur lui... Au lieu de s'émouvoir et d'essayer de se sauver, le Français attendit l'attaque de pied ferme. L'ours approchant toujours, le jeune homme sortit de sa poche un petit pistolet, l'appuya contre l'oreille de l'animal affamé et tira... La bête s'affaissa.

On accourut aussitôt de toutes parts ; la porte fut

déverrouillée; Kirila Pétrovitch pénétra lui-même à l'intérieur du réduit, médusé du dénouement de sa farce.

Kirila Pétrovitch voulait une explication complète à l'affaire : qui avait prévenu Desforges de la plaisanterie et comment se faisait-il qu'il eût dans sa poche un pistolet armé ? Appelée à la rescousse, Macha se chargea de traduire au Français les questions de son père.

— Je n'avais jamais entendu parler de l'ours, expliqua Desforges, mais je porte toujours sur moi une paire de pistolets, car je ne suis pas disposé à souffrir des offenses, pour lesquelles ma condition m'interdit d'exiger réparation.

Macha le regarda avec surprise et traduisit sa réponse. Kirila Pétrovitch ne dit mot, fit enlever la bête, ordonna de la dépouiller, puis, s'adressant à ses gens, leur déclara :

— Fameux gaillard, hein ! Il ne s'est pas dégonflé ! Nom de Dieu ! il ne s'est pas dégonflé !

Depuis ce jour, il conçut de l'affection pour le jeune Desforges et ne songea plus à le mettre à l'épreuve.

Mais l'impression produite sur Maria Kirilovna fut encore plus considérable. Son imagination avait été frappée : elle revoyait l'ours mort, Desforges debout près de la dépouille et devisant calmement avec elle.

Alors elle comprit que le courage et un fier amour-propre ne sont pas le privilège d'une caste et depuis témoigna au jeune homme une estime qui ne cessa de grandir.

Bientôt, des relations se nouèrent entre eux. Macha possédait une belle voix et était fort douée pour la musique, Desforges s'offrit à lui donner des leçons.

Cela dit, le lecteur devinera sans peine que Macha tomba amoureuse de son professeur, sans se l'avouer encore.

DEUXIÈME PARTIE

CHAPITRE PREMIER

Les invités commencèrent à affluer dès la veille de la fête. Les uns furent logés au manoir et dans ses dépendances, les autres chez l'intendant, le prêtre ou même chez des paysans cossus. Les écuries étaient pleines de chevaux ; toutes sortes d'équipages encombraient granges et hangars.

A neuf heures du matin, la cloche de l'église convia les fidèles à la messe, et tout le monde prit la direction de la nouvelle église de pierre, construite aux frais de Kirila Pétrovitch et embellie chaque année, grâce à ses largesses.

A l'intérieur de l'église, les pèlerins de marque se pressaient en tel nombre que les paysans n'y pouvaient accéder et stationnaient sur le parvis et dans l'enceinte. La messe ne commençait pas : on attendait Kirila Pétrovitch. Il arriva dans une calèche, attelée à six chevaux, et gagna sa place en grande pompe, accompagné de Maria Kirilovna.

Tous les regards convergèrent vers la jeune fille : les hommes admiraient sa beauté, les femmes détaillaient sa toilette. La messe commença. Le chœur était recruté parmi les serfs domestiques de Troiékourov, qui n'hésitait pas, lui-même, à donner de la voix, priait sans regarder à droite, ni à gauche, et se prosterna, avec une humilité non exempte d'orgueil, quand le diacre tonna pour attirer la grâce divine sur *le fondateur de ce temple.*

Le service prit fin. Kirila Pétrovitch s'avança, le premier, pour baiser la croix. Les autres se rangèrent derrière lui, puis, le rite accompli, les voisins l'entourèrent avec des marques de profonde déférence. Les dames firent cercle autour de Macha. Au sortir de l'église, Troiékourov convia toute l'assistance à déjeuner chez lui, remonta dans sa calèche et s'en fut. Tout le monde lui emboîta le pas.

A présent, les salons se remplissaient de monde. De nouveaux invités arrivaient à tout moment et avaient peine à se frayer un passage jusqu'au maître du logis. Les dames s'installèrent cérémonieusement en demi-cercle ; elles étaient habillées à l'ancienne mode, de toilettes fanées, constellées de perles et de diamants. Les hommes s'attroupaient autour du caviar et de l'eau-de-vie et discutaient bruyamment. Dans la salle à manger, on dressait une table pour quatre-vingts personnes. Les domestiques couraient, s'affairaient, disposant bouteilles et carafes, nappes et napperons.

Enfin, le majordome vint annoncer : « Le repas est servi. » Kirila Pétrovitch prit place à table le premier, suivi des dames, toutes guindées, qui feignaient d'observer un semblant de préséance. Troupeau de chevrettes effarouchées, les jeunes filles se placèrent les unes à côté des autres. Les hommes s'installèrent en face d'elles. Tout au bout de la table, le précepteur s'assit près du petit Sacha.

Les domestiques commencèrent de servir les plats, selon le rang et le grade de chacun, s'inspirant, en cas d'embarras, des préceptes de Lavater et sans presque jamais commettre d'impair. Le bruit des cuillers et des assiettes se confondit avec le brouhaha des conversations. Kirila Pétrovitch passait sa table en revue de l'air satisfait du maître hospitalier...

C'est alors qu'une calèche, attelée à six chevaux pénétra dans la cour.

— Qui est-ce ? s'informa le maître de maison.

— Anton Pafnoutitch, répondirent plusieurs voix.

La porte s'ouvrit, laissant entrer Anton Pafnoutitch Spitzine, un gros homme frisant la cinquantaine, au visage rond et grêlé, orné d'un triple menton. Le personnage s'engouffra dans la salle à manger, souriant et saluant, prêt à faire ses excuses...

— Holà, un couvert, tonitrua Kirila Pétrovitch. Sois le bienvenu, Anton Pafnoutitch. Prends place et dis-nous ce que cela veut dire : tu n'es pas venu à mon office, et te voilà en retard au déjeuner... Cela n'est pourtant pas dans tes habitudes, car je te connais pour être dévot et grand ami de la bonne chère.

— Eh oui! mea culpa, fit Anton Pafnoutitch, en nouant sa serviette à la boutonnière de son cafetan couleur de pois. Il faut me pardonner Kirila Pétrovitch : figure-toi que, parti de bonne heure, je n'avais pas fait dix verstes que le bandage de ma roue avant se rompait en deux... Que faire?... Dieu merci, le village n'était pas loin, n'empêche qu'il nous a fallu trois bonnes heures pour nous y traîner, trouver un maréchal-ferrant et arranger les choses à la diable... Vois-tu, je n'ai pas osé traverser les bois de Kisténiovka et les ai contournés.

— Ah! ah! interrompit Kirila Pétrovitch. Tu n'es pas un gaillard de la bonne trempe!... Qu'est-ce qui t'a fait peur?

— Ce qui m'a fait peur, Kirila Pétrovitch?... Mais... Doubrovsky!... Pour peu qu'on n'y prenne garde, et ça y est, on est dans ses pattes... Il sait ouvrir l'œil, le gaillard, et le bon!... Doubrovsky ne fait grâce à personne, quant à moi, il m'écorcherait vif, et plutôt deux fois qu'une!

— Pourquoi donc un tel honneur, vieux frère?

— Comment pourquoi?... Mais... à cause du procès de feu André Gavrilovitch!... N'est-ce pas moi qui, pour te faire plaisir, heu... c'est-à-dire en toute conscience et en bonne justice... ai témoigné que les Doubrovsky étaient les maîtres à Kisténiovka, sans y avoir le moindre droit et uniquement grâce à ta mansuétude...? Le défunt (Dieu ait son âme!) avait juré de me régler mon compte; à défaut de lui, son fils tiendra parole, je n'en doute pas. Jusqu'à présent, Dieu m'a pris en pitié — je n'ai eu, en tout et pour tout, qu'une grange de pillée, mais d'ici à ce qu'ils s'en prennent au manoir...

— Hé! Hé! ils y trouveront de quoi s'amuser, observa Kirila Pétrovitch, et je gage que certaine cassette rouge est pleine à déborder...

— Penses-tu, mon bon Kirila Pétrovitch!... Elle l'était, oui, mais ne l'est plus. Complètement vide qu'elle est!...

— Allez! Allez! raconte ça à d'autres, Anton Pafnoutitch! On te connaît! Et d'ailleurs, où dépenserais-tu ton argent : tu te claquemures chez toi, comme un cochon dans sa porcherie, ne reçois personne, écorches tes moujiks et passes ton temps à amasser des sous.

— Tu plaisantes toujours, bredouilla Anton Pafnoutitch, avec un sourire gauche, mais Dieu m'est témoin que je n'ai plus un liard.

Là-dessus, pour mieux faire passer le trait d'esprit de son hôte, il ingurgita un gros quartier de tourte.

Ne s'occupant plus du personnage, Kirila Pétrovitch s'adressa au nouveau capitaine des gendarmes, qui était son convive pour la première fois et avait été placé à l'autre bout de la table, à côté du jeune précepteur.

— Eh bien! mon capitaine, allez-vous finir par nous l'attraper, ce Doubrovsky?

Le policier perdit contenance, s'inclina, sourit, bégaya et finit par répondre :

— Nous allons faire de notre mieux, Votre Excellence.

— De votre mieux... hum... Il y a longtemps qu'on fait de son mieux, mais ça donne quoi?... Et d'ailleurs, pourquoi ne pas le laisser courir?... Ses brigandages?... Une véritable aubaine pour les gendarmes : déplacements, enquêtes, frais de déplacement, hein, dans la poche!... Doubrovsky?... Mais c'est un bienfaiteur, n'est-ce pas, mon capitaine?

— Parfaitement, Votre Excellence, répliqua l'interpellé, perdant complètement toute contenance.

Tout le monde éclata de rire.

— Voilà qui est franc ! concéda Kirila Pétrovitch. Et notre capitaine est un brave garçon !... Dommage pourtant qu'ils aient fait brûler vif notre Tarass Alexéievitch : avec lui le pays eût été plus calme... Au fait, que dit-on de Doubrovsky ? Où a-t-il été vu pour la dernière fois ?

— Chez moi, Kirila Pétrovitch, lança une grosse voix de femme. Il a dîné chez moi... mardi dernier...

Tous les regards convergèrent sur Anna Savichna Globova, une brave et simple veuve que l'on aimait pour sa bonté et sa joyeuse humeur. On attendit son récit, avec une curiosité non dissimulée.

— Il faut vous dire qu'il y a trois semaines de cela, j'ai envoyé mon intendant à la poste pour expédier de l'argent à mon Vanioucha. Je ne gâte pas mon fiston et, d'ailleurs, même quand je le voudrais, je ne pourrais le faire. Tout de même, il faut ce qu'il faut à un officier de la Garde, afin qu'il puisse tenir convenablement son rang, et c'est pourquoi je prélève le maximum sur mes revenus et le fais parvenir au petit. Cette fois-là, je lui avais envoyé deux mille roubles, bien que la pensée de Doubrovsky me soit venue en tête, plus d'une fois... Mais je m'étais dit : la ville n'est pas loin — à sept verstes en tout... Et qu'est-ce qui m'arrive ?... Le soir, je vois venir mon intendant blanc comme un linge, à pied, les vêtements en lambeaux... Vous pouvez croire que cela m'a fait un rude coup.

» — Qu'y a-t-il... Qu'est-ce qui t'est arrivé ?

» — Les brigands m'ont dévalisé, notre mère Anna Savichna ; j'ai failli y laisser la peau... Doubrovsky était là et voulait me faire pendre... Mais il a eu pitié de moi, cependant ils m'ont tout pris, tout pris, même le cheval et la carriole...

» J'étais plus morte que vive : Dieu du ciel, que va devenir mon Vanioucha ?... Que faire ? J'ai écrit au fiston, lui ai tout raconté et envoyé ma bénédiction, sans un sou.

» Il se passe huit jours, puis huit autres... Une calèche pénètre soudain dans ma cour. Un général demande à me voir. Faites entrer, dis-je au domestique. Figurez-vous un homme d'environ trente-cinq ans, brun, basané, portant barbe et moustache. Koulniov[9] tout craché ! Il se présente à moi et prétend être un ami et un camarade de régiment de feu mon mari Ivan Andréievitch. De passage dans la région, et sachant que j'y habitais, il n'avait pu s'abstenir, m'expliqua-t-il, de venir rendre visite à la veuve de son camarade.

» Je l'ai régalé à la bonne franquette. Nous bavardâmes et, de fil en aiguille, en vînmes à parler de Doubrovsky. Je le mis au courant de mon infortune. Le général se rembrunit.

» — Voilà qui est bizarre, dit-il. Je me suis laissé raconter que Doubrovsky n'attaquait pas le premier venu, mais seulement ceux qui passent pour des richards. Et encore, au lieu de les dépouiller complètement, il partage avec eux. En outre, je ne l'ai jamais entendu accuser de meurtre. Ne serait-ce pas plutôt une filouterie de votre intendant ?... Faites-le venir, madame.

» On va chercher l'intendant. Il se présente et, en voyant le général, semble cloué sur place.

» — Raconte-moi donc, mon gaillard, comment tu as été dévalisé par Doubrovsky et comment il a failli te pendre, hein ?

» L'intendant se mit à trembler comme une feuille et se jeta aux pieds du général :

» — C'est le malin qui m'a tenté, mon général, pardon !

» — Ah ! ah ! puisqu'il en est ainsi, raconte donc à ta maîtresse comment les choses se sont passées, et moi je t'écouterai.

» L'intendant n'arrivait pas à retrouver ses esprits.

» — Eh bien ! raconte ! reprit le général. Voyons, à quel endroit as-tu rencontré Doubrovsky ?

» — Près des deux pins, mon général, près des deux pins !

» — Et que t'a-t-il dit ?

» — Il m'a demandé qui était mon maître, où j'allais et pourquoi faire.

» — Après ?
» — Après, il a réclamé la lettre et l'argent.
» — Et alors ?
» — Je lui ai remis les deux.
» — Et lui ?... Allons, et lui ?
» — Pardon, mon général !
» — Eh bien ! continue !... Qu'a-t-il fait ?
» — Il m'a rendu la lettre et l'argent et m'a dit : Va en paix, et mets-le à la poste.
» — Et alors ?
» — Pardon, mon général, pardon !
» — Attends un peu, mon gaillard, je vais te régler ton compte, proféra le général d'une voix terrible. Et vous, madame, faites fouiller la malle de ce gredin, remettez-le-moi, et je lui ferai voir de quel bois je me chauffe. Sachez que Doubrovsky lui aussi a été officier de la Garde et qu'il ne voudra jamais dépouiller un camarade.

» Je devinai sans peine qui était Son Excellence et jugeai plus prudent de ne pas discuter.

» Les cochers lièrent l'intendant au siège de la calèche ; on retrouva l'argent, le général dîna chez moi et se remit en route en emmenant mon employé.

» Le lendemain, on le découvrit dans le bois, attaché à un chêne et nu comme un ver... »

Tout le monde avait écouté en silence le récit d'Anna Savichna, surtout les demoiselles. Bon nombre d'entre elles, en leur for intérieur, approuvaient Doubrovsky, qui leur apparaissait comme un héros romantique, Maria Kirilovna, plus que les autres : rêveuse passionnée, nourrie des horreurs mystérieuses de Mrs. Radcliffe[10].

— Ah ! ah ! et tu crois avoir reçu la visite de Doubrovsky, Anna Savichna ? fit Kirila Pétrovitch. Tu te trompes complètement. J'ignore qui était ton général, mais sûrement pas Doubrovsky !

— Comment pas lui : et qui d'autre arrêterait les voyageurs pour les fouiller ?

— Pour ça, je n'en sais rien, mais ce n'était pas Doubrovsky. Je l'ai connu enfant. Il se peut que ses cheveux aient bruni depuis, mais à l'époque c'était un garçon blond et bouclé. Dans tous les cas, il a cinq ans de plus que Macha, ce qui lui fait vingt-trois ans et non pas trente-cinq!

— Exactement, Votre Excellence, exactement, intervint le capitaine de gendarmerie. J'ai dans ma poche, un signalement de Vladimir Doubrovsky et son âge y est bien spécifié : vingt-trois ans.

— Ah! ah! Lis-le-nous : cela ne nous fera pas de mal de connaître son signalement. De cette façon-là, si jamais il nous tombe sous les yeux, nous saurons l'identifier et ne le laisserons pas filer.

Le capitaine tira de sa poche une feuille de papier, plutôt sale, la déplia d'un air grave et se mit à lire en ânonnant :

— Signalement de Vladimir Doubrovsky, établi sur la foi des témoignages de ses ci-devant serfs domestiques :

Age : vingt-trois ans. *Taille :* moyenne. *Teint :* clair. *Visage :* glabre. *Yeux :* marron. *Cheveux :* châtain clair. *Nez :* droit. *Signes particuliers :* néant.

— Et c'est tout? demanda Kirila Pétrovitch.

— Oui, c'est tout, répliqua le capitaine, en repliant sa feuille.

— Mes compliments, mon capitaine, en voilà un papier! Vous voilà bien renseigné, et la prise de Doubrovsky ne saurait plus offrir de difficulté. Voyons, dites-moi, je vous le demande, qui est-ce qui n'est pas de taille moyenne, les cheveux châtain clair, le nez droit et les yeux marron, hein? Je gage qu'on pourrait rester trois bonnes heures à parler avec Doubrovsky, sans se douter de l'identité de l'interlocuteur que Dieu vous envoie. Il n'y a pas à dire, nous avons des as dans l'administration!

Le capitaine rangea avec humilité son papier dans sa poche et s'attaqua en silence à une oie aux choux. Cependant, les domestiques avaient eu le temps de faire plusieurs fois le tour de la table et de remplir les verres. L'on avait débouché plusieurs bouteilles de vin du Caucase et du Don, charitablement accueillies sous le nom de vin de Champagne; les visages commençaient à s'empourprer; les conversations se faisaient plus bruyantes, décousues et joyeuses.

— Ah! non, jamais nous ne retrouverons un capitaine comme feu Tarass Alexéievitch! reprit Kirila Pétrovitch. En voilà un, au moins, qui n'était pas un incapable et un gobe-mouches. Dommage qu'on l'ait fait rôtir, sans quoi pas un de la bande ne lui aurait échappé. Il les aurait tous cueillis, jusqu'au dernier, et Doubrovsky lui-même eût été bien malin s'il avait réussi à lui filer entre les doigts ou lui graisser la patte. Il aurait pris l'argent, notre Tarass Alexéievitch — ça, je ne dis pas — seulement, il ne l'aurait pas laissé tirer sa révérence. Allez, je l'ai bien connu, le défunt... Puisqu'il ne reste plus rien d'autre à faire, il va falloir que je me mette de la partie et aille faire la guerre aux brigands, avec mes gens. Pour commencer, je m'en vais envoyer une vingtaine de bonshommes, afin qu'ils nettoient le bois des voleurs. Ces gaillards-là n'ont pas froid aux yeux : chacun d'eux se charge de vous tuer son ours, ils n'auront pas peur des brigands!

— Comment va votre ours, Kirila Pétrovich? s'informa Anton Pafnoutitch, comme si ces propos l'avaient fait souvenir de son brun compère et de certaines bonnes farces, dont il avait été la victime, en son temps.

— Micha a soufflé sa chandelle, répondit Kirila Pétrovitch. Il est mort en héros, de la main de l'ennemi. Et voici son vainqueur (à ces mots, il désigna Desforges)... Tiens, tu devrais prier pour mon Français. Il a vengé ta... heu, révérence parler... Tu te rappelles?

— Bien sûr, répliqua Anton Pafnoutitch, en se grattant la nuque. Comment l'oublier. Alors, Micha est mort. Dommage, grand dommage! Un si bon compagnon, et intelligent, avec ça! Des ours comme lui, on n'en fait plus. Mais pourquoi *moussié* l'a-t-il tué?

Kirila Pétrovitch se mit en devoir de narrer le fait d'armes de son précepteur, avec une satisfaction non dissimulée, car il avait la bienheureuse coutume de tirer vanité de tout ce qui l'entourait. Les convives écoutèrent avec attention le récit de la mort glorieuse de Micha, en jetant des regards étonnés sur Desforges. Sans se douter qu'il était question de lui et de sa bravoure, le Français restait tranquillement assis à sa place et faisait des observations à son espiègle pupille.

Le déjeuner prit fin, au bout de quelque trois heures, et le maître du logis posa sa serviette sur la table. Tous les hôtes se levèrent pour passer au salon, où les attendaient cartes et café, et reprendre une glorieuse beuverie, si heureusement commencée dans la salle à manger.

CHAPITRE II

Sur les sept heures du soir, quelques invités s'avisèrent d'exprimer leur intention de rentrer chez eux, mais Kirila Pétrovitch, mis en verve par le punch, fit verrouiller les portes et déclara qu'il ne laisserait partir personne jusqu'au matin. Bientôt, la musique retentit, on ouvrit, toutes grandes, les entrées de la salle et le bal commença.

Le maître et sa petite cour restaient assis dans un coin, vidant verre sur verre et admirant la gaieté de la jeunesse. Les vieilles femmes jouaient aux cartes. Les cavaliers étaient moins nombreux que les dames, comme cela arrive inévitablement dans toutes les localités où ne cantonne pas une brigade de uhlans, et, afin de sauver la situation, on avait mobilisé d'office tous les messieurs tant soit peu capables de faire bonne figure au bal. Le précepteur français se distinguait avantageusement : il dansait sans se reposer, car toutes les jeunes filles s'empressaient de le choisir et déclaraient qu'il était un valseur de premier ordre. A plusieurs reprises, il eut pour partenaire Maria Kirilovna, et ces demoiselles notèrent la chose d'un air narquois. Vers minuit, Kirila Petrovitch se sentit fatigué, fit cesser les danses, ordonna de servir le souper et alla se mettre au lit.

Après son départ, la compagnie, plus à l'aise, connut un regain d'animation : les cavaliers, enhardis, s'en vinrent prendre place près de leurs dames ; les demoiselles commencèrent à rire et à échanger des propos à l'oreille avec leurs voisins; les dames à s'interpeller tout haut, par-dessus la table. Les messieurs buvaient ferme, discutaient et s'esclaffaient à gorge déployée. Bref, le repas fut extrêmement gai et laissa d'excellents souvenirs à la compagnie.

Un seul ne se mêlait point à l'animation générale. Sombre et taciturne, Anton Pafnoutitch, assis à sa place, mangeait distraitement et semblait très inquiet. Les récits de brigandage avaient fortement troublé son imagination. Nous allons voir bientôt qu'il avait des motifs sérieux pour éprouver des craintes.

En prenant Dieu pour témoin que sa cassette rouge était vide, Anton Pafnoutitch n'avait point menti ni commis de péché. La cassette était vide, en effet, depuis que l'argent, qu'elle avait contenu, avait été transvasé dans une bourse de cuir, que son propriétaire portait sous sa chemise. Il avait fallu cette précaution pour apaiser — autant que cela était possible — sa méfiance naturelle à l'égard de tous et ses perpétuelles appréhensions. Obligé de passer la nuit sous un toit étranger, il craignait qu'on ne lui donnât une chambre écartée, où les voleurs pourraient s'introduire sans peine, cherchait un compagnon sûr et finit par choisir Desforges. La mine du jeune homme, qui respirait la force, et plus encore le courage dont il avait fait preuve en face de l'ours, de qui Anton Pafnoutitch ne pouvait se souvenir sans frémir de tout son être, décidèrent de son choix.

Quand on se fut levé de table, il se mit à tourner autour du Français, toussotant, se raclant la gorge et entreprenant enfin de s'expliquer :

— Heu... heu... est-ce que, n'est-ce pas, moussié, pas possible serait passer la nuit dans votre niche, parce que, n'est-ce pas, vous comprenez...

— *Que désire monsieur?* s'informa Desforges, en s'inclinant courtoisement.

— Oh! là! là! quelle gigue! Tu n'as pas encore appris le russe... *Je veux, moi, chez vous coucher, tu comprends?*

— *Monsieur, très volontiers*, répondit Desforges, *veuillez donner des ordres en conséquence.*

Fort satisfait de ses connaissances en langue française, Anton Pafnoutitch s'en fut incontinent prendre ses dispositions.

Les invités commencèrent à prendre congé, les uns des autres, après quoi chacun se rendit dans la pièce qui lui avait été assignée.

Quant à Anton Pafnoutitch, il emboîta le pas au précepteur et l'accompagna jusqu'à sa chambre, située dans l'aile du bâtiment. Il faisait une nuit noire. Desforges éclairait le chemin avec une lanterne. Anton Pafnoutitch le suivait d'une démarche assez assurée, tout en palpant, de temps en temps, sa chère bourse de cuir, comme pour se convaincre de sa présence.

Une fois arrivé dans l'aile, le Français alluma une chandelle, et les deux hommes se mirent à enlever leurs vêtements. Parfois, Anton Pafnoutitch arpentait la pièce, inspectant verrous et fenêtres et hochait la tête, peu satisfait de son examen. La porte ne fermait qu'à un verrou, et les croisées n'avaient pas encore été pourvues de doubles châssis. Il essaya de s'en plaindre à son compagnon, mais sa connaissance du français était trop limitée pour qu'il osât se lancer dans une explication aussi complexe. Le Français ne le comprenait pas, et Anton Pafnoutitch fut obligé de renoncer à ses plaintes.

Les lits se trouvaient l'un en face de l'autre; les deux hommes se couchèrent, et le précepteur souffla la chandelle.

— Pourkoâ vous toucher? Pourkoâ vous toucher? s'écria Anton Pafnoutitch, en conjuguant tant bien que mal le verbe russe « touchit » (éteindre) à la française. Je ne peux pas *dormir* dans le noir.

Desforges ne comprit pas ses exclamations et lui souhaita une bonne nuit.

— Maudit mécréant, grommela Spitzine, en s'enveloppant dans sa couverture. Quelle idée de souffler la chandelle! Il en souffrira tout le premier!

Tant pis pour lui! je ne peux pas dormir sans lumière... Moussié, hep, moussié! reprit-il. Jé vé avec vous parler!

Mais le Français ne répondit pas et ronfla bientôt.

« Le voilà qui ronfle, cet animal de Français, songea Spitzine. Et moi, je ne peux même pas penser à dormir : les voleurs vont entrer, d'une minute à l'autre, par la porte ou la fenêtre ouverte, et lui, l'animal, le canon lui-même ne le réveillerait pas.

— Moussié, hé, moussié!... Que le diable t'emporte!

Anton Pafnoutitch se tut. La fatigue et les vapeurs de l'alcool finirent par avoir raison de ses effrois. Il commença de s'assoupir et, bien vite, sombra dans un profond sommeil.

Un curieux réveil l'attendait. Il sentit, dans son sommeil, que quelqu'un le tirait doucement par le col de sa chemise. Il ouvrit les yeux et, à la lumière pâle d'une aube d'automne, aperçut Desforges. D'une main, le Français tenait un pistolet de poche; de l'autre, il détachait la bourse tutélaire. Anton Pafnoutitch crut mourir.

— Qu'est-ce c'est, moussié, qu'est-ce que c'est? prononça-t-il d'une voix défaillante.

— Silence! répondit le précepteur, dans un russe impeccable. Silence ou vous êtes perdu... Je suis Doubrovsky!

CHAPITRE III

A présent, nous allons demander la permission au lecteur de le mettre au courant de certains faits, antérieurs au dernier incident. Nous n'avons pas encore eu le temps de les lui relater et cependant ils lui expliqueront tout.

Cela se passait au relais de..., dans la maison du maître de poste, à qui nous avons fait allusion une fois déjà. Un voyageur était assis dans son coin, humble et patient, roturier ou étranger, bref un de ces personnages qui n'ont pas voix au chapitre chez MM. les maîtres de poste. Sa calèche, entreposée dans la cour, attendait d'être revue et graissée. Elle portait une petite valise, dont les faibles dimensions attestaient la condition modeste de son propriétaire. Le voyageur ne réclamait ni thé, ni café, jetait des regards par la fenêtre et se consolait en sifflotant, au vif mécontentement de la patronne, installée de l'autre côté de la cloison.

— En voilà un siffleur que le bon Dieu nous envoie ! maugréait-elle à mi-voix. Puisse-t-il en crever, ce mécréant du diable !

— Eh quoi ! fit le maître de poste. Laisse-le siffler, si ça l'amuse. Y a pas de mal à ça !

— Y a pas de mal à ça ? rétorqua l'épouse, courroucée. Aurais-tu oublié que c'est un mauvais présage ?

— Quel présage ? Que siffler chasse l'argent ?...

Oh! là! là! ma pauvre Pakhomovna, sifflé ou pas sifflé, nous n'en avons pas, quoi qu'il arrive!

— Laisse-le partir, Sidorytch! Je ne comprends pas le plaisir que tu peux avoir à le faire attendre... Donne-lui des chevaux et qu'il s'en aille au diable!

— Il attendra, Pakhomovna. Je n'ai que trois troïkas à l'écurie; la quatrième est au repos. Il peut à tout moment arriver des voyageurs de qualité. J'ai pas envie d'avoir à répondre de ce Français sur mon échine... Tiens, justement! Ça galope!... Et rudement vite!... Ce pourrait bien être un général.

Une calèche s'arrêta devant le perron. Le domestique sauta de son siège, ouvrit la portière. Passé une minute, un jeune homme en manteau militaire et casquette blanche faisait son entrée dans le logis du maître de poste. Le domestique apporta une cassette et la déposa sur le rebord de la fenêtre.

— Des chevaux! fit l'officier d'une voix autoritaire.

— Tout de suite, répondit le maître de poste. Permettez que je jette un coup d'œil sur votre feuille de route.

— Une feuille de route? Je n'ai pas de feuille de route. Je voyage pour mes affaires personnelles... Tu ne me reconnaîs donc pas?

Le maître de poste s'agita et courut houspiller les postillons. Le jeune officier se mit à arpenter la pièce, passa de l'autre côté de la cloison et demanda tout bas à la patronne qui était le voyageur.

— Dieu le sait! répondit la maîtresse de poste. Un Français. Voilà bien cinq heures qu'il attend ses chevaux et n'arrête pas de siffler. Il m'exaspère, le maudit!

L'officier s'adressa au voyageur français.

— Où allez-vous, monsieur? s'enquit-il.

— A la ville voisine et de là, je dois me rendre chez un propriétaire des environs, qui m'a engagé comme précepteur, bien qu'il ne m'ait jamais vu. Je pensais y être aujourd'hui même, mais M. le maître de poste semble en avoir décidé autrement. Il est rudement difficile d'obtenir des chevaux dans ce pays, mon officier.

— Et qui est le propriétaire qui vous a engagé? s'intéressa le militaire.

— M. Troiékourov.

— Troiékourov?... Qui est-il donc, ce Troiékourov?

— *Ma foi, mon officier...* Je n'ai guère entendu dire de bien sur son compte. On raconte que c'est un seigneur fier, autoritaire, capricieux, cruel envers ses gens; que personne ne peut s'entendre avec lui; que chacun tremble au seul bruit de son nom; qu'il ne se gêne pas avec les précepteurs (*avec les outchitels*) et qu'il en a déjà fouetté deux à mort.

— Comment! Et vous avez eu le courage de vous placer chez un pareil monstre?

— Que faire, monsieur l'officier?... Il m'offre un bon salaire : trois mille roubles de l'an, logé, nourri. Qui sait, peut-être serai-je plus heureux que les autres... J'ai une vieille mère, je lui enverrai la moitié de mes appointements pour qu'elle puisse vivre. Quant à l'autre moitié, elle va me servir à constituer un petit pécule, au bout de cinq ans, et alors — *bonsoir* — je pars pour Paris et m'embarque dans le négoce.

— Quelqu'un vous connaît-il, chez Troiékourov? demanda l'officier.

— Non, monsieur. Personne. On m'a fait venir de Moscou, par le truchement d'un ami de M. Troiékourov, dont le cuisinier est un compatriote à moi et m'a recommandé. Car il faut que vous sachiez que, primitivement, je me destinais à la pâtisserie, mais on m'a dit que, dans votre pays, le métier de précepteur est infiniment plus lucratif...

Le militaire réfléchissait.

— Écoutez-moi bien, fit-il enfin, rompant le silence. Que diriez-vous si, au lieu de cet avenir, on vous offrait immédiatement dix mille roubles en argent comptant, à la condition que vous retourniez à Paris, sans plus attendre?

Le Français dévisagea son interlocuteur, complètement médusé, sourit et secoua la tête.

— Les chevaux sont prêts! annonça le maître de poste, en apparaissant dans la pièce.

Le domestique confirma la bonne nouvelle.

— Tout de suite, répondit l'officier. Veuillez vous retirer un instant.

Le maître de poste et le domestique s'exécutèrent.

— Je ne plaisante pas, reprit le jeune homme, en français. Je peux vous verser les dix mille roubles. Je n'ai besoin que de deux choses : de vos passeports et de votre absence.

A ces mots, il souleva le couvercle de la cassette et sortit plusieurs liasses d'assignats.

Le Français écarquillait les yeux, ne sachant que penser de l'aventure.

— Mes passeports... mon absence... répétait-il, abasourdi. Voici mes passeports... mais... vous plaisantez, monsieur... Qu'en avez-vous besoin?

— Cela me regarde. Je vous demande seulement si vous êtes d'accord. Oui ou non?

Le Français, qui n'en croyait toujours pas ses oreilles, remit ses passeports au jeune officier, qui les examina rapidement.

— Votre passeport... Bien... Lettre de recommandation... Voyons voir un peu... Acte de naissance... Parfait!... Tenez, voilà votre argent et retournez d'où vous venez... Adieu!

Le Français semblait pétrifié.

L'officier revint sur ses pas.

— Ah! oui, j'ai oublié l'essentiel : donnez-moi votre parole d'honneur que tout ceci restera entre nous... Votre parole d'honnête homme.

— Parole d'honneur, répondit le Français. Mais... les papiers : que vais-je faire sans eux?

— Vous n'aurez qu'à déclarer aux autorités de la première ville que vous traverserez que vous avez été dépouillé par Doubrovsky. On vous croira et vous délivrera tous les certificats nécessaires. Adieu, monsieur. Plaise à Dieu que vous arriviez à Paris au plus vite et trouviez votre mère en excellente santé.

Doubrovsky sortit, monta dans sa calèche et partit à fond de train.

Le maître de poste le surveilla par la fenêtre et, quand la calèche eut disparu, se tourna vers sa femme en s'écriant :

— Pakhomovna, sais-tu qui c'était ?... Doubrovsky !

L'interpellée se précipita vers la fenêtre, mais il était trop tard. Doubrovsky était loin. Alors, elle s'en prit à son époux :

— Tu n'as donc peur de rien, Sidorytch ?... Que ne me l'as-tu dit plus tôt ? J'aurais pu voir Doubrovsky, tandis que maintenant, va donc attendre qu'il revienne par ici. Un sacripant, voilà ce que tu es !

Quant au Français, il restait toujours cloué sur place, hébété... Le contrat... l'argent... n'avait-il point rêvé ?... Pourtant non, les liasses étaient bel et bien là, pour le convaincre éloquemment de la réalité de son extraordinaire aventure.

Il résolut de louer des chevaux et de se faire conduire à la ville. Le cocher le conduisit au pas, et ils n'arrivèrent à la ville qu'après la tombée du jour.

Avant d'atteindre la barrière, où, seule, une guérite croulante faisait office de sentinelle, le Français ordonna d'arrêter et poursuivit sa route à pied, en s'expliquant, par gestes, à l'automédon qu'il pouvait conserver par-devers lui calèche et valise, à titre de pourboire. Le cocher ne fut pas moins stupéfait de la prodigalité du Français que ce dernier l'avait été de la proposition de Doubrovsky. Se disant que le pauvre Allemand[11] était devenu subitement fou, il le remercia d'un profond salut et se dirigea vers certaine taverne, dont le propriétaire était de ses amis, car il ne jugeait pas prudent d'aller en ville.

Il y passa toute la nuit et, au petit jour, s'en retourna chez lui, dans une troïka vide, sans calèche ni valise, les yeux rouges et le visage bouffi.

Une fois en possession des papiers du Français,

Doubrovsky s'était hardiment présenté chez Troiékourov, comme nous l'avons déjà vu, et s'était installé chez lui. Quelles que fussent ses intentions secrètes (nous les connaîtrons plus tard), il n'y avait absolument rien de répréhensible dans sa conduite.

A vrai dire, il ne prenait guère au sérieux son emploi de précepteur, s'occupait peu de l'éducation du petit Sacha, le laissait polissonner tout à son aise et ne se montrait guère exigeant quant aux devoirs qu'il lui faisait faire juste pour la forme. En revanche, il suivait avec une grande assiduité les progrès de Macha et pouvait rester des heures entières au piano avec elle.

Tout le monde aimait le jeune maître : Kirila Pétrovitch pour sa bravoure et son adresse à la chasse à courre; Marie Kirilovna pour son dévouement sans bornes et ses attentions modestes; Sacha pour l'indulgence dont il faisait preuve à l'égard de ses espiègleries; les domestiques pour sa bonté et sa générosité, manifestement peu compatibles avec sa condition. Lui-même semblait attaché à toute la famille et se considérait presque comme en faisant partie.

Un mois s'était écoulé depuis le jour de son entrée en fonctions et la fête mémorable, et personne ne soupçonnait qu'un bandit redoutable, dont le seul nom faisait frémir tous les propriétaires du voisinage, pût se cacher sous les apparences d'un jeune Français. Pas une fois Doubrovsky ne s'était absenté du manoir, mais le bruit de ses prouesses ne s'apaisait pas pour autant. L'imagination féconde des villageois y était assurément pour beaucoup, mais peut-être aussi la bande n'avait-elle pas renoncé à ses rapines en l'absence du chef.

Passant la nuit dans la même chambre avec un homme qu'il pouvait considérer comme son ennemi juré et comme l'un des grands responsables de son infortune, Doubrovsky n'avait pu résister à la tentation. Il connaissait le secret de la bourse de cuir, et il résolut de s'en emparer.

Nous avons vu comment il stupéfia le pauvre Anton Pafnoutitch par sa métamorphose de précepteur en brigand.

A neuf heures du matin, les convives, qui avaient passé la nuit à Pokrovskoié, se retrouvèrent au salon. Le samovar, à côté de qui était assise Maria Kirilovna, en robe de chambre, bouillait déjà ; Kirila Pétrovitch, en veste molletonnée et pantoufles, prenait son thé dans son énorme tasse, qui ressemblait davantage à un rinçoir.

Anton Pafnoutitch descendit le dernier. Le pauvre homme était tellement blême et défait que sa mine frappa tout le monde et le maître du logis s'enquit de sa santé. Spitzine répondit d'une manière incohérente, en jetant, de temps à autre, des regards effarés sur le précepteur, qui prenait son petit déjeuner avec tout le monde, comme si de rien n'était.

Au bout de quelques minutes, un domestique vint annoncer que la calèche de M. Spitzine était prête. Anton Pafnoutitch s'empressa de prendre congé et, en dépit de tous les efforts de son hôte pour le retenir, sortit précipitamment de la pièce et se mit en route sans plus attendre. On se demandait ce qu'il avait, et Kirila Pétrovitch attribua sa conduite à une bonne indigestion.

Après le thé vint un déjeuner, puis les invités commencèrent à partir. Très vite, Pokrovskoié se vida et tout rentra dans l'ordre accoutumé.

CHAPITRE IV

Quelques jours passèrent, et il ne se produisit rien de notable. L'existence des hôtes de Pokrovskoié était monotone. Kirila Pétrovitch allait chaque jour à la chasse; la lecture, les promenades et les leçons de musique occupaient Maria Kirilovna — la musique surtout. La jeune fille commençait à comprendre ce qui se passait dans son cœur et s'avouait, avec un dépit involontaire, qu'elle n'était pas indifférente aux mérites du jeune Français. Desforges, de son côté, ne franchissait jamais les bornes du respect et d'une rigoureuse correction, ce qui avait pour effet de rassurer l'amour-propre de Macha et de faire taire ses appréhensions. De plus en plus confiante, elle se laissait aller à son penchant. Elle s'ennuyait en l'absence du précepteur. Se trouvant en sa société, elle s'occupait tout le temps de lui, demandait son avis à propos de tout et de rien, tombait toujours d'accord avec lui. Elle n'était peut-être pas encore sérieusement éprise, mais il suffirait d'un léger obstacle, de la moindre contrariété du destin, pour que la flamme de la passion embrasât irrésistiblement son cœur.

Un jour, en descendant au salon où l'attendait son professeur, Maria Kirilovna s'aperçut avec surprise qu'il était tout pâle et semblait embarrassé. Elle souleva le couvercle du piano, chanta quelques notes, mais Doubrovsky, prétextant la migraine, mit brusquement fin à la leçon, replia le cahier de musique et glissa furtivement un billet à la jeune fille. Maria Kirilovna le prit, avant d'avoir eu le temps de réfléchir à ce qu'elle faisait, s'en repentit à l'instant même, mais Doubrovsky n'était déjà plus là.

La jeune fille monta dans sa chambre, déroula le billet et lut :

« Soyez ce soir à sept heures sous la tonnelle, près du ruisseau. Il faut absolument que je vous parle. »

Sa curiosité était fortement mise en éveil. Depuis longtemps, elle attendait un aveu, le souhaitait et le redoutait. Il lui eût été agréable d'entendre confirmer ce dont elle se doutait, mais elle se rendait compte qu'il était malséant d'accepter pareille déclaration, venant d'un homme qui, par sa condition, ne pouvait en aucun cas obtenir sa main. Elle décida d'aller au rendez-vous, mais elle hésitait sur un point : comment allait-elle accueillir l'aveu du précepteur ? Avec une aristocratique indignation, d'amicales remontrances, de joyeuses plaisanteries ou tout bonnement une muette sympathie ?

En attendant, elle ne cessait de regarder l'heure.

Le jour commençait à décliner, on apporta des flambeaux. Kirila Pétrovitch entama une partie de boston avec des voisins qui venaient d'arriver. La pendule de la salle à manger sonna sept heures moins le quart. Maria Kirilovna sortit furtivement sur le perron, regarda tout autour d'elle et courut au jardin.

La nuit était sombre, le ciel couvert de nuages — on n'y voyait pas clair à deux pas devant soi, mais Maria Kirilovna connaissait le chemin et longeait les sentiers, dans l'obscurité. Au bout d'un instant, elle se trouva près de la tonnelle. Elle fit halte, le temps de reprendre haleine et de se donner un air digne et détaché avant de se montrer. Mais Desforges était déjà là.

— Je vous suis reconnaissant d'avoir accédé à ma prière, fit-il d'une voix basse et triste. Votre refus m'aurait désespéré.

Maria Kirilovna répondit par une phrase préparée à l'avance :

— J'espère, monsieur, que vous ne me ferez pas regretter mon indulgence.

Le jeune homme se tut, de l'air d'une personne qui prendrait son courage à deux mains.

— Les circonstances exigent... Il faut que je vous quitte, fit-il. Il se peut que, bientôt, vous entendiez parler de moi, mais, avant de nous séparer, je dois vous fournir des explications.

Maria Kirilovna ne répondit rien. Dans ces paroles, elle voyait un préambule à l'aveu attendu.

— Je ne suis pas celui que vous croyez, poursuivit-il en baissant la tête. Je ne suis pas le Français Desforges, je suis Doubrovsky.

La jeune fille poussa un cri.

— Oh! pour l'amour de Dieu, n'ayez pas peur! Il ne faut pas que mon nom vous fasse trembler... Oui, je suis ce malheureux que votre père a dépouillé de son pain, qu'il a chassé de sa maison natale et envoyé piller les voyageurs sur les grands chemins... Seulement vous ne devez pas me craindre, ni pour vous-même, ni pour lui.

» Tout est fini. J'ai pardonné. Et sachez que vous l'avez sauvé. Mon premier exploit sanglant devait être perpétré sur sa personne. Je tournais autour du manoir, arrêtant l'endroit où j'allumerais l'incendie, cherchant par où pénétrer dans sa chambre, comment lui couper toute voie de retraite, à cet instant, vous êtes passée près de moi comme une vision céleste, et mon cœur s'est apaisé. J'ai compris que le toit sous lequel vous vivez est sacré, que quiconque est lié à vous par le sang ne peut tomber sous le coup de ma malédiction. Et j'ai renoncé à la vengeance, comme à un acte de dément.

» Des journées entières, j'ai erré autour des jardins de Pokrovskoïé, espérant entrevoir de loin votre robe blanche. Je vous ai suivie dans vos imprudentes promenades, me glissant de buisson en buisson, heureux à la pensée que je vous protégeais, qu'il n'y avait pas pour vous de danger, tant que j'étais présent, quoique caché.

» Une occasion favorable s'offrit enfin à moi. Je m'installai sous votre toit, et ces trois semaines ont été pour moi des jours de bonheur. Leur souvenir sera l'unique consolation de ma triste existence... Je viens de recevoir une nouvelle, qui m'interdit de rester ici plus longtemps... Je dois vous quitter aujourd'hui... tout de suite... Mais d'abord, il fallait que je me confesse à vous, afin que vous ne me méprisiez point... Pensez quelquefois à Doubrovsky. Sachez qu'il était né pour un autre destin, que son âme a su vous aimer, que jamais... »

Un léger sifflement se fit entendre. Doubrovsky se tut, saisit la main de Macha et la pressa sur ses lèvres brûlantes. De nouveau, le sifflement retentit.

— Pardonnez-moi. On m'appelle... Un instant peut me perdre.

Il fit mine de s'éloigner. Maria Kirilovna ne bougeait point. Doubrovsky revint sur ses pas et, de nouveau, prit la main de la jeune fille.

— Si jamais, dit-il d'une voix tendre et pénétrée, si jamais le malheur vous atteint et que vous ne puissiez attendre de personne aide ni protection, promettez-vous de faire appel à moi et d'exiger tout pour votre salut? Promettez-vous de ne pas repousser mon dévouement?

Maria Kirilovna pleurait silencieusement. Pour la troisième fois, le sifflement se fit entendre.

— Vous me perdez! s'exclama Doubrovsky. Je ne vous laisserai pas tant que vous ne m'aurez donné réponse. Me promettez-vous de faire ce que je vous demande, oui ou non?

— Oui, je vous le promets, balbutia l'infortunée jeune fille.

Toute émue de cet entretien avec Doubrovsky, Maria Kirilovna s'en revenait du jardin. Il lui sembla, tout à coup, qu'il se faisait un grand remue-ménage : des gens s'attroupaient dans la cour, une troïka stationnait devant le perron; de loin, elle perçut la voix de Kirila Pétrovitch et s'empressa de rentrer, craignant que l'on eût remarqué son absence. Au salon, elle rencontra son père. Les convives faisaient cercle autour de notre vieil ami, le capitaine de gendarmerie et le harcelaient de questions. Le policier, en manteau de voyage, armé de pied en cap, leur répondait d'un air affairé et énigmatique.

— Où étais-tu, Macha? s'informa Kirila Pétrovitch. N'aurais-tu pas vu M. Desforges?

Faisant effort sur elle-même, Macha répondit négativement.

— Imagine-toi, poursuivit Kirila Pétrovitch, que notre capitaine est venu pour l'arrêter : il prétend que Desforges n'est autre que Doubrovsky en personne.

— Le signalement est identique, Votre Excellence, répliqua le policier d'un air déférent.

— Oh! là! là! parlons-en de ton signalement!... Tiens, tu peux le prendre et aller où je pense!... Je ne te livrerai pas mon Français tant que je n'aurai pas tiré moi-même l'affaire au clair. Comment peux-tu croire sur parole un pleutre et un menteur comme Anton Pafnoutitch?... Il a eu la berlue, et il a cru que mon précepteur voulait le piller! Pourquoi ne m'en a-t-il pas parlé le matin même?

— Le Français l'avait terrorisé, Votre Excellence, et lui avait fait jurer de se taire...

— Fariboles! s'exclama Kirila Pétrovitch. Attends un peu que je tire tout cela au clair!... Eh bien! où est le précepteur? s'adressa-t-il à un domestique, qui entrait au salon.

— Il est introuvable, Votre Excellence.

— Eh bien qu'on le trouve! hurla Troiékourov, que des doutes commençaient d'assaillir. Allons, fais-le-moi voir, ton fameux signalement.

Le capitaine lui tendit la feuille.

— Hum! Hum! Vingt-trois ans. *Taille :* moyenne. *Teint :* clair. *Visage :* glabre. *Yeux :* marron. *Cheveux :* châtain clair. *Signes particuliers :* néant... C'est bien ça, malheureusement cela ne prouve pas grand-chose... Eh bien! et le précepteur?

— Introuvable, Votre Excellence, répondit-on de nouveau.

Kirila Pétrovitch commençait à s'inquiéter sérieusement. Maria Kirilovna était plus morte que vive.

— Tu es pâle, Macha, observa le père. On t'a fait peur ?

— Non, mon père, répondit la jeune fille. J'ai la migraine.

— Va dans ta chambre, Macha, et ne sois pas inquiète.

La jeune fille baisa la main de son père et se retira précipitamment dans sa chambre. Elle se jeta sur le lit et éclata en sanglots hystériques. Des servantes, accourues, la déshabillèrent, la calmèrent tant bien que mal avec de l'eau froide et toutes sortes de sels, la firent mettre au lit et, en fin de compte, elle s'assoupit.

Cependant, on cherchait vainement le Français. Kirila Pétrovitch arpentait le salon et sifflotait d'un air terrible « Retentis, tonnerre de la victoire ! ». Les convives échangeaient des propos à voix basse ; le capitaine avait l'air tout penaud : on ne trouvait pas le Français, il avait probablement pu s'éclipser au bon moment. Mais qui l'avait averti et comment ? Mystère.

La pendule sonna onze heures, mais personne n'éprouvait le besoin d'aller dormir. En fin de compte, Kirila Pétrovitch apostropha le capitaine d'un air courroucé :

— Et alors ?... Tu ne vas tout de même pas t'éterniser ici jusqu'au petit jour ! Ma maison n'est pas une auberge. Allez, mon petit, fallait te lever plus tôt pour attraper Doubrovsky, si Doubrovsky il y a. Rentre chez toi et une autre fois tâche d'être moins gourde. Vous aussi je crois qu'il est temps de rentrer, poursuivit-il en s'adressant à ses hôtes. Faites atteler vos calèches, quant à moi, j'ai sommeil.

Tel fut le congé peu gracieux que M. Troiékourov donna à ses convives.

CHAPITRE V

D'autres jours passèrent encore, sans rien apporter de remarquable, mais, au début de l'été suivant, il se produisit de notables changements dans la vie familiale de Kirila Pétrovitch.

Il y avait, à trente verstes de là, le riche domaine du prince Véréisky. Le prince avait longtemps vécu à l'étranger, ayant confié l'intendance de sa propriété à un major retraité, et il n'y avait aucune relation entre Pokrovskoié et Arbatovo.

Dans les derniers jours de mai, le prince revint de l'étranger et débarqua dans son village, qu'il n'avait encore jamais vu. Habitué aux distractions, la solitude lui fut insupportable et, trois jours après son arrivée, il vint dîner chez Troiékourov, qu'il avait connu jadis.

Le prince pouvait avoir cinquante ans, mais en paraissait beaucoup plus. Toutes sortes d'excès avaient ruiné sa santé et marqué son visage d'un sceau indélébile. Malgré cela, son apparence était agréable, il en imposait; et l'habitude de fréquenter le monde lui avait donné un air aimable, surtout dans la société des femmes. Il éprouvait un besoin incessant de se distraire et un ennui continu.

Kirila Pétrovitch fut grandement satisfait de sa visite, qu'il prit pour un témoignage d'estime, venant d'un homme qui connaissait le beau monde et selon son habitude le régala d'une inspection de ses multiples installations et le conduisit au chenil.

Le prince crut suffoquer dans cette atmosphère canine et se hâta de sortir, en se bouchant le nez avec une pochette parfumée. Le parc, à l'ancienne mode, avec ses tilleuls émondés, son étang carré et ses allées rectilignes, ne lui plut pas : il aimait les jardins anglais et ce qu'on appelle « la nature »; néanmoins, il s'extasia et chanta des louanges à son hôte. Un domestique vint annoncer que le repas était servi. Les deux hommes se rendirent dans la salle à manger. Fatigué de la tournée, le prince traînait la patte et se repentait déjà de sa visite.

Mais Maria Kirilovna les accueillit au salon, et le vieux coureur fut frappé de sa beauté. Kirila Pétrovitch fit asseoir le prince à côté de sa fille; ragaillardi par cette présence, le prince se montra gai et réussit, à plusieurs reprises, à attirer l'attention de sa voisine par ses curieux récits.

A l'issue du repas, Troiékourov proposa une promenade à cheval, mais le prince s'excusa en désignant ses bottes de velours et raillant sa goutte : il préférait une promenade en cabriolet pour n'être pas séparé de sa charmante voisine de table. On attela la voiture. Les deux vieillards et la belle y montèrent tous ensemble et l'on se mit en route. La conversation ne s'interrompait pas. Maria Kirilovna prêtait une oreille complaisante aux propos joyeux et flatteurs de son galant compagnon, quand soudain ce dernier, s'adressant à Kirila Pétrovitch, lui demanda ce qu'était cette bâtisse brûlée et si elle lui appartenait. Le hobereau se renfrogna : la vision des ruines calcinées remuait en lui des souvenirs désagréables. Il répondit que le domaine était à lui, mais qu'autrefois il avait appartenu à Doubrovsky.

— A Doubrovsky? répéta le prince. Hé quoi, à ce bandit fameux?

— A son père... Qui d'ailleurs était aussi un fieffé brigand.

— Et notre Rinaldo, où est-il? L'a-t-on pris? Est-il toujours vivant?

— Il est bien vivant et en liberté. Que voulez-vous,

aussi longtemps que notre police sera de connivence avec ces chenapans, ils ne risqueront pas d'aller en prison... A propos, prince, si mes souvenirs sont exacts, Doubrovsky t'a rendu visite à Arbatovo ?

— Il paraît que l'année dernière il m'a incendié ou pillé quelque chose... Ne trouvez-vous pas, Maria Kirilovna, qu'il serait curieux de faire connaissance avec ce héros romantique ?

— Curieux, ah ! ah ! fit Troiékourov. Elle le connaît déjà. Pendant trois semaines, il lui a enseigné la musique et, Dieu merci, ne m'a rien fait payer pour ses leçons.

Là-dessus, Kirila Pétrovitch se mit en devoir de raconter à son interlocuteur l'histoire de son précepteur français. Maria Kirilovna était comme sur des charbons ardents. Le prince écouta avec une profonde attention, trouva l'aventure bien étrange et changea de conversation.

De retour au manoir, il fit avancer sa calèche et, malgré tous les efforts de son hôte pour le retenir jusqu'au matin, partit immédiatement après le thé.

Mais auparavant, il pria Kirila Pétrovitch de venir lui rendre visite, avec Maria Kirilovna et l'orgueilleux Troiékourov promit de venir, car il avait pris en considération son titre princier, ses deux étoiles et ses trois milles âmes, et l'estimait presque son égal.

Deux jours plus tard, il se rendit avec sa fille chez le prince Véréisky. En approchant d'Arbatovo, il ne put s'empêcher d'admirer les izbas paysannes, propres et gaies, et le manoir de pierre de taille, bâti dans le style des châteaux anglais.

Une prairie, d'un vert intense, s'étendait devant la maison, et des vaches suisses y paissaient en liberté, en faisant tinter leurs grelots. Un énorme parc entourait le manoir.

Le prince accueillit ses hôtes sur le perron et offrit son bras à la jeune fille, pour la conduire dans une admirable salle, où la table était servie pour trois couverts. Le prince amena ses visiteurs devant une fenêtre, et ils découvrirent un paysage charmant.

La Volga roulait ses flots juste sous les fenêtres. Toutes voiles dehors, des barques lourdement chargées glissaient sur la surface du fleuve ; de-ci de-là, on voyait passer rapidement une de ces chaloupes de pêcheurs, si justement appelées périssoires. Plus loin, derrière le fleuve, des champs et des collines s'étendaient à perte de vue, égayés par quelques petits hameaux.

Après cela, les convives allèrent visiter la galerie de tableaux que le prince avait rapportés de ses voyages en Europe. Véréisky expliqua à Maria Kirilovna le sujet, les qualités et les défauts de chacun, racontant brièvement l'histoire de son auteur. Ses propos, pleins de sentiment et d'imagination vive, n'étaient nullement entachés de pédantisme, et Maria Kirilovna l'écoutait avec plaisir.

L'on passa à table. Kirila Pétrovitch rendit justice aux crus de son amphitryon et à la science de son maître-queux. Maria Kirilovna n'éprouvait pas la moindre gêne, pas la moindre contrainte à converser avec un homme qu'elle ne voyait pourtant que pour la seconde fois.

A l'issue du repas, le prince proposa à ses invités de se rendre au jardin. Ils prirent le café sous une tonnelle, au bord d'un grand lac, semé d'îlots. Soudain, on entendit une symphonie d'instruments à vent, et une barque à six rames vint accoster tout contre la tonnelle. Ils y montèrent et firent une promenade sur le lac, longeant les îles, les visitant parfois. Dans l'une, ils découvrirent une statue de marbre ; dans l'autre, une grotte isolée ; dans la troisième, un monument avec une inscription mystérieuse, qui éveilla la curiosité de la jeune fille. Les explications réticentes et courtoises du prince ne réussirent pas à la satisfaire complètement. Bref, le temps passa inaperçu et il commença de faire nuit.

Prétextant la fraîcheur et la rosée du soir, le prince se hâta de rentrer au manoir. Un samovar les attendait. En sa qualité de vieux garçon, Véréisky demanda à Macha de faire la maîtresse de maison. Elle s'exécuta, tout en écoutant les récits inépuisables de l'aimable bavard. Tout à coup, on entendit le bruit de l'éclatement d'un pétard, et une fusée illumina le firmament. Le prince aida Maria Kirilovna à se draper dans son châle et l'invita sur la terrasse, avec son père.

Devant le manoir, dans l'obscurité, des feux multicolores s'embrasaient, tournoyaient, jaillissaient en gerbes, en palmiers, en fontaines, retombaient en pluie d'étoiles, s'éteignaient et se rallumaient.

Maria Kirilovna s'amusait comme une enfant; le prince était ravi de son émerveillement.

Troiékourov se montrait fort satisfait, ne doutant pas que *tous les frais* du prince ne fussent une marque d'estime pour lui et la preuve du désir de lui plaire.

Le souper ne le céda en rien au dîner. Les convives gagnèrent les chambres qui leur avaient été réservées et, le lendemain matin, prirent congé de leur aimable hôte, en se promettant mutuellement de se revoir bientôt.

CHAPITRE VI

Assise dans sa chambre, à la fenêtre ouverte, Maria Kirilovna brodait sur son métier. Elle ne brouillait pas les soies comme l'amante de Conrad[12], qui, dans son amoureuse distraction, fit une rose de soie verte. Sous son aiguille, le canevas reproduisait exactement le dessin du modèle, bien que ses pensées fussent loin de son travail.

Tout à coup, une main se glissa subrepticement par l'embrasure de la fenêtre, posa une lettre sur le métier et disparut avant que la jeune fille eût le temps de se ressaisir. Un domestique entra, à ce moment, et la manda chez son père. La jeune fille, toute émue, cacha prestement la lettre sous son fichu et s'empressa de rejoindre Kirila Pétrovitch dans son cabinet.

Kirila Pétrovitch n'était pas seul. Le prince Véréisky était assis en face de lui. A l'apparition de Maria Kirilovna, le prince se leva et s'inclina en silence, avec une confusion insolite chez lui.

— Approche un peu, Macha, fit Kirila Pétrovitch. Je vais t'apprendre une nouvelle qui, je l'espère, te réjouira : te voici un fiancé. Le prince te demande d'être sa femme.

La jeune fille fut abasourdie, et une pâleur de mort altéra son visage. Elle ne répondit rien. Le prince s'approcha d'elle, lui prit la main et demanda d'un air ému si elle consentait à faire son bonheur.

Macha se taisait toujours.

— Elle consent, bien sûr qu'elle consent! dit Kirila Pétrovitch. Seulement, vois-tu, prince, ce n'est guère facile, à une jeune fille, de prononcer ce mot. Allons, mes enfants, embrassez-vous et soyez heureux!

Macha ne bougeait pas. Le vieux prince lui baisa la main. Des larmes coulèrent soudain sur le visage blême de la jeune fille. Le prince fronça légèrement les sourcils.

— Allez, allez, va sécher tes larmes, fit Kirila Pétrovitch et reviens-nous avec une autre mine. Elles pleurent toutes quand on les fiance, continua-t-il en s'adressant à Véréisky : c'est de règle chez elles... Bon, et maintenant, prince, parlons affaires, c'est-à-dire de la dot.

Libre de se retirer, Maria Kirilovna en profita avec empressement, courut dans sa chambre, s'y verrouilla et donna libre cours à ses larmes, s'imaginant l'épouse du vieux prince. Subitement, il lui parut repoussant et odieux... le mariage l'effrayait comme un échafaud, comme une tombe...

— Non! non! non! se répétait-elle, au comble du désespoir. Mieux vaut mourir, mieux vaut le couvent, mieux vaut épouser Doubrovsky!

Alors, elle se souvint de la lettre et la déplia avidement, se doutant bien qu'elle était de lui. En effet, elle était écrite de sa main, et ne contenait que ces mots :

« Ce soir, à dix heures, au même endroit. »

CHAPITRE VII

La lune brillait. La nuit de juillet était calme; seule, une brise légère se levait par moments et un frémissement subtil parcourait tout le parc.

Telle une ombre aérienne, la jeune fille s'approcha du lieu du rendez-vous. Il n'y avait encore personne. Tout à coup, surgissant de derrière la tonnelle, Doubrovsky apparut devant Macha.

— Je sais tout, fit-il d'une voix douce et triste. Souvenez-vous de votre promesse.

— Vous m'avez offert votre protection, répondit la jeune fille, mais, ne m'en veuillez pas, elle me fait peur. De quelle manière allez-vous m'aider?

— Je pourrais vous débarrasser de l'homme que vous haïssez.

— Pour l'amour de Dieu, ne touchez pas à lui! Vous n'avez pas le droit de le toucher, si vous m'aimez... Je ne veux pas être la cause de quelque forfait horrible...

— Soit, je n'en ferai rien. Votre volonté m'est sacrée. Il vous devra la vie, car jamais un meurtre ne sera commis en votre nom. Il faut que vous restiez pure, même jusque dans mes crimes. Mais comment vous sauverai-je de la cruauté d'un père?

— Je n'ai pas encore perdu mon dernier espoir. J'espère le toucher par mes larmes et ma détresse. Il est obstiné, mais il m'aime tant.

— N'espérez pas en vain: il ne verra, dans vos

larmes, que la crainte et la répulsion, communes à toutes les jeunes filles, qui ne se marient point par passion, mais par raison. Qu'arrivera-t-il s'il se met dans la tête de faire votre bonheur, en dépit de vous-même, si l'on vous traîne de force à l'autel, pour vous remettre, à tout jamais, aux mains d'un vieux mari ?

— Dans ce cas... Soit. Venez me délivrer, et je serai votre femme.

Doubrovsky tressaillit. Une rougeur violente monta à ses joues blêmes, qui, aussitôt, redevinrent encore plus pâles qu'auparavant. Il observa un long silence, la tête basse.

— Rassemblez tout le courage de votre âme, suppliez votre père, jetez-vous à ses pieds, représentez-lui toute l'horreur de votre condition future, votre jeunesse flétrie aux côtés d'un vieillard débile et débauché... Décidez-vous à une explication pénible, dites-lui que, s'il ne veut pas se laisser toucher, vous trouverez... une terrible protection... Montrez-lui que la richesse ne vous assurera pas un instant de bonheur, que le luxe ne console que les pauvres, uniquement parce qu'ils n'y sont pas habitués et pour peu de temps !... Ne lui laissez point de répit, ne soyez démontée ni par sa colère, ni par ses menaces... Pour l'amour de Dieu, tant qu'il subsistera une ombre d'espérance, ne lui laissez pas un instant de répit... Et si jamais il ne reste pas d'autre issue...

Doubrovksy se couvrit le visage des deux mains. Il semblait sur le point d'étouffer. Macha pleurait...

— Malheureux que je suis, malheureux que je suis, prononça-t-il avec un amer soupir. J'aurais voulu sacrifier ma vie pour vous. Vous voir de loin, frôler votre main, était pour moi une ivresse. Et lorsque enfin, la possibilité est venue pour moi de vous presser contre mon cœur palpitant et de vous dire : « Mon ange, mourons ensemble !... » Je dois fuir mon bonheur, le repousser de toutes mes forces... Je n'ose me jeter à vos pieds et remercier le ciel d'une récompense imméritée, incompréhensible... Oh ! comme je devrais haïr cet autre, qui... Mais je sens qu'il n'y a plus de place pour la haine dans mon cœur...

Il enlaça doucement la taille gracieuse et attira tendrement la jeune fille sur son cœur. Confiante, elle posa la tête sur l'épaule du jeune brigand. Tous les deux se taisaient.

Le temps volait.

— C'est l'heure, fit enfin Macha.

Doubrovsky parut sortir d'un songe. Prenant la main de la jeune fille, il lui passa un anneau au doigt.

— Si vous vous décidez à faire appel à moi, dit-il, déposez la bague dans le creux de ce chêne. Je saurai ce que je devrais faire.

Il lui baisa la main et disparut entre les arbres.

CHAPITRE VIII

Les fiançailles du prince Véréisky n'étaient plus un secret pour personne. Kirila Pétrovitch recevait les félicitations des voisins. La noce se préparait.

Chaque jour, Macha remettait au lendemain l'explication décisive et, pendant tout ce temps, ses relations avec le fiancé restaient froides et contraintes. Le prince ne s'en souciait pas outre mesure : peu lui importait de gagner l'amour de la jeune fille, et son consentement tacite le satisfaisait amplement.

Cependant, le temps passait. Macha résolut enfin d'agir et écrivit une lettre au prince Véréisky, pour essayer d'éveiller sa générosité; elle lui avouait en toute franchise qu'elle n'éprouvait pas le moindre penchant en sa faveur, elle le suppliait de renoncer à sa main et de la défendre contre l'autorité paternelle.

Elle lui remit la lettre en cachette. Véréisky la lut, une fois resté seul, mais la franchise de sa fiancée ne lui produisit pas le moindre effet. Bien au contraire, il y vit la nécessité de hâter la noce et, dans ce dessein, de montrer la lettre de Macha à son futur beau-père.

Celui-ci entra dans une rage folle, et le prince eut grand-peine à le convaincre de se comporter à l'égard de la jeune fille comme s'il n'était au courant de rien. Kirila Pétrovitch acquiesça, mais résolut de ne pas perdre plus de temps et fixa la noce au lendemain. Le prince trouva sa résolution fort sage, s'en vint trouver sa fiancée, lui expliqua que sa lettre l'avait beaucoup peiné, mais qu'il espérait conquérir son affection, le temps aidant, que l'idée de la perdre le chagrinait trop et qu'il n'avait pas le courage de signer son propre arrêt de mort.

Cela dit, il lui baisa respectueusement la main et se retira, sans lui avoir touché un mot de la décision de Kirila Pétrovitch.

Sitôt après son départ, ce dernier fit irruption dans la pièce et intima à sa fille, sans aucun ménagement, d'avoir à se tenir prête pour le jour suivant. Maria Kirilovna, passablement émue par son explication avec Véréisky, fondit en larmes et se jeta aux pieds de Kirila Pétrovitch.

— Papa, s'écria-t-elle d'une voix pitoyable, papa! Ne me condamnez pas à mort! Je n'aime pas le prince, je ne veux pas être sa femme!

— Que signifie cela? proféra Kirila Pétrovitch d'un air sévère. Jusque-là, tu t'es tue, tu étais d'accord, et à présent que tout est décidé, tu te mets à faire des caprices et te rétractes... Va, ne fais pas la folle : tu n'obtiendras rien de moi par ce procédé-là!

— Ne me perdez pas! répétait l'infortunée jeune fille. Pourquoi me chassez-vous?... Pourquoi me livrez-vous à un homme que je n'aime pas?... En avez-vous assez de me voir?... Mon père, je veux rester avec vous, comme par le passé... Papa, vous serez triste sans moi, vous aurez encore plus de chagrin quand vous saurez que je ne suis pas heureuse... Ne me forcez pas!.. Je ne veux pas me marier!...

Kirila Pétrovitch fut touché mais il dissimula son trouble et la repoussa sévèrement :

— Des fadaises, ma fille, des fadaises! Tu entends ce que je te dis?... Je sais mieux que toi ce qu'il faut pour ton bonheur. Tu ne gagneras rien à pleurer, va!... Le mariage aura lieu après-demain.

— Après-demain! s'écria Macha. Oh! mon Dieu! Non, non, cela ne se peut pas!... Papa, puisque vous êtes décidé à consommer ma perte, sachez que je trouverai un défenseur, auquel vous ne pensez pas et tel que vous en frémirez!... Vous serez effrayé, en voyant à quoi vous m'aurez réduite.

— De quoi? proféra Troiékourov. Des menaces?... Tu oses me menacer, petite impertinente!... Sais-tu seulement ce que je puis faire de toi?... Des choses que je ne saurais même pas imaginer!... Ah! ah! tu me menaces d'un défenseur. Voyons un peu le nom de ce défenseur!

— Vladimir Doubrovsky! lança Macha, au désespoir.

Kirila Pétrovitch, la croyant folle, la dévisagea, abasourdi.

— C'est bon, fit-il après un silence. Espère en qui tu voudras. Mais, en attendant, tu vas rester enfermée dans la chambre et n'en sortiras pas avant la noce.

Sur ces mots, il se retira, en prenant soin de fermer la porte à clef.

La malheureuse jeune fille versa de longues larmes, à l'idée de ce qui l'attendait. Pourtant, la pénible explication avait soulagé son cœur et elle pouvait réfléchir plus sereinement sur son destin et à ce qu'elle devait entreprendre.

L'essentiel était d'échapper à un mariage odieux : être la femme d'un brigand lui semblait un paradis, comparé au sort qui lui était réservé. Elle jeta un coup d'œil sur l'anneau de Doubrovsky et souhaita ardemment le revoir encore une fois, en tête à tête, lui demander conseil avant la minute irrévocable.

Un pressentiment lui disait qu'elle pourrait le retrouver, le soir, près de la tonnelle, et elle résolut d'aller l'y attendre aussitôt qu'il commencerait à faire sombre.

Vint la nuit. Macha se prépara à sortir et s'aperçut que sa porte était fermée à clef. Sa camériste lui répondit, du couloir, que Kirila Pétrovitch avait ordonné de ne pas la laisser sortir. Elle était aux arrêts.

Profondément ulcérée, Macha se mit à la fenêtre et

y resta jusqu'à une heure avancée de la nuit, sans se dévêtir, les yeux fixés sur le ciel noir.

Au petit jour, elle s'assoupit, mais des visions chagrines troublèrent son sommeil, et les rayons du soleil levant l'éveillèrent.

CHAPITRE IX

Au réveil, sa première pensée fut pour l'horreur de sa situation. Elle sonna. Une domestique se présenta et répondit à ses questions que, la veille au soir, Kirila Pétrovitch s'était rendu à Arbatovo, était rentré tard et avait donné des ordres sévères pour que la jeune fille ne pût sortir de sa chambre ni parler à quiconque. Néanmoins, l'on ne faisait encore aucun préparatif pour la noce et seul le pope avait reçu l'ordre de ne s'éloigner du village sous aucun prétexte.

Cela dit, la fille quitta Maria Kirilovna et referma la porte derrière elle.

Son récit avait mis le comble à l'irritation de la jeune recluse ; ses tempes étaient tumultueuses, son sang était en ébullition. Elle résolut de prévenir Doubrovsky et chercha le meilleur moyen de déposer la bague dans le creux du chêne.

En ce moment précis, un caillou fit tinter la vitre de sa fenêtre. Regardant dans la cour, elle aperçut le petit Sacha qui lui faisait des signaux mystérieux. Connaissant bien son affection, elle se réjouit de le voir et ouvrit la fenêtre.

— Bonjour, Sacha. Pourquoi m'appelles-tu ?

— Je suis venu vous demander si vous n'aviez pas besoin de quelque chose, ma sœur. Papa est furieux et a défendu à tout le monde de vous obéir, mais dites-moi ce qu'il faut que je fasse pour vous, et je le ferai.

— Merci, mon petit Sacha. Écoute-moi bien.

Connais-tu le vieux chêne creux, celui qui est près de la tonnelle ?

— Oui.

— Eh bien ! si tu m'aimes, cours vite, dépose cette bague à l'intérieur du creux, et fais bien attention à ce que personne ne te voie.

A ces mots, elle lui jeta l'anneau et referma la fenêtre.

Le gamin ramassa la bague et courut à toutes jambes. En trois minutes, il était parvenu au chêne du rendez-vous. Hors d'haleine, il s'arrêta, inspecta les alentours et déposa l'anneau au fond du creux. S'étant heureusement acquitté de sa mission, il allait s'en retourner pour faire rapport à sa sœur, lorsqu'un garnement roux et borgne, vêtu de haillons, surgit de derrière la tonnelle, se précipita vers l'arbre et plongea sa main dans le creux.

Plus preste que l'écureuil, Sacha fonça sur lui et l'agrippa à deux mains.

— Qu'est-ce que tu fais ici ? proféra-t-il d'un air menaçant.

— Ça te regarde ? répliqua l'autre, en essayant de se dégager.

— Laisse cette bague, lièvre roux ! hurla Sacha, ou je vais te corriger à ma façon.

En guise de réponse, l'autre lui allongea un coup de poing en pleine figure, mais Sacha ne le lâcha pas pour autant et se mit à vociférer à pleine gorge :

— Au voleur !... Au voleur !... A moi !...

Le gamin s'efforçait de se dégager. Il devait être de deux ans l'aîné de Sacha et semblait beaucoup plus vigoureux, mais moins adroit que son adversaire. Au bout de quelques instants de lutte acharnée, le rouquin finit par l'emporter, terrassa le petit Sacha et le prit à la gorge.

Mais une forte poigne saisit ses cheveux roux et hérissés, et le jardinier Stépan le souleva d'une bonne cinquantaine de centimètres au-dessus du sol...

— Espèce de sale bête rousse, comment oses-tu frapper le petit seigneur ?...

Sacha en profita pour se remettre d'aplomb.

— Tu m'as pris en traître, autrement tu ne m'aurais jamais fait tomber!... Rends-moi la bague, tout de suite, et file!

— Ouais, comptes-y bien! répliqua le rouquin.

Et, soudain, en un tournemain, il libéra sa tignasse de l'étreinte du jardinier et se mit à courir. Sacha le rattrapa, le poussa violemment dans le dos, et le gamin s'écroula de tout son long. Stépan s'empara de lui de nouveau et le ligota avec sa ceinture.

— Rends-moi la bague! hurlait Sacha.

— Attends, maître, nous allons le conduire chez l'intendant, histoire de lui régler son compte.

On amena le prisonnier dans la cour du manoir. Sacha marchait derrière lui et jetait des regards inquiets sur sa belle culotte bouffante, toute déchirée et maculée d'herbe verte. Soudain, ils se heurtèrent tous les trois à Kirila Pétrovitch, qui s'en allait inspecter ses écuries.

— Qu'est-ce qui se passe? demanda-t-il au jardinier.

En quelques mots, Stépan le mit au courant de l'aventure.

Kirila Pétrovitch l'écouta attentivement.

— Pourquoi t'es-tu empoigné avec lui, espèce de polisson? s'adressa-t-il à Sacha.

— Il a volé la bague dans le creux de l'arbre!... Papa, ordonnez-lui de me la rendre!

— Quelle bague?... Quel arbre?... Hein?

— Voyons, mais c'est Maria Kirilovna... Enfin c'est la bague que...

Sacha se troubla, s'embrouilla. Kirila Pétrovitch fronça les sourcils et dit en hochant la tête :

— Ah! Ah! c'est une histoire de Maria Kirilovna... Allons, avoue tout ou je te fais donner les verges, et de telles verges que, je te le jure, tu ne reconnaîtras plus les tiens!

— Je vous jure, papa.... Je... Papa... Maria Kirilovna n'y est absolument pour rien et ne m'a pas envoyé du tout...

— Stépan, va me couper une bonne verge de bouleau, bien verte...

— Attendez, papa, attendez, je vais tout vous dire... Je m'amusais dans la cour, et ma sœur a ouvert sa fenêtre. Je me suis approché... Par mégarde, Maria Kirilovna a laissé tomber sa bague, alors je l'ai prise, je l'ai cachée dans le creux du chêne et... et... ce rouquin a essayé de me la voler.

— Ah! Ah! elle l'a laissé tomber par mégarde... et tu as voulu la cacher, hein?... Stépan, les verges!

— Attendez, papa, attendez, je vais tout vous dire!... Maria Kirilovna m'a demandé de courir jusqu'à la tonnelle et de déposer la bague dans le creux du chêne. J'ai couru et je l'ai mise, et ce sale voyou...

Kirila Pétrovitch se tourna vers le voyou et lui demanda sévèrement :

— Qui est ton maître?

— Je suis serf et appartiens aux Doubrovsky, répondit le rouquin.

Le visage de Kirila Pétrovitch se rembrunit.

— Tu ne sembles pas me reconnaître pour ton maître... Bon, bon... Et que faisais-tu dans mon jardin?

— Je volais des framboises, répliqua le gamin, avec un parfait détachement.

— Ah! Ah! tel maître, tel serviteur! Mais dis-moi, depuis quand est-ce qu'il pousse des framboises sur les chênes, dans mon jardin?

Le gamin ne répondit pas.

— Papa, ordonnez-lui de rendre la bague! intervint Sacha.

— Alexandre, tais-toi, intima Kirila Pétrovitch. N'oublie pas que toi aussi, j'ai deux mots à te dire. Rentre dans ta chambre... Quant à toi, le bigle, tu m'as l'air d'un fameux gaillard... Allons, rends-moi la bague et file chez toi.

Le gamin ouvrit la main et montra qu'elle était vide.

— Écoute-moi : si tu m'avoues tout, je ne te fais pas fouetter et te donne cinq kopecks pour t'acheter des noix, sinon, il t'arrivera quelque chose, mais quelque chose à quoi tu ne t'attends même pas... Eh bien ?

Le gamin ne répondait toujours rien, baissait la tête et affectait la mine d'un véritable idiot.

— Parfait ! fit le hobereau. Qu'on l'enferme quelque part et qu'on veille à ce qu'il ne puisse s'échapper... Sinon, j'écorcherai toute la maison !

Stépan conduisit le gamin au pigeonnier, l'y enferma et chargea la vieille basse-courière de monter la garde.

— Allez me chercher à la ville le capitaine de gendarmerie, dit Kirila Pétrovitch, sans quitter du regard le prisonnier qu'on emmenait. Et que ça saute !

« Pas de doute, elle est restée en relations avec ce maudit Doubrovsky !... Seulement se peut-il qu'elle l'ait appelé à son secours ? » songeait Kirila Pétrovitch, en arpentant sa chambre et sifflotant rageusement son air martial.

« Mais qui sait si je ne tiens pas la bonne piste... Cette fois-ci, il ne m'échappera plus. Tâchons de bien profiter de l'aubaine... Ah ! Ah ! un grelot... Dieu soit loué, voici le capitaine de gendarmerie... Holà, qu'on m'amène ici le petit qu'on a attrapé ! »

Cependant, la carriole s'était arrêtée dans la cour, et notre policier, tout couvert de poussière, pénétrait dans la pièce.

— Une fameuse nouvelle, dit Kirila Pétrovitch. J'ai attrapé Doubrovsky.

— Dieu soit loué, Votre Excellence ! répondit le capitaine, tout réjoui. Où est-il ?

— Enfin, ce n'est pas Doubrovsky lui-même mais quelqu'un de sa bande. On va vous l'amener tout de suite, et il nous aidera à capturer leur ataman[13].

Le capitaine, qui s'attendait à voir un redoutable brigand, fut stupéfait de découvrir un gamin de treize ans, chétif, débile. Perplexe, il se tourna vers le hobereau, quêtant une explication. Kirila Pétrovitch le mit au courant des événements de la matinée, sans mentionner pourtant le nom de Maria Kirilovna.

Le policier l'écouta avec attention, sans cesser de

jeter des regards sur le jeune vaurien, qui faisait la bête et semblait parfaitement indifférent à tout ce qui se passait autour de lui.

— Votre Excellence, me serait-il permis de vous dire quelques mots en particulier ? fit enfin le visiteur.

Kirila Pétrovitch le conduisit dans une autre pièce et ferma la porte derrière eux.

Au bout d'une trentaine de minutes, les deux hommes revinrent au salon, où le prisonnier attendait toujours que l'on statuât sur son sort.

Ce fut le capitaine qui parla :

— Son Excellence voulait te faire enfermer dans la prison de la ville, te faire goûter du fouet et ensuite déporter, mais je suis intervenu en ta faveur et j'ai obtenu ton pardon. Qu'on le détache !

On le délia.

— Allons, remercie le maître, dit le policier.

Le gamin s'approcha de Kirila Pétrovitch et lui baisa la main.

— File chez toi, fit Kirila Pétrovitch et, à l'avenir, tâche de ne plus chaparder de framboises dans les arbres creux !

Le gamin dégringola le perron et se mit à galoper à travers champs, dans la direction de Kisténiovka, sans se retourner.

Arrivé à bon port, il s'arrêta devant une petite izba, à moitié écroulée — la première en bordure du village — et frappa à la fenêtre. Une vieille bonne femme souleva le châssis et sortit la tête.

— Du pain, grand-mère, fit le gamin. Je meurs de faim. Rien mangé depuis ce matin.

— C'est toi, Mitia ? Où étais-tu donc passé, garnement du diable ?

— Je te dirai ça après. Du pain, grand-mère, du pain pour l'amour de Dieu !

— Rentre donc par ici.

— Pas le temps. Encore une course à faire. Du pain, mère-grand, du pain, au nom du Christ !

— Le diable au corps, grogna la vieille femme. Tiens, en voilà un bout.

Et elle lui passa, par la fenêtre, une tranche de pain noir.

Le rouquin y mordit à belles dents et repartit, tout en mastiquant.

La nuit descendait déjà. Mitia se faufilait, à travers aires de battage et potagers, dans la direction de Kisténiovka. Ayant atteint les deux pins, qui se dressaient à la lisière, comme des sentinelles, il fit halte, regarda de tous les côtés, lança un sifflement strident et saccadé et tendit l'oreille. Un sifflement léger et continu lui répondit. Un homme sortit du bois et marcha à sa rencontre.

CHAPITRE X

Kirila Pétrovitch arpentait le grand salon, en sifflant, plus martial que jamais, son air favori. Toute la maison était en grand remue-ménage : les domestiques couraient d'une pièce à l'autre, les servantes s'affairaient, les cochers armaient le carrosse, à l'écurie.

Une foule nombreuse se pressait dans la cour. Dans le cabinet de toilette, réservé à mademoiselle, une dame, entourée de caméristes, parait Maria Kirilovna, blême et sans mouvement. Sa tête alanguie se baissait sous le poids du diadème; elle tressaillait légèrement toutes les fois qu'une main maladroite la piquait avec une épingle, mais se taisait et se regardait, stupide, dans la glace.

— Est-ce pour bientôt? retentit la voix de Kirila Pétrovitch derrière la porte.

— Tout de suite! répondit la modiste. Maria Kirilovna, levez-vous, regardez-vous : est-ce bien ainsi?

La jeune fille s'exécuta, mais ne dit mot. La porte s'ouvrit.

— La mariée est prête, fit la modiste, en s'adressant à Kirila Pétrovitch. Veuillez faire avancer le carrosse.

— A Dieu vat! répliqua Kirila Pétrovitch.

Prenant une icône sur la table, il interpella sa fille d'une voix émue :

— Approche, Macha, que je te bénisse...

La jeune fille tomba à ses pieds et éclata en sanglots :

— Papa... papa... murmurait-elle, à travers les larmes d'une voix éteinte.

Mais Kirila Pétrovitch était pressé de lui donner sa bénédiction. On la releva et la porta presque dans le carrosse. La marraine de noce[14] et une servante montèrent avec elle. L'équipage partit pour l'église.

Le fiancé les y attendait déjà et s'avança à leur rencontre, surpris de sa pâleur et de son air étrange.

Tous les deux, ils entrèrent dans l'église, froide et déserte, et l'on ferma les portes derrière eux.

Le prêtre sortit de l'autel[15] et l'office commença immédiatement.

Maria Kirilovna ne voyait rien, n'entendait rien. Depuis le matin, elle avait attendu Doubrovsky, et l'espoir ne l'avait pas abandonnée un seul instant, mais, au moment où le prêtre lui posa la question rituelle, elle tressaillit et crut défaillir. Pourtant, elle essaya de gagner du temps. L'officiant prononça les paroles irrévocables sans attendre sa réponse.

La cérémonie prit fin. Maria Kirilovna sentit, sur sa joue, le baiser froid d'un époux qu'elle n'aimait pas, entendit les congratulations joyeuses de l'assistance, se refusant toujours à croire qu'elle fût enchaînée à jamais et que Doubrovsky n'eût point volé à son secours.

Le prince lui tint de tendres propos. Elle ne les comprit pas.

Le couple quitta l'église. Les paysans de Pokrovskoié se pressaient en foule sur le parvis de l'église. Le regard de la jeune mariée fit rapidement le tour des visages et, de nouveau, refléta la même indifférence.

Les époux montèrent dans un carrosse et partirent dans la direction d'Arbatovo, où Kirila Pétrovitch les avait précédés, afin de les recevoir.

Resté seul avec sa jeune épouse, le prince ne se montra nullement troublé par son air froid. Il ne l'importuna point avec des déclarations affectées et des transports grotesques ; ses paroles étaient simples et ne demandaient pas de réponse.

De la sorte, ils parcoururent une dizaine de verstes. Les chevaux allaient bon train, en dépit des accidents de la route vicinale et le carrosse ne les secouait presque pas sur ses ressorts anglais. Subitement, on perçut les cris d'une poursuite. L'équipage fit halte, une foule d'hommes armés l'entourèrent, l'un d'eux, qui dissimulait ses traits sous un loup, ouvrit la portière, du côté où était assise la jeune princesse et prononça :

— Vous êtes libre, madame. Sortez !

— Qu'est-ce que cela signifie ? glapit le prince. Qui es-tu ?

— C'est Doubrovsky, répondit la jeune mariée.

Ne perdant pas sa présence d'esprit le prince sortit un pistolet de sa poche et fit feu sur le bandit masqué. La princesse poussa un cri et, terrifiée, se couvrit le visage des deux mains. Doubrovsky était blessé à l'épaule. Le sang jaillit.

Véréisky sans perdre un instant, sortit un autre pistolet, mais on ne lui laissa pas le temps de tirer. La portière fut ouverte de son côté, des poignes vigoureuses le tirèrent hors du carrosse et lui arrachèrent son arme. Les coutelas brillèrent au-dessus de lui.

— Ne le touchez pas ! cria Doubrovsky.

Les sinistres acolytes s'écartèrent aussitôt.

— Vous êtes libre, reprit le jeune homme, en s'adressant à la princesse, toute pâle.

— Non ! répliqua-t-elle. Il est trop tard. Je suis mariée. Je suis l'épouse du prince Véréisky.

— Que dites-vous ? s'exclama Doubrovsky, au désespoir. Non, non, vous n'êtes pas sa femme !... On vous a contrainte, il ne se peut pas que vous ayez consenti !

— Si, j'ai donné mon consentement. J'ai juré, répondit-elle d'une voix ferme. Le prince est mon mari. Ordonnez qu'on le délivre et laissez-moi avec lui. Je n'ai trompé personne. Je vous ai attendu jusqu'au dernier moment... Mais à présent, je vous dis : il est trop tard, laissez-nous partir.

Doubrovsky ne l'entendait plus. La douleur provoquée par sa blessure et l'intensité de l'émotion avaient eu raison de ses forces. Il tomba près d'une des roues de l'équipage. Ses complices l'entourèrent, et il parvint à leur dire quelques mots. On le mit à dos de cheval. Deux des bandits le soutinrent, un troisième prit la bête par la bride, et tous se retirèrent, en abandonnant le carrosse au beau milieu de la route.

Les gens de Véréisky étaient ligotés, les chevaux dételés, mais rien n'avait été pillé, et les hommes n'avaient pas versé une goutte de sang pour venger leur *ataman*.

CHAPITRE XI

Un petit fortin de terre se dressait au milieu d'une épaisse forêt, dans une clairière étroite. Il se composait d'un rempart et d'un fossé, derrière lequel se trouvaient quelques cabanes et des huttes de terre.

Une quantité d'hommes, dont l'habillement fantasque et l'armement dénotaient les occupations, étaient assis, nu-tête, autour d'un énorme chaudron, où chacun plongeait sa cuiller.

Un guetteur, les jambes repliées sous lui, était accroupi sur le rempart, à côté d'un petit canon. A présent, il mettait une pièce à son habit, avec une adresse qui dénotait le maître-tailleur et, à tout moment, regardait autour de lui.

Quoique certain puisoir eût fait, à maintes reprises, le tour de la compagnie, un singulier silence planait sur la foule.

A l'issue du repas, les brigands se levèrent les uns après les autres, dirent leur prière ; d'aucuns rentrèrent dans leur hutte ; certains se dispersèrent dans le bois, ou s'allongèrent pour piquer une sieste, selon la coutume russe.

Le guetteur termina son ouvrage, secoua ses hardes, admira la pièce qu'il venait de poser, piqua l'aiguille dans sa manche, et entonna, à pleine voix, une vieille et nostalgique chanson :

Ne bruis pas, ma chênaie, forêt verdoyante,
Laisse-moi méditer[16]...

La porte d'entrée de l'une des cabanes s'ouvrit tout à coup, et une vieille femme en bonnet blanc, vêtue fort proprement, sinon avec recherche, apparut sur le seuil.

— Arrête donc, Stiopka! ronchonna-t-elle. Le maître repose, et toi, tu ne sais que brailler... Vous n'avez pas de honte, ni pitié, vous autres!

— C'est vrai, Iégorovna, répliqua l'autre... Bon, bon, je ne le ferai plus : qu'il se repose, notre maître, qu'il se rétablisse.

La vieille femme s'éloigna et Stiopka se mit à faire les cent pas le long du rempart.

Dans la cabane, d'où elle était sortie, Doubrovsky gisait, blessé, sur un lit de camp, derrière la cloison. Ses pistolets étaient posés sur une table, devant lui, et son sabre était suspendu au-dessus de sa tête. Les murs et le sol de la chaumine étaient couverts de riches tapis; une coiffeuse de femme et une glace se trouvaient dans un coin du réduit. Doubrovsky tenait, à la main, un livre ouvert, mais ses yeux étaient clos. La vieille nourrice, qui l'observait par-dessus la cloison, ne pouvait savoir s'il s'était assoupi ou seulement perdu dans ses pensées.

Soudain, le jeune homme tressaillit : on s'agitait à l'intérieur du fortin, et Stiopka passa la tête par l'embrasure de la fenêtre.

— Vladimir Andréiévitch! cria-t-il. J'ai entendu le signal. On nous traque!

Doubrovsky bondit sur ses pieds, saisit ses armes et quitta la cabane. Au-dehors, les brigands s'attroupaient à grand renfort de bruit. Tout se tut à l'apparition du capitaine.

— Tout le monde est-il là?

— Tout le monde, excepté les patrouilleurs!

— A vos postes! cria Doubrovsky.

Et chacun de ses hommes occupa le poste qui lui était assigné.

Trois patrouilleurs accoururent à l'entrée du rempart. Doubrovsky marcha au-devant d'eux.

— Que se passe-t-il?

— Les soldats sont dans le bois. Ils nous encerclent.

Doubrovsky ordonna de fermer le portail du rempart et s'en alla lui-même inspecter le petit canon. Une rumeur de voix se fit entendre dans le bois et se rapprocha. Les bandits attendaient en silence. Tout à coup, trois ou quatre soldats surgis des fourrés se replièrent en tirant des coups de feu pour prévenir leurs camarades.

— Préparez-vous au combat! fit Doubrovsky.

Un léger bruissement parcourut les rangs et s'apaisa incontinent.

On entendit le détachement se rapprocher; des armes étincelèrent entre les arbres et quelque cent cinquante hommes, jaillis hors du bois, se lancèrent en criant à l'assaut de la citadelle.

Doubrovsky alluma la mèche, le coup partit. Il avait bien visé : un soldat eut la tête arrachée, deux autres furent atteints. La confusion se fit dans leur troupe, mais un officier se jeta en avant; les hommes le suivirent et dévalèrent, au pas de course, la pente du fossé. Les brigands répliquèrent par des coups de fusil et de pistolet, puis, la hache à la main, défendirent le rempart qu'assaillaient les soldats, mis en rage, et qui avaient laissé une vingtaine de blessés au fond du fossé. La bataille se transforma en corps-à-corps. Déjà, les attaquants allaient prendre pied sur le haut du rempart, déjà les brigands reculaient, quand Doubrovsky, s'approchant de l'officier, lui appuya son pistolet sur la poitrine et fit feu. L'homme tomba à la renverse; des soldats le prirent sous les bras et l'emportèrent; les autres s'arrêtèrent, privés de leur chef.

Encouragés par l'exploit de leur capitaine, les brigands mirent à profit cette minute d'indécision, écrasèrent l'ennemi en déroute et le rejetèrent dans le fossé. Les soldats s'enfuirent, et leurs ennemis s'élancèrent sur leurs trousses, avec des cris. La victoire était décidée. Rassuré sur la déroute de l'adversaire,

Doubrovsky arrêta ses troupes et s'enferma à l'intérieur du fortin, après avoir fait ramasser les blessés, doublé les postes de guet et interdit à quiconque de s'absenter.

Ces derniers événements finirent par attirer sérieusement l'attention du gouvernement sur les hauts faits audacieux de Doubrovsky. On recueillit force renseignements sur l'endroit où il se trouvait. Une compagnie de soldats fut envoyée pour s'emparer de lui, mort ou vif. Plusieurs hommes de sa bande furent faits prisonniers et l'on apprit, par eux, que Doubrovsky avait disparu.

Peu de jours après la bataille, il avait réuni ses compagnons pour leur annoncer son intention de les quitter et leur recommander de changer d'existence.

— Vous vous êtes enrichis sous ma conduite. Chacun de vous est muni d'un passeport qui lui permet de se retirer dans quelque province éloignée et d'y vivre jusqu'à la fin de ses jours dans le travail honnête et dans l'aisance. Mais vous êtes des fripouilles, et je gage qu'aucun ne voudra changer de profession.

Après cette harangue, il les avait quittés, en n'emmenant avec lui qu'un certain X...

Nul ne savait où il était passé. Au début, les enquêteurs eurent des doutes, quant à l'authenticité de ces témoignages, car le dévouement des bandits à leur *ataman* était notoire. L'on supposa qu'ils essayaient de le couvrir, mais la suite des événements confirma en tout point leurs dépositions. Razzias, incendies et pillages cessèrent, et les routes redevinrent libres.

Selon d'autres sources, on apprit que Doubrovsky s'était réfugié à l'étranger.

LA DAME DE PIQUE

La dame de pique signifie une secrète malveillance.

Nouveau traité de divination.

CHAPITRE PREMIER

Quand le temps était gris,
Ils se réunissaient
Souvent,
N'en déplaise au bon Dieu,
Ils misaient de cinquante
A cent.
Ils gagnaient et
Ils marquaient
A la craie.
Quand le temps était gris
D'affaires ils
S'occupaient [1].

On jouait chez Naroumov, officier aux gardes à cheval.

Une longue nuit d'hiver avait fui, sans qu'on s'en aperçût. Il était quatre heures passées quand on s'avisa de souper. Les gagnants mettaient les bouchées doubles; les autres contemplaient distraitement leurs assiettes vides. Puis, le champagne aidant, la conversation s'anima et, petit à petit, devint générale.

— Eh bien! qu'as-tu fait, Sourine? demanda le maître de maison, en s'adressant à l'un des joueurs.

— J'ai perdu selon mon habitude. Que veux-tu, je n'ai pas de chance. Je joue la mirandole, je garde mon sang-froid, je ne me laisse émouvoir par rien, pourtant je perds toujours!

— Comment, tu n'as pas une seule fois joué le

routé [2]?... Tu ne t'es pas laissé tenter?... En vérité, ta constance me dépasse!

— Et Hermann, qu'est-ce que vous en dites? observa un convive, en désignant un jeune officier du génie. De sa vie, il n'a touché une carte, ni fait un paroli, et pourtant, il nous regarde jouer jusqu'à cinq heures du matin.

— Le jeu m'intéresse énormément, répondit Hermann. Mais je n'ai pas la possibilité de risquer le nécessaire pour gagner le superflu.

— Hermann est Allemand. Il est économe. Et voilà tout! répliqua Tomsky. Mais s'il est quelqu'un qui me déroute, c'est bien ma grand-mère, la comtesse Anna Fédotovna.

— Comment cela?... Pourquoi?... s'exclama-t-on de tous les côtés.

— Je n'arrive pas à comprendre pourquoi elle ne ponte jamais.

— Pour une femme de quatre-vingts ans, la chose n'a rien d'extraordinaire! fit Naroumov.

— Mais alors, vous n'avez jamais rien entendu raconter sur elle?

— Non. Pas du tout!

— Oh! alors écoutez! Sachez d'abord qu'il y a de cela quelque soixante ans, ma grand-mère avait coutume de se rendre régulièrement à Paris. Elle y était très à la mode. Les gens couraient derrière elle pour voir la *Vénus moscovite.* Richelieu[3] lui faisait la cour, et elle prétend qu'il a failli se tuer à cause de ses cruautés. Dans ce temps-là, les dames jouaient au pharaon. Un jour, elle perdit à la Cour, sur parole, une très forte somme au duc d'Orléans. Rentrée chez elle, grand-mère, tout en ôtant ses mouches et défaisant ses paniers, conta son malheur à mon grand-père et lui ordonna de payer. Feu mon aïeul, pour autant qu'il m'en souvienne, était une sorte de maître d'hôtel au service de son épouse. Il la craignait comme le feu. Mais, pour une fois, l'énoncé du chiffre de la perte le fit sortir de ses gonds. Il s'emporta, démontra à ma grand-mère, avec comptes à l'appui, qu'ils avaient

dépensé un demi-million de roubles en six mois, qu'ils ne possédaient point, à Paris, leurs terres du gouvernement de Moscou ou de Saratov — bref, il refusa de payer tout net. Grand-mère lui donna une gifle et fit lit à part, cette nuit-là, en témoignage de son courroux. Le jour suivant, elle le fit appeler, ne doutant pas de l'efficacité de ce conjugal châtiment. Il fut intraitable. Pour la première fois de sa vie grand-mère daigna condescendre à des raisonnements et des explications, croyant prouver à son mari, non sans quelque morgue, qu'il y a dette et dette et qu'un prince du sang n'est pas un carrossier. Allons donc ! Grand-père se cabrait. Non, non et non ! Grand-mère était aux abois. Elle connaissait un homme tout à fait remarquable. Vous avez entendu parler du comte de Saint-Germain[4], dont on dit tant de merveilles. Vous savez qu'il prétendait être le Juif errant, avoir inventé l'élixir de longue vie et la pierre philosophale, etc. On se moquait de lui comme d'un charlatan, et Casanova, dans ses *Mémoires*, le présente comme un espion. Au demeurant, en dépit de son air de mystère, le comte de Saint-Germain avait une mine tout à fait respectable et était un homme fort aimable en société. Grand-mère en est encore folle et se fâche si on le traite cavalièrement... Sachant donc que Saint-Germain pouvait disposer de sommes considérables, elle résolut d'avoir recours à lui et lui écrivit un billet pour lui demander de passer la voir, de toute urgence. Le vieil excentrique accourut à l'appel et trouva ma grand-mère en proie à la plus noire désolation. Elle lui dépeignit sous les couleurs les plus sombres la conduite barbare de son mari et conclut en disant qu'elle n'avait plus d'espoir que dans son amitié et son obligeance. Saint-Germain réfléchit quelque temps avant de répondre : « Je peux vous avancer cette somme, fit-il, mais je sais que vous n'auriez de repos qu'après me l'avoir remboursée et ne veux point être cause, pour vous, de nouveaux soucis. Il est un autre moyen de vous acquitter : il faut regagner cet argent.
— Oui, mais mon cher comte, il ne me reste plus un

sou! — Point n'est besoin de cela... Daignez me prêter l'oreille... » Et, là-dessus, il l'initia à un secret que chacun de nous, je gage, paierait fort cher...

Les jeunes gens redoublèrent d'attention. Tomsky alluma sa pipe, tira une bouffée et reprit :

— Le soir même, grand-mère se rendit à Versailles, au jeu de la Reine. Le duc d'Orléans tenait la banque. Grand-mère s'excusa négligemment de n'avoir pas apporté sa dette, débita une petite histoire pour se justifier, et se mit à ponter contre lui. Elle choisit trois cartes, et les joua l'une après l'autre quitte ou double. Les trois cartes gagnèrent. Grand-mère s'était complètement acquittée.

— Pur hasard! s'écria un joueur.

— Un conte de fées! protesta Hermann.

— Des cartes truquées, peut-être? fit un troisième.

— Je ne le crois pas, répondit gravement Tomsky.

— Eh quoi! intervint Naroumov, tu as une grand-mère qui devine trois cartes gagnantes de suite, et tu n'as pas encore su te faire initier à ce secret cabalistique?

— Ah oui, c'est bien le diable!... Elle avait quatre fils, dont mon père. Tous des joueurs enragés. Et pourtant, pas un n'a réussi à lui soutirer son secret, qui leur aurait fait le plus grand bien — et à moi aussi, d'ailleurs!

» Mais voici ce que m'a raconté mon oncle, le comte Ivan Illitch. Et il l'a juré sur son honneur. Feu Tchaplitzky, celui-là même qui mourut dans la misère après avoir fait valser des millions, feu Tchaplitzky, dis-je, avait perdu, dans sa jeunesse, près de trois cent mille roubles, à Zoritch[5], si je ne me trompe. Il était au désespoir. Ma grand-mère, toujours sévère pour les frasques de jeunesse, prit pitié de lui, lui indiqua trois cartes, afin qu'il les jouât coup sur coup, et lui demanda sa parole de ne plus jamais approcher du tapis vert. Tchaplitzky s'en vint trouver son vainqueur. Ils jouèrent. Tchaplitzky misa cinquante mille roubles sur la première carte et gagna; fit paroli, sur paroli, s'acquitta et se trouva encore en gain...

Mais voilà déjà six heures moins le quart. Il faut aller dormir.

En effet, le jour se levait. Les jeunes gens vidèrent leurs verres et l'on se sépara.

CHAPITRE II

— Il paraît que monsieur est décidément pour les suivantes.
— Que voulez-vous, madame, elles sont plus fraîches[6].

(Conversation mondaine.)

La vieille comtesse X... était dans son cabinet de toilette, assise devant une glace. Trois suivantes l'entouraient. L'une lui présentait un pot de rouge, l'autre une boîte d'épingles à cheveux, la troisième un haut bonnet avec des rubans couleur de feu. La vieille comtesse n'avait plus la moindre prétention à la beauté, la sienne étant flétrie depuis longtemps, mais conservait toutes les habitudes de sa jeunesse, suivait rigoureusement la mode de 1770, s'habillait aussi longuement et avec autant de soins que soixante ans auparavant.

Une jeune fille, sa pupille, travaillait à un métier, dans l'embrasure de la fenêtre.

— Bonjour, *grand-maman*, fit, en entrant, un jeune officier. *Bonjour, mademoiselle Lise. Grand-maman*, je viens vous adresser une demande.

— Qu'est-ce que c'est, *Paul?*

— Permettez-moi de vous présenter un ami à moi et de l'amener vendredi à votre bal.

— Amène-le à mon bal, et tu me le présenteras là. As-tu été hier chez N... ?

— Bien entendu ! C'était très gai. On a dansé jusqu'à cinq heures. Eletzkaïa était ravissante !

— Fi donc, mon cher ! Que lui trouvez-vous de beau ? Peut-on la comparer à sa grand-mère, la princesse Daria Pétrovna ?... A propos, je suppose qu'elle a dû bien vieillir, la princesse ?

— Vieillir ? répliqua étourdiment Tomsky. Voilà sept ans qu'elle est morte !

La jeune fille leva la tête et fit un signe au visiteur. Il se souvint que l'on cachait à la vieille comtesse le décès de ses contemporaines et se mordit la lèvre. Mais la comtesse accueillit la nouvelle avec un parfait détachement.

— Ah ! oui, elle est morte. Je l'ignorais. Nous avons été nommées ensemble demoiselles d'honneur, et quand nous fûmes présentées à l'impératrice, celle-ci...

Et la comtesse, pour la centième fois, raconta à son petit-fils son anecdote.

— A présent, *Paul*, aide-moi à me lever... Lisanka, où est ma tabatière ?

Et, accompagnée de ses trois suivantes, elle se retira derrière un paravent pour mettre la dernière main à sa toilette. Tomsky resta en tête à tête avec la jeune fille.

— Qui est cet ami que vous voulez présenter à la comtesse ? s'enquit-elle à voix basse.

— Naroumov. Vous le connaissez ?

— Non. Est-ce un militaire ?

— Oui.

— Dans le génie ?

— Non, dans la cavalerie... Et pourquoi pensiez-vous donc qu'il était dans le génie ?

La jeune fille éclata de rire et ne répondit mot.

— *Paul!* cria la comtesse de derrière le paravent, envoie-moi donc, je te prie, quelque nouveau roman, mais pas de ceux qu'on écrit à l'heure actuelle.

— Comment cela, *grand-maman ?*

— Je veux dire un roman, où le héros n'étrangle ni père, ni mère et où il n'y ait pas de noyés. J'ai affreusement peur des noyés.

— C'est une littérature qui ne se trouve plus, de nos jours. Ne voudriez-vous pas plutôt un roman russe ?

— Tiens, il y en a donc ?... Fort bien, mon amie, envoie-m'en un !

— Adieu, *grand-maman*, je suis très pressé... Au revoir, Lisavéta Ivanovna... Dites-moi, pourquoi diable avez-vous cru que Naroumov était dans le génie ?

Et Tomsky sortit du cabinet de toilette.

Restée seule, Lisavéta Ivanovna quitta son ouvrage et se mit à regarder par la fenêtre. Bientôt, de l'autre côté de la rue, à l'angle de la maison du coin, apparut un jeune officier. La jeune fille rougit, reprit son tambour et baissa la tête sur son canevas. La comtesse, habillée de pied en cap, rentra sur ces entrefaites.

— Lisanka, fais atteler le carrosse. Nous allons partir en promenade.

La jeune fille se leva et se mit en devoir de ranger son ouvrage.

— Eh bien ! mon petit, eh bien ! tu es sourde ? cria la comtesse. Allons, fais vite atteler le carrosse !

— Tout de suite, madame, répondit Lisavéta Ivanovna à voix basse, en courant vers l'antichambre.

Un domestique entra et remit à la comtesse quelques livres de la part du prince Paul Alexandrovitch.

— C'est bien, mon ami, c'est bien. Remerciez-le... Lisanka, où cours-tu donc ?

— M'habiller.

— Tu as bien le temps, mon petit, tu as le temps. Assieds-toi là. Tiens, ouvre le premier volume et lis tout haut.

La jeune fille prit un livre et lut quelques lignes.

— Plus haut ! Plus haut ! fit la comtesse. Qu'est-ce qui te prend, mon petit, aurais-tu perdu la voix, hein ?... Allons, approche-moi ce tabouret... là !

Lisavéta Ivanovna lut encore deux pages. La comtesse bâilla.

— Laisse cela ! dit-elle. Quelles sottises !... Renvoie ce livre au prince Paul, avec mes remerciements... Eh bien ! et ce carrosse ?...

— Il est attelé, répondit Lisavéta Ivanovna en lançant un coup d'œil par la fenêtre.

— Mais alors, qu'attends-tu pour t'habiller ?... Il faut toujours que tu te fasses attendre !... Cela devient insupportable, mon petit !

Lisavéta Ivanovna courut à sa chambre. Elle n'y était pas depuis deux minutes que déjà la comtesse agitait la sonnette de toutes ses forces. Les trois suivantes se précipitèrent par une porte, le laquais par une autre.

— Eh bien ! on ne m'entend donc plus à ce qu'il paraît ? protesta la comtesse. Allez dire à Lisavéta Ivanovna que je l'attends.

Lisavéta Ivanovna entra en manteau et en chapeau.

— Enfin ! dit la comtesse. Hé ! mais qu'est-ce que cette tenue ?... Hein ?... A qui en veux-tu ?... Quel temps fait-il ?... Il vente, ce me semble...

— Nullement, Excellence, dit le laquais, il fait très doux.

— Vous ne savez jamais ce que vous dites ! Ouvrez-moi le vasistas... C'est bien ce que je pensais ! Il vente ! Et une bise glaciale, avec cela ! Faites dételer le carrosse !... Lisanka, nous ne sortons pas. Ce n'était pas la peine de t'attifer !

« Et voilà mon existence ! » songea Lisavéta Ivanovna.

En effet, Lisavéta Ivanovna était une bien malheureuse créature. « Il est amer le pain de l'étranger, a dit Dante, et la pierre de son seuil est pénible à franchir[7]... » Il faut avoir été demoiselle de compagnie au service d'une vieille femme riche et de qualité pour goûter toute l'amertume de la sujétion.

La comtesse X... n'était pas une méchante femme, mais elle avait ses lubies, comme toute personne gâtée par le monde. Elle était avare et plongée dans un grand égoïsme, comme toutes les vieilles gens qui ont cessé d'aimer et ne comprennent plus le présent.

Elle se mêlait à toutes les vaines distractions de la

haute société; elle se traînait à tous les bals, fardée, vêtue à l'ancienne mode, assise dans son coin, ornement hideux et inévitable de la salle de danse. Chacun, en entrant, se faisait un devoir d'aller lui présenter ses respects, en vertu d'un rite immuable; ensuite, plus personne ne s'occupait d'elle.

La comtesse recevait toute la ville, se conformait à une rigoureuse étiquette et ne reconnaissait jamais aucun de ses invités. Sa nombreuse valetaille, engraissée et blanchie sous le harnais, dans son antichambre et à l'office, faisait ce qu'elle voulait et volait à qui mieux mieux la vieille moribonde.

Lisavéta Ivanovna était son souffre-douleur domestique. Quand elle servait le thé, on lui reprochait le sucre gaspillé; lorsqu'elle lisait un roman à la comtesse, on la rendait responsable des moindres fautes de l'auteur; à la promenade, elle était coupable du mauvais temps et de l'état des pavés. Ses appointements n'étaient jamais payés régulièrement; et, cependant, on exigeait qu'elle fût habillée comme tout le monde — c'est-à-dire comme fort peu de gens. Son rôle, en société, était des plus pitoyables. Tous la connaissaient, et personne ne la remarquait. Au bal, elle dansait seulement lorsqu'on avait besoin d'un *vis-à-vis;* les dames la prenaient par le bras et l'emmenaient hors du salon toutes les fois qu'il leur fallait réparer quelque désordre à leur toilette. Elle avait de l'amour-propre, sentait vivement la fausseté de sa position et cherchait avidement autour d'elle quelqu'un qui la sauvât. Las, les jeunes gens, prudents et calculateurs en dépit de leur étourderie vaniteuse, ne daignaient pas l'honorer de leurs attentions, bien qu'elle fût cent fois plus charmante que les fiancées froides et gourmées, auprès desquelles ils s'attroupaient.

Que de fois, quittant le salon, où régnaient l'opulence et l'ennui, elle s'était retirée furtivement pour pleurer dans son humble chambrette, meublée d'un paravent de papier peint, d'une commode, d'une pauvre glace et d'un lit en bois peint — tout cela à la lueur pâle d'une chandelle de suif dans un chandelier de laiton.

Une fois — cela s'était produit deux jours après la soirée décrite au début de notre récit et une semaine avant la scène que nous observons — une fois, dis-je, comme elle était assise à son métier devant la fenêtre, Lisavéta Ivanovna avait regardé dans la rue, par mégarde, et avait aperçu un jeune officier, immobile, les yeux rivés sur sa fenêtre. Baissant la tête, elle reprit sa besogne. Au bout de cinq minutes, elle jeta un coup d'œil de nouveau : le jeune officier était immobile, à la même place. N'ayant pas l'habitude de faire la coquette avec les officiers qui passaient dans la rue, elle se remit à son travail et demeura près de deux heures sans plus lever les yeux. L'on servit à souper. Elle se leva, se mit en devoir de ranger son ouvrage, et, sans le vouloir, revit encore une fois l'officier. Cela lui sembla assez étrange. Après le repas, elle s'approcha de la fenêtre, non sans quelque inquiétude, mais l'officier n'était plus là. Elle l'oublia...

Deux jours après, comme elle était sur le point de monter dans le carrosse, avec la comtesse, elle l'aperçut de nouveau. Il était planté tout contre le perron, le visage caché dans un col de castor; ses yeux noirs étincelaient sous son bicorne. Lisavéta Ivanovna eut peur, sans trop savoir pourquoi, et s'installa dans la voiture avec un trouble inexprimable.

De retour à la maison, elle courut à la fenêtre. L'officier était là, planté à la même place, et ses yeux noirs étaient fixés sur elle. La jeune fille se retira, brûlante de curiosité et torturée par un sentiment qu'elle éprouvait pour la première fois.

Depuis, il ne se passa plus de jour que le jeune homme ne vînt sous la fenêtre, toujours à la même heure. Des sortes de relations tacites s'établirent entre eux. Assise à sa place, toute à sa besogne, elle percevait néanmoins son approche, levait la tête et le dévisageait, de plus en plus longuement. L'officier semblait être plein de reconnaissance pour cette faveur. Le regard de Lisavéta Ivanovna, que sa jeunesse rendait perspicace, discernait la vive rougeur qui envahissait les joues de l'inconnu, toutes les fois que leurs yeux se croisaient. Au bout de huit jours, elle lui sourit...

Lorsque Tomsky avait sollicité l'autorisation de présenter son ami à la vieille comtesse, le cœur de la demoiselle de compagnie avait battu plus violemment. Ayant appris que Naroumov n'était pas dans le génie, mais dans les gardes à cheval, elle se mordit la langue et regretta de s'être trahie en présence du jeune étourneau.

Hermann était fils d'un Allemand russifié, dont il avait hérité un petit capital. Fermement convaincu de la nécessité d'assurer son indépendance, le jeune homme ne touchait même pas à ses intérêts, vivait uniquement de sa solde et ne se passait pas la moindre fantaisie. Avec cela, il était dissimulé, orgueilleux, et ses camarades avaient rarement l'occasion de se moquer de sa trop stricte économie. Il avait des passions violentes et une imagination de feu, mais sa fermeté le préservait des errements propres à la jeunesse. Ainsi, bien qu'il fût un joueur dans l'âme, jamais il n'avait touché une carte, ayant calculé que son état de fortune ne lui permettait pas (comme il le disait) « de sacrifier le nécessaire à l'espoir de gagner le superflu ». Cependant, il passait des nuits entières devant le tapis vert et suivait avec une anxiété fébrile les alternatives du jeu.

L'histoire des trois cartes avait fortement frappé son imagination et, toute la nuit, il ne fit qu'y penser.

« Si pourtant, se disait-il, le lendemain au soir, en errant à travers les rues de Saint-Pétersbourg, si pourtant la vieille comtesse me livrait son secret? Ou me désignait les trois cartes sûres?... Pourquoi ne pas tenter ma chance?... Me présenter à elle, m'insinuer dans ses faveurs; que diable, devenir son amant, s'il le faut!... Mais tout cela demande du temps, et elle a quatre-vingt-sept ans... Elle peut mourir dans une semaine, dans deux jours!... Et puis, l'histoire des trois cartes elle-même?... Est-elle digne de foi?...

Non, économie, tempérance, travail — voilà mes trois cartes sûres ! Voilà qui doit tripler et septupler mon capital, m'assurer repos et indépendance ! »

Tout en raisonnant de la sorte, il se retrouva dans une des principales rues de Saint-Pétersbourg, devant un immeuble d'architecture ancienne. La rue était encombrée de voitures ; les carrosses s'avançaient l'un à la suite de l'autre, faisaient halte devant une entrée splendidement illuminée. Leurs marchepieds supportaient, tour à tour, la jambe élégante d'une belle, une bruyante botte à l'écuyère, un bas rayé, un escarpin diplomatique. Pelisses et manteaux défilaient devant un Suisse majestueux. Hermann s'arrêta.

— A qui appartient cette maison ? demanda-t-il à un veilleur de nuit, au tournant de la rue.

— A la comtesse ***, mon officier.

Hermann tressaillit. L'étrange anecdote se représenta à son imagination. Il se mit à tourner autour de la maison, en songeant à sa propriétaire et à son mystérieux pouvoir.

Il rentra tard, ce soir-là, dans son humble logis, et, longtemps, ne put s'endormir. Lorsque le sommeil s'empara de lui, il vit des cartes, une table verte, des liasses d'assignats et des monceaux de ducats. Il jouait carte sur carte, faisait paroli sur paroli, gagnait sans discontinuer, raclait des piles d'or et bourrait ses poches de billets.

Réveillé tard, il déplora la perte de son fantasmagorique trésor, s'en alla vagabonder à travers la ville et se retrouva, de nouveau, devant la maison de la comtesse. Une force inconnue semblait l'attirer irrésistiblement. Il s'arrêta et regarda les fenêtres. Dans l'embrasure de l'une, il aperçut une tête brune et menue, penchée sur un ouvrage ou une lecture. La tête se releva. Hermann entrevit un frais visage et des yeux noirs. Cet instant décida de son sort.

CHAPITRE III

Vous m'écrivez, mon ange, des lettres de quatre pages plus vite que je ne puis les lire.

(Correspondance.)

A peine Lisavéta Ivanovna avait-elle fini de se débarrasser de son manteau et de son chapeau que la comtesse l'envoyait quérir de nouveau et ordonnait d'atteler le carrosse. Toutes deux s'apprêtaient à y prendre place. Au moment où les deux valets de pied soulevaient sa maîtresse et la hissaient à l'intérieur de la voiture, Lisavéta Ivanovna aperçut son jeune officier du génie, tout contre une roue du véhicule. Il lui saisit la main ; l'effroi lui fit perdre la tête. Quand elle recouvra ses sens, le jeune homme avait disparu, et elle tenait un billet dans sa main. Elle le cacha dans son gant et, durant tout le trajet, sembla devenue sourde et aveugle. La comtesse avait coutume de poser des questions sans discontinuer :

— Qui avons-nous croisé ?... Comment s'appelle ce pont ?... Qu'est-ce qu'il y a écrit sur cette enseigne ?

Lisavéta Ivanovna répondait à tort et à travers, ce qui mit en colère la comtesse.

— Eh bien ! eh bien ! qu'est-ce qui te prend, ma petite amie ?... Aurais-tu perdu le sens ?... Est-ce que tu ne m'entends pas ou ne me comprends plus ?...

Dieu merci, je ne grasseye pas et ne suis pas retombée en enfance !

Lisavéta Ivanovna faisait la sourde oreille. De retour à la maison, elle courut à sa chambre et tira le message de son gant ; il n'était pas cacheté. Elle le lut. C'était une déclaration, tendre, respectueuse et mot pour mot traduite d'un roman allemand. Ne sachant pas cette langue, la jeune fille fut fort contente.

Néanmoins, le fait d'avoir accepté la lettre la troublait fortement. Pour la première fois, elle entrait en relations secrètes et étroites avec un jeune homme. Son audace l'effrayait. Elle s'accusait de conduite imprudente et ne savait quel parti prendre : cesser de travailler à la fenêtre et, à force de froideur, dégoûter le jeune officier de sa poursuite ?... Lui renvoyer son mot ?... Lui répondre avec froideur et fermeté ? N'ayant point d'amie, ni de conseillère, elle résolut de répondre.

Elle s'installa à sa petite table, prit du papier, une plume — et resta songeuse. A plusieurs reprises, elle recommença sa lettre pour la déchirer aussitôt. Tantôt, le message semblait trop dur, tantôt il ne l'était pas assez. En fin de compte, elle réussit à tracer quelques lignes dont elle fut satisfaite :

« Je suis persuadée que vos intentions sont celles d'un honnête homme et que vous n'avez point voulu m'offenser par une conduite irréfléchie. Pourtant, il ne faut pas que notre connaissance commence de cette sorte. Je vous renvoie votre lettre et j'espère, dans l'avenir, ne pas avoir lieu de me plaindre d'un manque de considération immérité. »

Le jour suivant, aussitôt qu'elle aperçut Hermann, elle quitta son métier, passa au salon, ouvrit le vasistas et jeta sa lettre, se fiant à l'adresse du jeune officier. Hermann accourut, ramassa la lettre et entra chez un pâtissier. Ayant rompu le cachet, il trouva son propre billet et la réponse de Lisavéta Ivanovna. Elle était précisément telle qu'il l'attendait. L'officier rentra chez lui, tout occupé par son intrigue.

Trois jours après, une jeune et accorte personne,

aux yeux fort éveillés, vint porter un billet à Lisavéta Ivanovna, de la part d'une marchande de modes. La jeune fille le décacheta avec appréhension, prévoyant quelque demande d'argent et reconnut l'écriture d'Hermann.

— Vous vous êtes trompée, ma petite, ce billet n'est pas pour moi.

— Mais si, mais si, il est bien pour vous, répliqua la coquine, sans dissimuler un sourire ironique. Prenez donc la peine de le lire.

Lisavéta Ivanovna parcourut le message. Hermann exigeait une entrevue.

— C'est impossible! s'écria-t-elle, effrayée de la hardiesse de la demande et de la manière dont elle était transmise. Je vous assure que cette lettre ne m'est pas adressée!

Ce disant, elle la déchira en petits morceaux.

— Si la lettre n'est pas pour vous, pourquoi l'avez-vous déchirée? fit la demoiselle. Je l'aurais restituée à son expéditeur!

Lisavéta Ivanovna rougit violemment de la remarque.

— Je vous prie, ma bonne, de ne plus me porter dorénavant des messages de cette sorte!... Et dites à celui qui vous a envoyée qu'il devrait avoir honte...

Hermann ne se calma pas. Tous les jours, Lisavéta Ivanovna recevait des lettres de lui, arrivant tantôt d'une manière, tantôt d'une autre. A présent, elles n'étaient plus traduites de l'allemand. Hermann les écrivait, inspiré par la passion, dans un langage qui était le sien : on y lisait l'obstination de ses désirs et tout le désordre d'une imagination déréglée. Lisavéta Ivanovna ne songeait plus à les lui renvoyer : elle s'en grisait, se prenait à lui répondre, et ses propres billets commençaient de devenir plus longs et plus tendres. En fin de compte, elle lui jeta par la fenêtre le message suivant :

« Aujourd'hui, il y a bal chez l'ambassadeur de X... La comtesse a l'intention de s'y rendre. Nous y resterons jusqu'à deux heures environ. Voici une occasion pour me voir en tête à tête. Dès le départ de la comtesse, ses gens ne manqueront pas de s'éloigner; il ne restera plus que le Suisse, dans l'antichambre, mais habituellement, il se retire dans sa loge. Soyez là vers onze heures et demie. Montez directement l'escalier. Si jamais vous rencontrez quelqu'un dans l'antichambre, demandez-lui si la comtesse est chez elle. On vous répondra par la négative et force vous sera de partir. Mais vraisemblablement vous ne rencontrerez personne. Les suivantes se retirent toutes dans leur chambre commune. Après avoir traversé le vestibule, vous prendrez à gauche et marcherez droit jusqu'à la chambre à coucher de la comtesse. Parvenu là, vous trouverez, derrière le paravent, deux petites portes : celle de droite s'ouvre sur un cabinet, où la comtesse n'entre jamais; celle de gauche sur un couloir qui mène à un étroit escalier en colimaçon. Cet escalier conduit à ma chambre. »

Hermann frémissait comme un tigre, dans l'attente de l'heure fixée. A dix heures, il était déjà devant la maison de la comtesse. Il faisait un temps affreux. Le vent gémissait; une neige mouillée tombait à gros flocons; les réverbères ne jetaient qu'une lueur incertaine; les rues étaient désertes. Seul, un fiacre passait de temps en temps et le cocher fouettait sa rosse famélique, en quête d'un passant attardé. Couvert de sa seule tunique d'officier, Hermann ne sentait ni le vent, ni la neige.

Enfin, on avança le carrosse de la comtesse. Hermann vit deux laquais prendre par-dessous les bras la vieille, cassée en deux et couverte d'une pelisse de zibeline. Aussitôt après, enveloppée d'un léger manteau, la tête couronnée de fleurs naturelles, sa pupille passa comme une brève apparition. La portière claqua en se refermant. Le carrosse roula péniblement sur la neige molle. Le Suisse ferma la porte. Les fenêtres s'éteignirent. Hermann faisait les cent pas devant l'immeuble désert. Il s'approcha d'un réverbère et jeta un coup d'œil sur sa montre. Il était onze heures vingt. Posté sous la lanterne, les yeux rivés à l'aiguille de la montre, il compta les minutes.

A onze heures et demie précises, il escalada les marches du perron et pénétra dans le vestibule crûment éclairé. Le Suisse ne s'y trouvait point. Hermann monta en courant l'escalier, ouvrit la porte de l'antichambre et aperçut un domestique, dormant sous une lampe, enfoncé dans une bergère vétuste et crasseuse. Il passa devant lui d'un pas léger et assuré. La grande salle et le salon étaient plongés dans le noir. Seule, la lampe de l'antichambre les éclairait faiblement. Hermann pénétra dans la chambre à coucher. Une veilleuse en or brillait devant l'armoire sainte, remplie d'antiques icônes. Des fauteuils aux couleurs passées, des divans dédorés et garnis de coussins montaient la garde, avec une triste symétrie, le long des murs, tendus de tapisseries chinoises. On remarquait deux portraits, peints à Paris par Mme Lebrun[8]. Le premier représentait un homme d'une quarantaine d'années, replet et haut en couleurs, vêtu d'un uniforme vert clair, avec une étoile sur la poitrine; le second, une jeune beauté au nez aquilin, les tempes soigneusement peignées, une rose dans ses cheveux poudrés. Dans tous les coins, on voyait des bergers en porcelaine de Saxe, des pendules signées du grand maître Leroy[9], des écrins, des coffrets, des bonbonnières, des drageoirs, des baguiers, des roulettes[10], des éventails, toutes sortes de brimborions, inventions illustres de la fin du siècle passé, contemporaines des ballons de Montgolfier et du magnétisme de Mesmer.

Hermann passa derrière le paravent. Ce dernier abritait un petit lit de fer. A droite était la porte du cabinet; à gauche, celle du corridor. L'officier l'ouvrit et aperçut l'étroit escalier en colimaçon qui menait à la chambre de l'infortunée demoiselle de compagnie... Revenant sur ses pas, il pénétra dans le cabinet noir.

Le temps s'écoulait lentement. Tout était silence. La pendule du salon sonna minuit; toutes les autres pendules lui firent écho, et, de nouveau, ce fut le silence. Hermann se tenait immobile, adossé contre un poêle sans feu. Il était maître de lui-même. Son cœur battait régulièrement, comme celui d'un homme qui vient de prendre une décision hardie, mais nécessaire. Une heure sonna, puis deux heures, et il perçut le roulement lointain d'un carrosse. Un trouble involontaire s'empara de lui. Le carrosse s'arrêta. Hermann entendit le bruit du marchepied rabattu. Toute la maisonnée s'anima subitement. Des gens allaient et venaient, dans un bruit de voix; les lampes s'allumaient.

Trois vieilles suivantes firent irruption dans la chambre à coucher. La comtesse, plus morte que vive, se laissa choir dans un grand fauteuil à la Voltaire. Hermann observait la scène par une fente. Lisavéta Ivanovna passa devant lui. Il entendit son pas rapide le long de l'escalier. Quelque chose, qui ressemblait à un remords, le mordit au cœur et le relâcha. Il devint de pierre.

La comtesse commença à se déshabiller devant la glace. On détacha sa coiffure, ornée de roses; on ôta sa perruque poudrée de ses cheveux, qu'elle avait blancs et coupés ras. Les épingles pleuvaient dru autour d'elle. Sa robe jaune, lamée d'argent, tomba à ses pieds enflés. Hermann dut assister à tout le hideux mystère de sa toilette. Finalement, la comtesse demeura en peignoir et bonnet de nuit. Dans cet accoutrement, mieux approprié à son âge, elle semblait moins effroyable et repoussante.

Comme toutes les vieilles gens, la comtesse souffrait d'insomnie. Dévêtue, elle s'installa dans son grand fauteuil à la Voltaire, à la fenêtre, et renvoya ses suivantes. On emporta les bougies, et la chambre ne fut plus éclairée que par la veilleuse. La comtesse, toute jaune, remuait ses lèvres pendantes et se balançait de gauche à droite. Ses yeux troubles reflétaient une absence totale de pensée; en l'observant, on aurait pu croire que son balancement n'était pas l'effet d'une volonté consciente, mais d'un galvanisme secret.

Soudain, ce visage de momie changea prodigieusement. Les lèvres cessèrent de remuer; les yeux s'animèrent; un homme, un inconnu se dressait devant la comtesse.

— N'ayez pas peur, madame, au nom du ciel, n'ayez pas peur, prononça Hermann à voix basse, mais en détachant ses mots. Je n'ai point l'intention de vous faire du mal. C'est une grâce que je viens vous implorer.

Silencieuse, la vieille le dévisageait et semblait ne rien entendre. Hermann la crut sourde et, se penchant à son oreille, répéta ses paroles. La comtesse se taisait toujours.

— Vous pouvez assurer mon bonheur, jusqu'à la fin de mes jours, et il ne vous en coûtera rien... Vous avez le pouvoir, je le sais, de me désigner trois cartes...

Il s'interrompit. La comtesse paraissait avoir compris ce qu'on exigeait d'elle et chercher ses mots pour répondre.

— C'était une plaisanterie, fit-elle enfin. C'était une plaisanterie, je vous le jure.

— Ce sont des choses avec lesquelles on ne plaisante pas, madame, répliqua Hermann, irrité. Souvenez-vous de Tchaplitzky que vous aidâtes à s'acquitter ?

La comtesse était visiblement déconcertée. Ses traits reflétèrent un violent mouvement intérieur mais, presque aussitôt, reprirent leur impassibilité.

— Pouvez-vous, oui ou non, me désigner vos trois cartes gagnantes ?

La comtesse se taisait. Hermann poursuivit :

— Pour qui garder votre secret ?... Pour vos petits-fils ?... Ils sont déjà suffisamment riches et ne savent même pas le prix de l'argent... Croyez-vous que vos trois cartes puissent servir à des prodigues ?... Le diable lui-même dût-il s'en mêler, quiconque ne sait pas garder son patrimoine mourra dans l'indigence !... Je ne suis pas un prodigue, je connais le prix de l'argent : vos trois cartes ne seront pas perdues pour moi. Eh bien ! madame ?...

Il s'arrêta, guettant une réponse en tremblant. La comtesse ne disait mot. Hermann se jeta à genoux.

— Si jamais votre cœur a connu l'amour, s'il vous reste le moindre souvenir de ses extases, si vous avez souri en entendant les pleurs d'un fils nouveau-né, si quelque chose d'humain a brûlé dans votre poitrine, je vous supplie, madame, je vous conjure par l'amour d'une épouse, d'une amante, d'une mère, de tout ce qu'il y a de plus sacré, de ne pas rejeter ma prière, de me révéler votre secret ! Que vous sert-il ?... Peut-être est-il lié à quelque affreux péché, à une damnation éternelle, à un pacte diabolique... Songez, madame, vous êtes vieille, il ne vous reste plus longtemps à vivre — je suis prêt à prendre votre péché sur mon âme ! Livrez-moi votre secret !... Dites-vous bien que la félicité d'un homme est entre vos mains, que moi-même, mes enfants, mes petits-enfants, nous bénirons tous votre mémoire et vous vénérerons à l'égal d'une sainte...

La vieille se taisait toujours.

Hermann se releva.

— Vieille sorcière ! proféra-t-il en grinçant des dents. Va, je saurai bien te faire parler !

Et il tira un pistolet de sa poche.

Pour la seconde fois, la comtesse, à la vue du pistolet, trahit une violente émotion. Sa tête branla plus fort, elle étendit le bras, comme pour se protéger du coup... bascula à la renverse... et resta immobile.

— Allons, cessez vos enfantillages, fit Hermann en lui prenant la main. Pour la dernière fois, je vous le demande. Voulez-vous me désigner vos trois cartes ?... Oui ou non ?

La comtesse ne répondit pas. Hermann s'aperçut qu'elle était morte.

CHAPITRE IV

7 mai 18**

Homme sans mœurs et sans religion!

(Correspondance.)

Lisavéta Ivanovna était assise dans sa chambre, encore en toilette de bal, plongée dans une profonde méditation. De retour à la maison, elle s'était empressée de renvoyer sa fille de chambre, à moitié endormie, et lui proposant à contrecœur ses services, en lui déclarant qu'elle se déshabillerait seule. Ensuite, elle était montée dans sa chambre, espérant y trouver Hermann et souhaitant, en même temps, ne pas l'y voir. Du premier coup d'œil, elle s'assura de son absence et remercia le destin d'avoir fait obstacle à leur entrevue.

Elle s'assit, sans se déshabiller, et se prit à évoquer toutes les circonstances d'une aventure si récente et qui, pourtant, l'avait menée déjà si loin. Trois semaines à peine s'étaient écoulées depuis qu'elle avait aperçu pour la première fois le jeune homme de sa fenêtre, et pourtant elle était en correspondance avec lui et il avait obtenu d'elle un rendez-vous nocturne! Elle connaissait son nom parce qu'il avait signé quelques-unes de ses lettres; jamais elle ne lui avait parlé, perçu le son de sa voix; jamais elle n'avait entendu parler de lui... avant ce soir-là.

Singulière coïncidence! Au bal, Tomsky, boudant la jeune princesse Pauline N... qui contre son habitude ne faisait pas la coquette avec lui, avait résolu de se venger et de feindre la froideur à son égard. Ayant invité Lisavéta Ivanovna, il avait dansé avec elle une interminable mazurka et fait force plaisanteries sur l'intérêt qu'elle semblait porter aux officiers du génie, en assurant qu'il en savait beaucoup plus long qu'il n'en avait l'air. Certains de ses traits étaient tombés si justes que Lisavéta Ivanovna l'avait cru, à plusieurs reprises, versé dans son secret.

— De qui tenez-vous tout cela ? fit-elle en riant.

— D'un ami de la personne que vous savez, répondit Tomsky. Un homme très remarquable.

— Ah ! ah ! et qui est cet homme remarquable ?

— Il s'appelle Hermann.

Lisavéta Ivanovna ne répondit rien, mais sentit ses mains et ses pieds se glacer.

— Ce Hermann, reprit Tomsky, est un personnage réellement romanesque : le profil de Napoléon et l'âme de Méphisto. Je gage qu'il a au moins trois crimes sur la conscience... Oh ! comme vous êtes pâle !

— J'ai la migraine... Et qu'a-t-il dit votre Hermann... ou, comment l'appelez-vous déjà ?...

— Il est très mécontent de son ami et prétend qu'à sa place il en aurait usé tout autrement... C'est à croire que Hermann lui-même a des vues sur vous. Du moins, il paraît prêter une oreille bien attentive aux confidences amoureuses de son ami.

— Mais où donc m'a-t-il vue ?

— A l'église... ou à la promenade... Que sais-je !... Voire dans votre chambre, pendant que vous dormiez — avec lui, on peut s'attendre à tout !

En ce moment, trois dames, s'avançant pour inviter Tomsky à choisir entre *oubli* et *regret*[11], interrompirent une conversation qui excitait douloureusement la curiosité de la jeune fille.

Il se trouva que la dame choisie par Tomsky était précisément la princesse N... Elle eut tout le temps de s'expliquer avec lui, en faisant un tour de plus et s'attardant à regagner sa chaise. De retour auprès de sa danseuse, le volage officier ne pensait plus à elle, ni à Hermann. Lisavéta Ivanovna essaya de reprendre le propos interrompu, mais la mazurka prit fin, et peu après la vieille comtesse exprima son intention de rentrer.

Les paroles de Tomsky n'avaient pas été autre chose que badinage de bal, mais elles étaient tombées profondément dans l'âme de la jeune rêveuse. Le portrait, ébauché par l'officier, s'accordait parfaitement avec l'image qu'elle s'était faite, elle-même, de Hermann, et, grâce aux derniers romans parus, elle voyait dans ce visage, somme toute banal, de quoi l'effrayer et la charmer.

Elle restait assise, les bras nus croisés sur sa poitrine décolletée, sa tête encore parée de fleurs légèrement penchée en avant... Soudain, la porte s'ouvrit, laissant entrer Hermann. Elle tressaillit...

— Où étiez-vous donc? fit-elle, dans un murmure angoissé.

— Dans la chambre à coucher de la vieille comtesse. Je la quitte à l'instant. Elle est morte.

— Mon Dieu!... Que dites-vous?...

— Et je crois bien avoir été cause de sa mort.

Lisavéta Ivanovna regarda, et les paroles de Tomsky retentirent dans sa mémoire : *Cet homme a au moins trois crimes sur la conscience!* Hermann s'assit sur le rebord de la fenêtre près d'elle et lui raconta tout.

Lisavéta Ivanovna l'écoutait avec épouvante. Ainsi donc, ces messages passionnés, ces pressantes objurgations, cette poursuite audacieuse, obstinée, n'étaient pas de l'amour! L'argent! voilà ce qui enflammait son âme! Ce n'était pas elle qui pouvait combler ses désirs et assurer sa félicité! La malheureuse enfant n'avait été que la complice involontaire et aveugle du meurtrier de sa vieille bienfaitrice... Elle fondit en larmes amères, dans un accès de repentir tardif.

Hermann la regardait sans mot dire. Son cœur était déchiré, mais ni les larmes de l'infortunée, ni la touchante beauté de sa douleur — rien de cela n'émouvait son âme inébranlable. Il n'avait aucun remords en songeant à la vieille morte. Un seul fait le terrifiait : la perte irréparable du secret qui devait asseoir sa fortune.

— Vous êtes un monstre ! proféra enfin Lisavéta Ivanovna.

— Je ne voulais pas sa mort, répliqua Hermann. Voyez, mon pistolet n'est pas chargé.

Ils se turent.

Le jour se levait. Lisavéta Ivanovna souffla sa chandelle expirante. Une pâle clarté pénétra dans la pièce. La jeune fille essuya ses yeux éplorés et les leva vers Hermann : il était assis à la même place, les bras en croix, les sourcils froncés terriblement. Dans cette posture, il évoquait singulièrement le portrait de Napoléon. La ressemblance frappa Lisavéta Ivanovna.

— Comment allez-vous pouvoir sortir d'ici ? fit-elle enfin. Je voulais vous conduire par l'escalier dérobé, mais il faut pour cela traverser la chambre à coucher, et j'ai peur.

— Dites-moi comment trouver cet escalier, et je sortirai.

Lisavéta Ivanovna se leva, prit une clef dans sa commode et la remit à Hermann, avec des instructions précises. Le jeune homme serra sa main froide, insensible, déposa un baiser sur son front penché et sortit.

Il descendit l'escalier en colimaçon et pénétra de nouveau dans la chambre à coucher de la comtesse. La vieille était assise dans son fauteuil, roide ; ses traits exprimaient un calme profond. Hermann s'arrêta en face d'elle, la contempla longuement, comme pour s'assurer de l'effrayante vérité, passa dans le cabinet noir, découvrit une porte, à tâtons, derrière la tapisserie, l'ouvrit et s'engagea sur un escalier obscur, agité par d'étranges sentiments.

« Qui sait, songeait-il, par ce même escalier, il y a quelque soixante ans, se faufilait dans la chambre à coucher un jeune et heureux amant en habit brodé, coiffé à *l'oiseau royal*, serrant son tricorne contre sa poitrine. Il a pourri dans sa tombe, depuis longtemps, et le cœur de sa maîtresse a cessé de battre aujourd'hui... »

Au bas de l'escalier, Hermann trouva une porte. Il l'ouvrit avec la même clef et se trouva dans un corridor, qui le mena dans la rue.

CHAPITRE V

Cette nuit m'est apparue la défunte baronne von W... Elle était tout en blanc et m'a dit : « Bonjour, monsieur le conseiller! »

SWEDENBORG[12].

Trois jours après cette fatale nuit, Hermann partit, à neuf heures du matin, pour le couvent de X..., où l'on devait rendre les derniers devoirs à la dépouille mortelle de la défunte comtesse.

Bien qu'il n'éprouvât point de repentir, il ne pouvait étouffer la voix de sa conscience, qui lui répétait : « Tu es le meurtrier de la vieille! » A défaut de foi vraie, il avait beaucoup de superstition. Convaincu que la comtesse morte pouvait lui porter malheur, il résolut de se rendre à ses obsèques, afin d'obtenir son pardon.

L'église était pleine de monde, et Hermann eut beaucoup de peine à se frayer un passage. La bière était disposée sur un somptueux catafalque, sous un baldaquin de velours. La défunte y était étendue, les mains croisées sur la poitrine, coiffée d'un bonnet de dentelles, vêtue d'une robe de satin blanc. La famille et les gens de maison étaient réunis autour du catafalque : domestiques en cafetans noirs, nœud de rubans armoriés sur l'épaule et le cierge à la main; parents en grand deuil, enfants, petits-enfants, arrière-petits-enfants. Personne ne pleurait : les larmes eussent été *une affectation.* La défunte était trop vieille pour que son décès pût surprendre quiconque, et ses parents l'avaient mentalement enterrée de longue date. Un jeune évêque prononça l'oraison funèbre. En des termes simples et touchants, il peignit la fin sereine de cette femme juste, dont la longue existence n'avait été qu'une préparation paisible et attendrissante à une mort chrétienne. « L'ange de la mort l'a surprise dans de bienheureuses méditations et dans l'attente du fiancé de minuit[13]. »

Le service s'acheva dans une décente affliction. Les parents, les premiers, défilèrent pour faire leurs ultimes adieux à la dépouille. Puis ce fut le tour des innombrables invités, venus saluer celle qui, depuis si longtemps, avait été la compagne de leurs frivoles divertissements. Vinrent enfin les domestiques, et en dernier lieu la favorite de la défunte, aussi âgée qu'elle. Deux servantes la soutenaient. Elle n'avait pas la force de s'agenouiller et se contenta de verser des larmes, en baisant la main glacée de sa maîtresse.

Hermann se décida à avancer vers le cercueil. Il se prosterna et resta un moment étendu sur les dalles froides, jonchées de branches de sapin. Puis il se releva, aussi blême que la comtesse, gravit les marches du catafalque, se pencha sur le corps... Il lui sembla, soudain, que la morte le dévisageait d'un air moqueur, en clignant un œil. Se rejetant précipitamment en arrière, il fit un faux pas et s'étendit de tout son long. On le releva.

Au même instant, Lisavéta Ivanovna, qui avait perdu connaissance, était emportée sur le parvis du temple. Cet incident troubla momentanément la triste solennité de la cérémonie. Il se fit une sourde rumeur, parmi les invités, et un chambellan chafouin, proche parent de la défunte, souffla à l'oreille de son voisin — un Anglais — que le jeune officier était un fils de la comtesse, un fils de la main gauche. L'autre se contenta de faire froidement : « Oh ? »

Tout le jour, Hermann fut singulièrement abattu. Dînant dans une gargote écartée, il but copieusement, en dépit de ses habitudes de tempérance, croyant étouffer son angoisse. Le vin ne servit qu'à enflammer son imagination.

De retour chez lui, il se jeta sur son lit, sans se dévêtir, et s'endormit sur-le-champ.

Il se réveilla tard dans la nuit; la lune éclairait sa chambre. Il jeta un coup d'œil sur sa montre : il était trois heures moins le quart. Le sommeil l'ayant fui, il se mit sur son séant et se prit à penser aux funérailles de la comtesse.

En cet instant précis, le visage d'un passant apparut à sa fenêtre et s'éclipsa aussitôt. Hermann n'y prêta pas la moindre attention. Une minute plus tard, il entendit pousser la porte de l'antichambre et se dit que son ordonnance rentrait d'une promenade nocturne, ivre comme toujours... Mais il perçut le bruit d'un pas inconnu : quelqu'un marchait, à côté, en traînant doucement ses pantoufles. La porte s'ouvrit, laissant entrer une femme en blanc. Hermann la prit pour sa vieille nourrice et fut étonné de la voir à pareille heure. Mais la dame blanche sembla glisser, se trouva subitement devant lui, et il reconnut la comtesse!

— Je suis ici contre mon gré, prononça-t-elle d'une voix ferme. J'ai reçu l'ordre d'exaucer ton vœu. Le trois, le sept et l'as gagneront l'un après l'autre. Mais il faut que tu t'engages à ne pas miser plus d'une fois par vingt-quatre heures et à ne plus jamais jouer, ensuite. Je te pardonne ma mort, à condition que tu épouses ma pupille.

A ces mots, elle lui tourna le dos, marcha vers la porte et disparut en traînant légèrement ses pantoufles. Hermann entendit claquer la porte de l'antichambre et aperçut de nouveau un visage à sa fenêtre.

Il se passa un bon moment avant qu'il retrouvât ses esprits. Revenu à lui, Hermann passa dans l'autre pièce. L'ordonnance dormait, affalé sur le plancher et ne s'éveilla qu'à grand-peine. L'homme était ivre, comme de coutume, et l'on n'en pouvait tirer rien de sensé. La porte du vestibule était fermée à clef. Hermann retourna dans sa chambre, alluma une chandelle et écrivit le récit de sa vision.

CHAPITRE VI

— Attendez !
— Quoi, vous avez osé me dire : attendez ?
— Votre Excellence, j'ai dit : Daignez attendre[14] *!*

Deux idées fixes ne peuvent coexister dans le monde moral, pas davantage que dans le monde physique deux corps ne peuvent remplir le même espace. Le trois, le sept et l'as eurent tôt fait d'éclipser, dans l'imagination de Hermann, la vision de la vieille comtesse morte. Ces trois cartes ne lui sortaient plus de la tête et venaient à tout instant sur ses lèvres. Apercevant une jeune fille, il s'écriait :

— Comme elle est gracieuse !... Un vrai trois de cœur !

Et, quand on lui demandait l'heure :

— Un sept moins cinq minutes.

Tout gros homme qu'il voyait lui rappelait un as. Le trois, le sept et l'as le poursuivaient jusqu'en songe, sous les incarnations les plus diverses : le trois s'épanouissait luxurieusement, comme un *magnolia grandiflora* ; le sept était un porche gothique ; l'as se métamorphosait en une énorme araignée. Toutes ses pensées se concentraient sur un seul dessein : tirer parti d'un secret qu'il avait payé cher. Il songea à quitter l'armée pour voyager. Il voulait se rendre à Paris, où l'on joue ouvertement, extorquer un trésor à la Fortune ensorcelée. Le hasard le tira d'embarras.

Il s'était formé, à Moscou, une société de joueurs riches, présidée par le fameux Tchékalinsky qui avait passé toute sa vie à jouer aux cartes et amassé des millions, car il gagnait des traites et perdait en argent comptant. A sa longue expérience, il devait la confiance de ses amis : à son affabilité d'hôte, à sa gaieté, à son excellente cuisine — l'estime des gens du monde. Il vint à Saint-Pétersbourg. Aussitôt, la jeunesse se pressa dans ses salons, oubliant le bal pour les cartes et préférant les séductions du pharaon à celles de la galanterie. Naroumov lui amena Hermann.

Ils traversèrent toute une enfilade de pièces magnifiques, remplies de domestiques empressés. Des généraux et des conseillers secrets jouaient au whist; des jeunes gens paressaient, affalés sur des divans tendus de soie, prenaient des glaces et fumaient la pipe. Le maître de la maison trônait au salon, derrière une grande table que cernaient une vingtaine de joueurs et tenait la banque. C'était un homme d'une soixantaine d'années, de la mine la plus respectable; ses cheveux étaient d'argent, son visage frais et plein respirait la bonhomie; ses yeux brillaient d'un sourire continuel. Naroumov lui présenta Hermann. Tchékalinsky lui serra cordialement la main, le pria de ne pas faire de cérémonie et reprit sa taille.

Elle fut longue. On avait ponté sur plus de trente cartes. Tchékalinsky s'arrêtait après chaque coup, afin de laisser aux joueurs le temps de prendre leurs dispositions, inscrivait les pertes, prêtait courtoisement l'oreille à toute réclamation et, plus courtoisement encore, redressait le coin d'une carte, qu'une main distraite avait pliée.

La taille prit fin. Tchékalinsky battit les cartes et se prépara à en faire une nouvelle.

— Permettez-moi de prendre une carte, fit Hermann, en allongeant la main par-dessus un gros homme, qui pontait à côté de lui.

Tchékalinsky sourit et s'inclina silencieusement, en signe de courtois assentiment. Naroumov, en riant, félicita Hermann de s'être décidé à sortir de sa longue abstinence et lui souhaita un heureux début.

— Va! dit Hermann, en inscrivant sa mise, à la craie, au-dessus de la carte.

— Combien? s'informa le banquier en clignant les yeux. Excusez-moi, je ne vois pas très bien.

— Quarante-sept mille roubles, répondit Hermann.

A ces mots, toutes les têtes se tournèrent incontinent et tous les regards convergèrent sur lui.

« Il est fou! » se dit Naroumov.

— Permettez-moi de vous faire observer, répliqua Tchékalinsky, avec son immuable sourire, que votre jeu est fort. Jusqu'à présent, personne ici n'a ponté plus de deux cent soixante-quinze roubles sur le simple.

— Bon!... Acceptez-vous ma carte, oui ou non?

Tchékalinsky inclina la tête, avec une expression d'humble docilité.

— Je voulais seulement vous faire observer qu'étant honoré de la confiance de mes amis, je ne puis tailler que moyennant argent comptant. Croyez bien que, personnellement, je suis convaincu que votre parole suffit, mais enfin, pour la bonne règle et la facilité de mes comptes, je vous demanderai de miser la somme sur la carte.

Hermann tira de sa poche un certificat de banque et le remit à Tchékalinsky, qui le posa sur la carte jouée, après un rapide coup d'œil.

Il commença de tailler. Un neuf tomba à droite, un trois à gauche.

— Gagné! dit Hermann en retournant sa carte.

Un murmure se fit parmi les joueurs. Tchékalinsky fronça les sourcils, mais l'immuable sourire reparut à l'instant sur ses lèvres.

— Faut-il régler? s'informa-t-il.

— Je vous en prie.

Le banquier tira quelques billets de sa poche et

paya sans plus attendre. Hermann, ayant touché son argent, s'éloigna de la table. Naroumov était abasourdi. Hermann prit un verre de limonade et rentra chez lui.

Le lendemain soir, il était de nouveau chez Tchékalinsky. Ce dernier était à la banque. Hermann s'approcha de la table. On s'écarta pour lui faire place. Tchékalinsky le salua d'un air suave.

Le jeune officier attendit la fin de la taille, prit une carte, misa ses quarante-sept mille roubles et son gain de la veille.

Tchékalinsky commença de tailler. Un valet à droite, un sept à gauche.

Hermann retourna un sept.

Il y eut un « ah ! » unanime. Tchékalinsky était visiblement déconcerté. Il compta quatre-vingt-quatorze mille roubles et les remit au gagnant. Hermann les prit avec un parfait détachement et sortit aussitôt.

Le lendemain soir, il reparut à la table. Tous l'attendaient ; généraux et conseillers secrets avaient délaissé leur whist pour assister à une partie aussi extraordinaire. Les jeunes officiers avaient quitté précipitamment leurs divans. Les domestiques s'étaient tous réunis au grand salon. Tout le monde faisait cercle autour de Hermann. Personne ne pontait ; tous guettaient avec impatience l'issue du jeu.

Hermann, debout près de la table, se disposait à ponter seul contre Tchékalinsky, blême, mais toujours souriant. Chacun des adversaires décacheta un jeu. Tchékalinsky battit les cartes. Hermann coupa, choisit la sienne et la couvrit d'une liasse de billets de banque. On eût dit un duel. Un profond silence régnait autour de la table.

Tchékalinsky commença de tailler ; ses mains tremblaient. Une dame à droite, un as à gauche.

— L'as gagne ! s'écria Hermann en retournant sa carte.

— Votre dame est morte, observa d'un ton caressant Tchékalinsky.

Hermann tressaillit. En effet, au lieu de l'as, il avait

devant lui une dame de pique. N'en croyant pas ses yeux, il se demandait comment il avait pu faire pareille méprise.

En ce moment, il lui sembla que la dame de pique lui clignait de l'œil et souriait d'un air railleur. L'invraisemblable ressemblance le stupéfia...

— La vieille ! hurla-t-il, terrifié.

Tchékalinsky ramassa son gain. Hermann restait sans faire un geste. Quand il s'éloigna de la table, une rumeur bruyante s'éleva : « Un fameux ponte ! » disaient les joueurs. Tchékalinsky battit les cartes ; le jeu continua.

CONCLUSION

Hermann est devenu fou. Il est à l'hôpital Oboukhov, au numéro 17, ne répond à aucune question et ne cesse de bredouiller rapidement : « Trois, sept, as ! Trois, sept, dame !... »

Lisavéta Ivanovna est mariée à un fort honnête jeune homme ; il a une bonne place et dispose d'une coquette fortune : c'est le fils de l'ancien intendant de la vieille comtesse. Lisavéta Ivanovna a recueilli, chez elle, une parente pauvre, devenue sa pupille.

Tomsky est passé capitaine et va épouser la princesse Pauline.

KIRDJALI

Kirdjali était d'origine bulgare[1]. Kirdjali veut dire en langue turque : preux, homme vaillant. J'ignore son nom véritable.

Kirdjali semait, par ses actes de brigandage, la terreur en Moldavie. Pour qu'on le connaisse un peu, je raconterai un de ses exploits.

Une nuit, l'arnaoute Mikhaïlaki et lui attaquèrent seuls un village bulgare. Ils mirent le feu aux deux points extrêmes du village et se précipitèrent ensuite de chaumière en chaumière. Kirdjali poignardait, Mikhaïlaki ramassait le butin, chacun hurlait : « Kirdjali ! Kirdjali ! » La population fuyait devant eux.

Quand Alexandre Ipsilanti donna le signal de la révolte et mobilisa une armée, Kirdjali lui amena quelques-uns de ses vieux camarades. Il ignorait le but véritable de l'hétairie, mais il savait bien que la guerre lui donnerait l'occasion de s'enrichir au détriment des Turcs, voire des Moldaves.

Alexandre Ipsilanti était courageux. Cependant, les qualités indispensables au rôle, qu'avec imprudence et enthousiasme il avait entrepris de jouer, lui manquaient. Il ne savait s'entendre avec les hommes qu'il devait commander. Ceux-ci n'éprouvaient à son égard ni estime, ni confiance. Après le combat où périt la fleur de la jeunesse grecque, Jordaki Olymbioti lui conseilla de fuir et prit sa place. Ipsilanti gagna la frontière autrichienne, puis adressa un message à ses troupes pour les maudire, traitant les soldats qui l'avaient servi de félons, de poltrons et de vauriens. Ces poltrons et ces vauriens furent tués pour la plupart devant les murs du couvent Sekou ou sur les bords du Prout en se défendant héroïquement contre un ennemi dix fois plus fort.

***

Kirdjali servait dans le détachement de Georges Cantacuzène de qui on ne peut que répéter ce que l'on a déjà dit d'Ipsilanti.

La veille de la bataille de Skuliani[2], Cantacuzène demanda aux autorités russes l'autorisation de pénétrer dans leur quarantaine. Le détachement se trouva donc sans chef. Mais Kirdjali, Saphianos Kantagoni et les autres n'éprouvaient aucun besoin d'en avoir un.

La bataille de Skuliani n'a jamais été, je crois bien, racontée par personne dans sa touchante vérité. Imaginez sept cents hommes : des Arnaoutes, des Albanais, des Grecs, des Bulgares, et tout un ramassis qui n'avait pas la moindre notion militaire, reculant devant quinze mille cavaliers turcs. Le régiment se serra contre les bords du Prout, après avoir posté en avant deux petits canons trouvés à Yassi dans la cour du château et que l'on tirait jadis les jours de fêtes familiales. Les Turcs auraient bien voulu user de mitraille, mais ils n'osaient pas le faire sans l'autorisation des Russes; des balles auraient certainement atteint notre rive. Le chef de la quarantaine[3], mort depuis, n'avait de sa vie, après quarante ans de service, entendu siffler une balle. Mais Dieu lui donna ici l'occasion d'en entendre. Plusieurs, même, frôlèrent son oreille. Le vieillard, furieux, fit une scène au major du régiment d'infanterie d'Okhotsk attaché à la quarantaine. Celui-ci, ne sachant trop comment s'en tirer, courut vers le fleuve et menaça du doigt les Délibaches[4] qui caracolaient sur l'autre rive. Les Délibaches, voyant cela, tournèrent bride au galop, entraînant à leur suite le détachement turc tout entier. Le major qui menaça du doigt s'appelait Kortchevsky[5]. Je ne sais pas ce qu'il est devenu.

Le lendemain, pourtant, les Turcs attaquèrent les Hétairistes. N'osant se servir ni de mitraille, ni d'obus, ils se battirent à l'arme blanche, contrairement à toutes leurs habitudes. La lutte fut cruelle. On tua avec des yatagans. Les Turcs, ce jour-là, firent usage de lances qu'on ne leur avait encore jamais vues. C'étaient des lances russes. Les Cosaques de Nekrassov[6] combattaient aux côtés des Turcs. Les Hétairistes avaient la permission de notre Empereur de traverser le Prout et de venir se cacher chez nous. Ils commencèrent la traversée. Kantagoni et Saphianos restèrent les derniers sur la rive turque. Kirdjali, blessé la veille, était déjà étendu à la quarantaine; Kantagoni et Saphianos furent tués tous les deux. Kantagoni, qui était très gros, reçut un coup de lance dans le ventre. Il prit son sabre d'une main tandis que de l'autre il enfonçait la lance dans son corps de manière à pouvoir embrocher son agresseur. Ils s'écroulèrent ensemble.

Tout était fini. Les Turcs vainqueurs et la Moldavie nettoyée. Près de six cents Arnaoutes se dispersèrent en Bessarabie, ils ne savaient comment se nourrir, mais ils étaient reconnaissants tout de même à la Russie de les avoir protégés.

Ils menaient une vie oisive, mais non point déréglée. On pouvait les voir dans les tavernes de la Bessarabie qui était encore à moitié turque, de longues pipes aux dents, sirotant un café épais dans de petites tasses. Leurs vareuses couvertes de broderies et leurs longues babouches rouges et pointues commençaient à s'user, mais ils portaient tout de même sur l'oreille leur bonnet à gland et ils avaient à leur large ceinture les yatagans et les pistolets.

Personne ne se plaignait d'eux. On ne pouvait penser que ces pauvres gens, d'allure pacifique, étaient les fameux klephtes de Moldavie, les hommes du terrible Kirdjali, et que lui-même se trouvait parmi eux.

***

Le Pacha, qui régnait à Yassi l'ayant appris, demanda aux autorités russes, conformément aux clauses du traité de paix, l'extradition du brigand.

La police fit des recherches. Elle apprit que Kirdjali se trouvait effectivement à Kichinev. On l'arrêta dans la maison d'un moine défroqué, un soir, alors qu'il était en train de souper avec des amis. On le mit en détention, et il n'essaya pas de cacher la vérité : il reconnut être bien Kirdjali.

— Mais, dit-il, depuis que j'ai traversé le Prout, je n'ai touché ni aux cheveux d'un homme ni au bien d'autrui et je n'ai même pas offensé le dernier des tziganes. Pour les Turcs, les Moldaves et les Valaques, je suis évidemment un brigand, mais pour les Russes je dois être un hôte. Quand Saphianos, ayant épuisé toute sa mitraille, vint à la quarantaine prendre aux blessés, pour ses dernières salves, boutons, clous, chaînes et pommeaux des yatagans, je lui ai donné vingt sequins, et je suis resté sans argent. Dieu est témoin que moi, Kirdjali, j'ai vécu de la charité ! Pourquoi donc les Russes me livrent-ils à mes ennemis ?

Kirdjali se tut et attendit tranquillement que son sort fût fixé. Il n'eut pas longtemps à attendre. Les chefs, qui n'avaient pas à partager le point de vue romantique des brigands sur eux-mêmes, mais qui étaient convaincus que la demande d'extradition était juste, ordonnèrent l'envoi de Kirdjali à Yassi.

Un homme intelligent et plein de cœur, qui était à l'époque un jeune fonctionnaire inconnu et qui occupe maintenant un poste haut placé[7], assista au départ de Kirdjali et me l'a décrit d'une manière pittoresque :

« Une vieille guimbarde stationnait devant la porte cochère. C'était une charrette basse, tressée, et que l'on attelait, il n'y a pas longtemps encore, de six ou huit pauvres chevaux. Un Moldave moustachu, coiffé d'un bonnet de mouton, à califourchon sur l'un des chevaux, criait en donnant de grands coups de fouet. Les haridelles marchaient à un bon trot. Si l'une d'elles n'en pouvait plus, il la dételait avec d'horribles jurons et la laissait sur la route sans s'en occuper davantage, sûr qu'il la retrouverait au retour en train de brouter tranquillement dans la steppe verte. Il arrivait fréquemment que la guimbarde partît attelée de huit chevaux et arrivât avec deux. C'était ainsi il y a une quinzaine d'années. Maintenant, dans la Bessarabie russifiée, on attelle à la mode russe et on emploie des voitures russes.

« La vieille guimbarde était donc à la porte du poste en 1821, un des derniers jours du mois de septembre. Des Juives aux longues manches, traînant leurs savates, des Arnaoutes dans leur costume pittoresque et usé, de sveltes et brunes Moldaves tenant dans leurs bras des enfants aux yeux noirs, entouraient la guimbarde. Les hommes se taisaient, les femmes avaient l'air d'attendre quelque chose passionnément.

« Tout à coup la porte s'ouvrit et plusieurs officiers de police sortirent du poste. Derrière eux, deux soldats encadraient Kirdjali enchaîné. Celui-ci paraissait avoir trente ans. Les traits de son visage étaient réguliers et graves. De grande taille, large d'épaules, il donnait une impression de force physique extraordinaire. Son turban multicolore posé un peu de travers couvrait sa tête; une large ceinture entourait sa taille étroite; un dolman en gros drap bleu, une chemise aux larges plis tombant au-dessous des genoux, de belles babouches, complétaient son costume. Il avait l'air fier et calme.

« Un des officiers, vieillard au visage rouge, vêtu d'un uniforme déteint qui n'avait plus que trois boutons, pinça de ses lunettes d'étain la sorte de pomme de pin écarlate qui lui servait de nez et se mit à lire d'un ton nasillard en moldave un long papier. De temps à autre, il jetait un coup d'œil hautain sur Kirdjali qui l'écoutait attentivement. Le vieil officier termina sa lecture, plia son papier, proféra quelques paroles menaçantes à l'adresse du peuple qui s'était réuni là, fit circuler tout le monde et ordonna d'amener la guimbarde. Alors, Kirdjali lui adressa d'une voix tremblante quelques mots en moldave. Subitement sa figure changea : il éclata en sanglots et tomba aux pieds de l'officier de police en faisant un bruit de tonnerre avec ses chaînes. Le fonctionnaire de police prit peur et fit un bond en arrière. Deux soldats voulurent relever Kirdjali, mais il se dressa de lui-même, ramassa ses chaînes et monta dans la guimbarde en criant : « Haïda ! » Un gendarme s'assit auprès de lui, le cocher moldave donna un coup de fouet et la charrette s'ébranla. »

Le jeune fonctionnaire qui m'a raconté le départ de Kirdjali demanda alors au vieil officier de police ce que Kirdjali lui avait dit tandis qu'il se roulait à ses pieds.

— Il m'a prié, voyez-vous, répondit en riant le policier, de m'occuper de sa femme et de son enfant qui vivent dans un village bulgare proche de Kilyi. Il craint que sa femme n'ait des ennuis à cause de lui. Le peuple est bête !

Le récit du jeune fonctionnaire m'avait beaucoup touché. Je plaignais le pauvre Kirdjali. Pendant longtemps, je suis resté sans savoir ce qu'il était devenu. Plusieurs années après, je rencontrai de nouveau mon jeune fonctionnaire.

— Et votre ami Kirdjali ? lui demandai-je.

— Comment, vous ne savez pas ? me dit-il, et il me raconta l'histoire suivante :

« Kirdjali, amené à Yassi, comparut devant le Pacha qui le condamna à être empalé. En attendant l'exécution, remise jusqu'à une certaine fête, on le mit en prison. Le prisonnier était gardé par sept Turcs (des gens simples, mais au fond aussi brigands que Kirdjali) qui le respectaient et, comme tous les Orientaux, écoutaient avidement ses récits merveilleux. Finalement, le captif et ses geôliers se lièrent étroitement. Un jour, Kirdjali leur dit :

« — Frères, mon heure est proche. Personne n'échappe à son destin. Bientôt je ne serai plus avec vous. J'aimerais bien vous laisser un souvenir de moi.

« Les Turcs étaient tout oreilles.

« — Frères, continua Kirdjali, il y a de cela trois ans, quand je filoutais avec feu Mikhaïlaki, nous avons enterré dans la steppe, non loin de Yassi, un chaudron plein de pièces d'or. Il était écrit qu'aucun de nous ne jouirait de ce trésor. Tant pis. Prenez-le et partagez-le amicalement.

« Les Turcs faillirent devenir fous de joie. Les conciliabules commencèrent. Comment retrouver l'endroit où était enfoui le trésor ? Ils réfléchirent longuement et finirent par décider que Kirdjali les y conduirait lui-même.

« La nuit venue, les Turcs enlevèrent les chaînes des pieds de leur prisonnier, lui nouèrent les mains avec une corde et s'en furent avec lui hors de la ville, vers la steppe.

« Kirdjali, suivant toujours la même direction, les mena d'un "kourgan" à un autre. Ils marchèrent pendant plusieurs heures. Enfin, Kirdjali s'arrêta près d'une large pierre, fit douze pas dans la direction du sud, frappa du pied et dit : "C'est ici."

« Les Turcs aussitôt s'organisèrent. Quatre d'entre eux sortirent leurs yatagans et se mirent à creuser le sol. Les trois autres montaient la garde. Kirdjali, assis sur la pierre, les regardait travailler.

« — Eh bien ! Y êtes-vous bientôt ?

« — Pas encore, répondirent les Turcs, et ils travaillaient avec tant d'ardeur que la sueur leur tombait du front à grosses gouttes.

« Kirdjali commença à manifester de l'impatience.

« — Comment ! dit-il aux Turcs, vous ne savez même pas creuser convenablement la terre ? A votre place, j'aurais eu terminé en deux minutes. Mes enfants, défaites mes liens et donnez-moi un yatagan.

« Les Turcs réfléchirent et se concertèrent.

« — On va libérer ses mains et lui donner un yatagan, décidèrent-ils. Où peut être le danger ? Il est seul, nous sommes sept !

« Et les Turcs délièrent les mains de Kirdjali et lui donnèrent un yatagan.

« Enfin, Kirdjali était libre et armé ! Quelle sensation enivrante dut-il éprouver à cette minute ? Il se mit à remuer la terre avec habileté. Ses gardiens l'aidaient...

« Tout à coup, d'un geste foudroyant, il enfonça son yatagan dans la poitrine de l'un d'eux et sans retirer l'arme prit dans la ceinture du Turc ses deux pistolets. Les six autres voyant Kirdjali avec un pistolet dans chaque main prirent la fuite...

« Kirdjali fait maintenant du brigandage près de Yassi. Il y a peu de temps, il écrivit au "hospodar" pour lui demander cinq mille lévas en le menaçant, s'il ne les recevait pas, d'incendier Yassi et d'atteindre le "hospodar" en personne. Il reçut les cinq mille lévas.

« Que pensez-vous de Kirdjali[8] ? »

LES NUITS ÉGYPTIENNES

CHAPITRE PREMIER

> — *Quel est cet homme?*
> — *Ah! c'est un bien grand talent : il fait de sa voix tout ce qu'il veut.*
> — *Il devrait bien, madame, s'en faire une culotte*[1].

Tcharsky était un Pétersbourgeois enraciné. Il n'avait pas encore trente ans, n'était pas marié et nul emploi ne contrecarrait son oisiveté. Feu son oncle, vice-gouverneur de province au bon vieux temps, était mort en lui léguant une fortune appréciable. La vie du jeune homme aurait pu être fort plaisante, s'il n'avait eu le malheur d'écrire des vers et de les faire publier. Les revues lui donnaient du poète, et les larbins le traitaient d'écrivailleur.

En dépit des énormes privilèges dont jouissent les versificateurs (à dire vrai, nous n'en connaissons guère d'autres pour les poètes russes que le droit de mettre l'accusatif à la place du génitif après la particule « ne » et quelques licences, dites poétiques), ces sortes de personnages sont en proie aux pires épreuves et désagréments. La pire calamité que connaisse le poète, c'est son titre, son sobriquet, dont on l'a affublé une fois pour toutes, définitivement, et dont il ne pourra plus jamais se débarrasser.

Le public le considère comme sa chose : à l'entendre, le poète est né exclusivement *pour le plaisir et le profit* du lecteur. Revient-il de la campagne ? Le premier venu lui demande : « Et alors, nous rapportez-vous quelque chose de tout nouveau ? » Songe-t-il à ses affaires désastreuses, à la maladie d'un être cher ? Aussitôt, un plat sourire accompagne ces plates paroles : « Je gage que vous êtes en train de méditer un poème ! » Lui arrive-t-il de tomber amoureux ? Sa belle n'a rien de plus pressé que d'aller faire emplette d'un album au Magasin anglais et d'attendre une élégie. Vient-il rendre visite à un homme qu'il connaît à peine pour parler d'une affaire importante ? Le quidam convoque son fiston, lui fait déclamer des vers de M. Untel, et l'infortuné poète se voit régaler de ses propres strophes laborieusement estropiées.

Et ce ne sont là que les fleurs du métier : jugez quelles doivent être ses épines !

Tcharsky confessait volontiers qu'il en avait par-dessus la tête des compliments, des questions, des albums et des mioches et qu'à tout moment il était obligé de se dominer pour ne pas répondre grossièrement. Ses efforts tendaient à effacer l'infernale étiquette ; il évitait la société de ses confrères et leur préférait celle des hommes du monde, même les plus stupides, mais, las... il n'était guère plus avancé pour autant !

Sa conversation était banale, plate à souhait, et ne faisait jamais la moindre allusion à la littérature. Dans sa mise, il se conformait scrupuleusement à la dernière mode, avec la timidité superstitieuse d'un jeune Moscovite, fraîchement débarqué dans la capitale, qu'il n'a jamais encore visitée. Dans son cabinet de travail, aménagé comme un boudoir, rien ne trahissait l'homme de lettres : point de bouquins sur et sous les tables ; pas de taches d'encre sur le divan ; rien de ce désordre, qui dénote la visite de la Muse et l'absence de la brosse et du balai.

Tcharsky était au désespoir, si quelqu'un de ses amis du monde le surprenait la plume à la main, et vous auriez peine à croire jusqu'à quel degré de mesquinerie pouvait condescendre ce jeune homme, qui avait pourtant une âme et du talent. Tour à tour, il feignait une folle passion des chevaux, se faisait passer pour un joueur fanatique ou un fin gastronome ; en fait, il était incapable de distinguer un cheval arabe d'un montagnard, oubliait régulièrement quel était l'atout et préférait, en secret, les pommes de terre rôties dans la cendre chaude, aux invraisemblables raffinements de la cuisine française.

Il menait une vie dissipée s'il en fut, plastronnait à tous les bals, se gavait à tous les soupers d'ambassade et était aussi inévitable, dans un dîner privé, que la glace de chez Rézane.

Mais c'était un poète, guidé par une passion sans frein. Quand il se sentait en proie à *cette saloperie* (ainsi appelait-il l'inspiration), Tcharsky s'enfermait dans son cabinet et écrivait jusqu'à une heure avancée de la nuit. Ensuite, il avouait à ses amis que ces minutes-là étaient ses seuls instants de vrai bonheur. Tout le reste du temps, il allait à la promenade, faisait force manières et simagrées et s'entendait répéter l'ineffable question : « Avez-vous composé quelque chose de nouveau ? »

Ce matin-là, il se sentait dans cette bienheureuse disposition d'esprit, quand vos rêves prennent corps à vos yeux, quand vous trouvez d'instinct des mots vivants et neufs pour incarner les objets de votre imagination, que les vers coulent de votre plume et des rimes sonores courent au-devant de l'idée nette. L'âme absente, Tcharsky avait sombré dans un délicieux oubli... plus rien n'existait pour lui, ni la société, ni l'opinion publique, ni ses propres lubies. Il composait des vers.

La porte de son cabinet grinça soudain sur ses gonds et un inconnu passa la tête à l'intérieur de la pièce. Tcharsky tressaillit et se renfrogna.

— Qui est là ? demanda-t-il avec humeur, tout en maudissant intérieurement ses domestiques, qui ne savaient pas rester à leur place, dans l'antichambre.

L'inconnu entra.

C'était un individu grand, maigre, d'une trentaine

d'années, son teint était basané, et ses traits extraordinairement expressifs ; le front, haut et blême, ombragé par d'épaisses mèches sombres ; les yeux noirs et brillants, un nez aquilin et la barbe touffue, masquant le creux des joues — tout cela dénotait l'étranger. Il portait une redingote noire, blanchie aux coutures ; un pantalon d'été (bien que l'automne fût déjà fort avancé) ; un faux diamant se détachait, par son éclat, sur le plastron jauni, à moitié caché par une cravate noire et usée ; son chapeau de feutre semblait avoir connu de près les seaux d'eau que l'on verse et les intempéries. Croisant cet homme dans un bois, vous l'auriez pris pour un bandit ; en société, pour un conspirateur politique ; dans l'antichambre, pour un de ces charlatans qui font commerce d'élixirs et d'arsenic.

— Que désirez-vous, monsieur ? s'informa Tcharsky, en français.

— Signor, répondit l'autre avec force courbettes, lei voglia perdonar mi, si...

Au lieu de lui avancer un siège, Tcharsky se leva lui-même. La conversation se poursuivit en italien.

— Je suis un artiste napolitain, expliqua l'intrus. Les circonstances m'ont contraint de fuir ma patrie, et je suis venu en Russie, comptant sur mon talent.

Tcharsky crut que l'Italien avait l'intention d'organiser une série de récitals de violoncelle et allait de maison en maison, pour offrir des billets. Comme il allait lui fourrer ses vingt-cinq roubles et essayer de se débarrasser de lui au plus vite, l'inconnu ajouta :

— J'espère, Signor, que vous voudrez bien secourir un confrère et m'introduire dans les maisons où vous-même avez accès.

Il n'était guère possible de blesser davantage l'amour-propre de Tcharsky. Il considéra de haut l'individu qui se prétendait son confrère.

— Permettez-moi de vous demander, monsieur, qui vous êtes et pour qui vous me prenez, fit-il, en maîtrisant à grand-peine son indignation.

Le Napolitain s'aperçut de son dépit.

— Signor, bredouilla-t-il, ho creduto... ho sentito... la vostra eccelenza... mi perdonera...

— Que désirez-vous ? répliqua Tcharsky très sec.

— J'ai entendu vanter votre prodigieux talent ; je suis convaincu que les signori d'ici se font un point d'honneur d'accorder leur protection à un aussi magnifique poète... Voilà pourquoi je me suis permis d'avoir l'audace de venir vous trouver...

— Vous faites erreur, Signor, interrompit Tcharsky. Le titre de poète n'est pas en usage, chez nous autres. Nos poètes ne recherchent pas la protection des maîtres. Ils appartiennent à la classe des maîtres, et si les mécènes (que le diable les emporte !), si les mécènes ne s'en rendent pas compte, eh bien ! tant pis pour eux ! Nous n'avons point d'abbés déguenillés qu'un musicien croise dans la rue et fait monter chez lui, afin qu'ils lui écrivent un libretto. Nos poètes ne vont pas, à pied, de maison en maison, pour quémander une aide... Au fait, on a dû vouloir plaisanter en disant que j'étais un grand rimailleur. Certes, il m'est arrivé, jadis, de composer quelques méchantes épigrammes, mais, Dieu merci, je n'ai rien à voir avec messieurs les faiseurs de vers et ne veux pas les connaître !

Le pauvre Italien perdit contenance et regarda autour de lui. Les tableaux, les statuettes de marbre, les bronzes et les bibelots de prix, disposés sur des étagères gothiques, semblèrent lui produire une forte impression. Et il comprit qu'il n'y avait absolument rien de commun entre le *dandy* hautain, qui se tenait devant lui, avec sa calotte de brocart, sa robe de chambre chinoise chamarrée d'or, ceinte d'un châle de Turquie, et lui-même, vagabond minable, exhibant cravate usée et redingote élimée. Il balbutia quelques excuses inarticulées, salua et fit mine de prendre congé. Son air pitoyable toucha Tcharsky ; malgré tout ce que son caractère pouvait offrir de mesquin, le jeune homme avait bon cœur et était capable de se conduire généreusement. Il eut honte de son orgueil trop sensible :

— Où allez-vous ? dit-il à l'Italien. Attendez... Il fallait bien que je démente un titre auquel je n'ai pas droit et vous dise que je ne suis point un poète... A présent, parlons un peu de vos propres affaires. Je suis prêt à vous rendre service dans la mesure du possible. Vous êtes musicien ?

— Non, eccelenza ! répondit l'Italien : je suis un pauvre improvisateur.

— Un improvisateur ! s'écria Tcharsky, appréciant enfin toute la cruauté de sa réception. Que ne me l'avez-vous pas dit plus tôt[2] ?

Et il lui serra la main, dans un accès de repentir sincère.

Ses manières cordiales semblèrent rendre courage à l'Italien, qui lui exposa ses projets en toute simplicité. Sa mise répondait à son état de fortune : il avait grand besoin d'argent et espérait rétablir en Russie ses piètres affaires domestiques. Tcharsky l'écoutait avec la plus vive attention.

— J'ai bon espoir en votre succès, dit-il. Notre société n'a jamais encore entendu un improvisateur. La curiosité sera fortement excitée. Il est vrai que l'italien n'est guère en usage : on ne vous comprendra pas... Mais, bah ! peu importe : l'essentiel c'est que vous soyez à la mode.

Le visiteur réfléchit avant de répondre :

— Si personne ne connaît ma langue, fit-il enfin, qui donc viendra m'entendre ?

— Soyez sans crainte. Les uns viendront par curiosité ; les autres pour passer le temps ; d'aucuns pour faire croire qu'ils comprennent l'italien. L'essentiel, je le répète, c'est que vous soyez à la mode. Et cela, vous le serez. Touchez-la, Signor.

Tcharsky donna congé à son visiteur de la façon la plus amène, prit note de son adresse et, le soir même, commença ses démarches.

CHAPITRE II

Je suis un roi, un serf, un ver, un Dieu.

DERJAVINE[3].

Le lendemain, Tcharsky cherchait la chambre numéro trente-cinq, dans le corridor d'une taverne sombre et malpropre, la trouvait et frappait.

L'Italien de la veille lui ouvrit.

— Victoire! s'écria le jeune homme. Votre cause est entendue. La princesse *** vous prête son salon. Me trouvant à une réunion mondaine, hier, j'ai réussi à mobiliser la moitié de la ville. Faites imprimer les invitations et envoyez des annonces. Je vous garantis sinon un triomphe, du moins une jolie somme d'argent...

— C'est le principal! s'exclama l'Italien, manifestant sa joie par des mouvements vifs, bien propres à sa nature méridionale. Je savais que vous ne refuseriez pas de m'aider. Corpo di Bacco! Vous êtes un poète, comme moi, dites tout ce que vous voudrez, mais les poètes sont de fameux gaillards!... Comment vous remercier?... Voulez-vous que j'improvise?

— Improviser?... Mais... est-il possible que vous vous passiez d'un auditoire, de musique, d'applaudissements?

— Balivernes!... Où voulez-vous que je trouve un meilleur public?... Vous êtes un poète, capable de mieux comprendre que quiconque, et votre silencieuse approbation me sera infiniment plus chère que leurs bruyants applaudissements... Tenez, asseyez-vous et donnez-moi un sujet à traiter.

Tcharsky s'assit sur une malle (des deux chaises qui se trouvaient dans l'étroite mansarde, l'une était boiteuse et l'autre couverte de linge et de paperasses). L'improvisateur prit une guitare, sur la table, et se planta devant le jeune homme. Ses longs doigts osseux pinçaient les cordes de l'instrument. Il attendait.

— Tenez, voici un sujet pour vous, dit Tcharsky : *Le poète choisit lui-même l'objet de ses chants ; la foule n'a pas le droit de diriger son inspiration.*

Les yeux de l'Italien étincelèrent. Il joua quelques accords, releva fièrement la tête, et des vers enflammés — traduction d'un sentiment passager — coulèrent harmonieusement de ses lèvres...

Les voici, tels qu'ils nous ont été redits par un de nos amis, qui les tenaient de Tcharsky, dans la mesure où la mémoire du jeune homme ne l'a point trahi :

Le Poète va sur la route.
Il ne voit rien autour de lui.
Une main, pendant qu'il écoute,
Tire le pan de son habit :
« Pourquoi, dis-moi, errer sans cesse ? »
A peine atteintes les hauteurs,
Ton regard, aussitôt, s'abaisse,
Tu redescends aux profondeurs.
Tu vois le monde d'un œil trouble,
Un délire infécond t'étreint ;
Des objets vains t'appellent, troublent
Tes rêves, songes incertains.
Aux cieux doit tendre le Génie :
Le vrai Poète doit savoir
S'inspirer, dans ses harmonies,
D'objets sublimes au regard.
Semblable à l'Aquilon qui souffle,

Il élève ce qui lui plaît;
Aiglon qui plane sur les gouffres,
Il ne connaît que son souhait.
Telle l'altière Desdémone,
Il choisit l'objet de ses vœux
Sans rien demander à personne[4]...

L'Italien se tut... Tcharsky ne disait rien, stupéfait et ému.

— Eh bien ? s'enquit l'improvisateur.

Le poète prit sa main et la serra vigoureusement.

— Eh bien ? demanda l'improvisateur, comment était-ce ?...

— C'est extraordinaire !... Hé quoi, à peine l'idée d'autrui a-t-elle frôlé votre oreille que déjà elle est devenue votre bien, comme si vous l'aviez aimée, couvée et méditée pendant des jours !... Point de travail, ni de froideur : vous ignorez donc la sourde anxiété, qui prélude à l'inspiration ?... C'est extraordinaire, extraordinaire !...

A cela l'improvisateur répliqua :

— Le talent est une énigme. Comment se fait-il que le sculpteur découvre le Jupiter, caché dans un bloc de Carrare, et le ramène au grand jour, en détruisant la gangue à coups de maillet et de ciseau[5] ? Pourquoi l'idée du poète s'exprime-t-elle spontanément, armée de quatre rimes, découpée en rythmes harmonieux et uniformes ? Nul ne peut saisir, sinon l'improvisateur, cette rapidité d'impression et les relations étroites entre sa propre inspiration et une volonté extérieure... J'aurais beau vouloir vous l'expliquer, je n'y réussirai jamais... Cependant... il faudrait songer à cette première soirée. Qu'en pensez-vous ? Quel prix pourrions-nous fixer, pour l'entrée, de telle sorte qu'il ne soit pas trop onéreux pour le public et que, moi-même, je n'y perde pas, hein ? Je me suis laissé dire que la Signora Catalani[6] faisait payer ses invitations vingt-cinq roubles. C'est un bon prix...

Tcharsky éprouvait quelque répugnance à redescendre des hauteurs du Parnasse, pour se retrouver derrière le comptoir d'un commis. Néanmoins, se rendant parfaitement compte des besoins pratiques, il se lança, avec l'Italien, dans les spéculations les plus mercantiles. Ce faisant, l'improvisateur montra tant de cupidité, tant de candide âpreté au gain que le jeune poète en fut dégoûté et s'empressa de prendre congé, avant que se fût complètement refroidi l'enthousiasme provoqué par le brio de l'improvisation. Tout à ses préoccupations, l'Italien ne s'aperçut point du changement qui s'était opéré dans les manières de son visiteur, et le reconduisit jusqu'à l'escalier, à travers le corridor, en prodiguant force courbettes et protestations d'éternelle gratitude.

CHAPITRE III

Prix des places : 10 roubles.
On commencera à 7 heures.

UNE AFFICHE.

Le salon de la princesse *** avait été mis à la disposition de l'improvisateur; on avait monté des tréteaux et placé des chaises sur douze rangs.

Au jour dit, dès sept heures du soir, la salle était illuminée. Une vieille femme au long nez, coiffée d'un petit chapeau gris aux plumes toutes cassées et exhibant des bagues à ses dix doigts, était assise devant un guéridon, à l'entrée; on l'avait chargée de percevoir le prix des places et d'assurer le contrôle des billets. Des gendarmes se tenaient sur le perron.

Les spectateurs commençaient d'affluer. Tcharsky arriva l'un des premiers. Il prenait une part active au succès de la soirée et voulait voir l'Italien, afin de lui demander s'il était satisfait de tout.

Il le découvrit dans une petite pièce à l'écart, jetant des regards impatients sur sa montre. L'improvisateur avait mis une tenue de théâtre : tout en noir, des pieds à la tête. Son col de dentelle était rejeté en arrière et son cou, singulièrement blême, se détachait de sa barbe, épaisse et noire; des mèches de cheveux ombrageaient son front et ses sourcils. Tout cela déplut souverainement à Tcharsky, mécontent de voir le poète attifé comme un quelconque baladin en tournée.

Après avoir échangé quelques mots brefs, il retourna dans la salle, qui se remplissait toujours. Bientôt, tous les fauteuils furent occupés par des dames aux brillantes toilettes ; encadrement serré, les messieurs se disposèrent près des tréteaux, le long des murs et derrière les dernières chaises. Les musiciens, avec leurs pupitres, s'étaient installés de part et d'autre de l'estrade, au milieu de laquelle se dressait, sur une table, un vase de porcelaine. Le public était nombreux. Impatients, les spectateurs attendaient que commençât la séance. En fin de compte — à sept heures et demie — les musiciens s'agitèrent, s'armèrent de leurs archets et attaquèrent l'ouverture de *Tancrède*[7]. Tout s'assit et se tut. Les derniers accords de la symphonie... Accueilli par une longue salve d'applaudissements, l'improvisateur s'avança jusqu'au bord du plateau, avec de profonds saluts.

Tcharsky s'inquiétait de l'impression première que l'Italien allait produire sur son public. Il se rasséréna : la mise de l'improvisateur, qu'il avait trouvé tellement indécente, n'avait pas opéré le même effet sur la salle. Le jeune homme lui-même s'aperçut qu'elle n'avait rien de grotesque, sur les tréteaux, sous les feux des lampes et des chandelles, qui éclairaient crûment le visage blême de l'homme. Les applaudissements cessèrent, le brouhaha se tut... L'Italien, s'exprimant dans un mauvais français, demanda aux spectateurs de bien vouloir lui proposer plusieurs sujets, qui devaient être inscrits sur des billets, spécialement préparés à cet effet.

L'invitation était inattendue. Tout le monde s'entre-regarda et personne ne répondit rien. Au bout de quelques minutes de silence, l'Italien répéta sa prière d'une voix humble et timide. Tcharsky, qui se tenait juste sous l'estrade, sentit l'inquiétude l'envahir, s'étant rendu compte que l'on ne pourrait se passer de lui et qu'il allait être obligé de proposer un sujet d'improvisation. En effet, des visages de femmes se tournèrent dans sa direction; on l'appela à mi-voix d'abord, puis de plus en plus haut. Ayant entendu prononcer son nom, l'Italien le chercha des yeux, à ses pieds, lui remit un morceau de papier et un crayon avec un sourire engageant.

Tcharsky était vexé d'avoir à jouer un rôle dans cette comédie, mais il ne pouvait s'y dérober et, prenant papier et crayon, écrivit quelques mots. L'Italien s'empara du vase, posé sur la table, descendit de l'estrade et s'approcha de Tcharsky, qui jeta son billet dans l'urne. Son exemple fut suivi. Deux journalistes, en leur qualité d'hommes de lettres, se crurent obligés de proposer, chacun, un sujet; le secrétaire de l'ambassade de Naples et un jeune homme, récemment revenu d'un voyage et rêvant de Florence, déposèrent leurs papiers dans le vase. Enfin, une jeune fille laide, obéissant à l'ordre de sa mère, les larmes aux yeux, écrivit quelques lignes en italien et les tendit à l'improvisateur, en rougissant jusqu'aux oreilles, cependant que ses voisines la dévisageaient en silence, avec un sourire narquois, à peine perceptible.

Remontant sur son estrade, l'Italien reposa l'urne sur la table et tira les billets, les uns après les autres, en lisant tout haut leur contenu :

La famille des Cenci (La famiglia dei Cenci). L'ultimo giorno di Pompeia. Cleopatra e i suoi amanti. La primavera veduta da una prigione. Il trionfo di Tasso[8].

— Quel sera le désir de l'honorable public? s'informa l'improvisateur. Voudra-t-il choisir lui-même un sujet ou laisser ce soin au hasard?

— Faites tirer au sort! cria une voix.

— Au sort!... Au sort!... reprit-on de toutes parts.

L'Italien quitta derechef son estrade, l'urne à la main, et demanda :

— Qui me fera l'honneur de tirer un billet?

Son regard suppliant parcourut les premières rangées de fauteuils. Aucune des élégantes n'esquissa un geste. Mal habitué à la froideur nordique, l'improvisateur semblait être au supplice... Soudain, il aperçut, tout à l'écart, une petite main, finement gantée de blanc, qui faisait signe. Il se retourna vivement et s'approcha d'une jeune beauté majestueuse, assise à l'extrémité du second rang. Elle se leva, nullement intimidée, plongea son aristocratique menotte au fond de l'urne, avec une simplicité parfaite, et retira un billet.

— Veuillez le déplier et lire, fit l'Italien.

Elle s'exécuta et lut tout haut :

— Cleopatra e i suoi amanti.

Ces mots avaient été prononcés d'une voix très douce, mais il régnait un tel silence, dans la salle, que chacun les entendit.

L'improvisateur salua profondément la belle inconnue, pour lui témoigner sa gratitude, et remonta sur son estrade.

— Mesdames et messieurs, dit-il en s'adressant à l'auditoire, le sort veut que j'improvise sur le thème de Cléopâtre et ses amants. Je demande instamment à la personne qui a proposé le sujet de bien vouloir m'expliquer ce qu'elle a cru entendre par là : de quels amants s'agit-il? perche la grande regina haveva molto...

A ces mots, beaucoup d'hommes s'esclaffèrent bruyamment. L'Italien sembla troublé.

— J'aimerais savoir, reprit-il, à quel trait historique songeait faire allusion la personne qui a choisi ce thème?... Je lui saurais infiniment gré de daigner éclairer ma lanterne...

Nul n'était pressé de répondre. Plusieurs dames se tournèrent vers la laideronne qui avait écrit un sujet sur l'ordre de sa mère. S'étant aperçue de la malveillante attention dont elle était l'objet, la pauvrette se troubla à tel point que des larmes perlèrent à ses cils... Incapable de résister à ce spectacle, Tcharsky s'adressa à l'improvisateur en italien et lui dit :

— C'est moi qui ai proposé ce thème. J'ai voulu faire allusion au témoignage d'Aurélius Victor : il prétend que Cléopâtre fixait la mort pour prix de ses faveurs, et qu'il s'est trouvé des soupirants, nullement intimidés par cette condition... A présent que j'y songe, il me semble que la matière est délicate... Ne préférez-vous pas choisir un autre sujet?...

Mais l'improvisateur sentait déjà l'approche du dieu... Il fit signe aux musiciens... Son visage blêmit affreusement... Il frissonnait, comme dans une fièvre. Une flamme merveilleuse allumait son regard. Relevant de la main ses mèches noires, il épongea avec un mouchoir son front haut et couvert de gouttes de sueur... Soudain, il fit quelques pas en avant et croisa les bras sur sa poitrine... La musique se tut... L'improvisation commença...

Le palais brille. Flûtes et lyres accompagnent
Des chœurs les sons éclatants.
La reine, de la voix, du regard,
Anime le somptueux festin.
Les cœurs à son trône volent.
Mais songeuse on la voit soudain,
Sa tête divine vacille et
Penche vers sa coupe d'or fin...

Et le festin semble s'endormir.
Les chœurs, les hôtes se taisent.
Mais elle relève la tête
Et déclare l'air serein :
« Mon amour est pour vous le bonheur,
Le bonheur, vous pouvez l'acheter...
Écoutez-moi! L'égalité entre nous
Je puis la restaurer.
Qui se présente à l'enchère de la passion?
Mon amour, je le mets en vente;
Dites! Qui, parmi vous, achètera
De sa vie une nuit avec moi?

Je jure... — O, mère des plaisirs,
Je te sers comme jamais personne.
Sur le lit des transgressions folles
Je monte en simple mercenaire.
Écoute, ô Cypris puissante,
Et vous, rois souterrains,
Dieux de l'Hadès terrible,

Je jure que jusqu'à l'aube
Tous les désirs de mes possesseurs
J'épuiserai de voluptés,
Par tous les secrets de mes caresses
Et par mes baisers merveilleux
Je les assouvirai.
Mais dès que l'Aurore éternelle
Brillera de la pourpre du matin,
Je le jure! sous la hache mortelle
La tête des heureux tombera. »

Elle dit. L'épouvante s'est emparée de tous,
Et les cœurs tremblent de passion...
Elle écoute les murmures troublés,
Une froide audace sur le visage,
Et d'un regard méprisant elle parcourt
Le cercle de ses adorateurs...
Soudain, de la foule s'avance
Un, et à sa suite deux autres.
Leur pas est hardi, leurs yeux clairs;
A leur rencontre, elle se lève;
C'en est fait! Elle a vendu trois nuits!
La mort les appelle en son lit.

Et les sorts bénis par les sacrificateurs,
Hors de l'urne fatale,
Devant les hôtes pétrifiés,
Apparaissent un à un.
Le premier est Flavius, guerrier brave,
Vieilli dans les légions romaines;
D'une femme il n'a pu supporter
Un tel mépris arrogant;
Il a relevé le défi du plaisir,
Comme, à la guerre, il relevait
Le défi du combat acharné.
Derrière lui, Criton, jeune sage,
Né dans les bois d'Épicure,
Amant et poète des Grâces,
De Cypris et d'Amour...
Aimable au cœur et aux yeux,
Comme une fleur au printemps juste éclose.

Le dernier n'a pas aux siècles
Laissé son nom. Ses joues
D'un premier duvet tendrement s'ombraient;
L'extase dans ses yeux brillait;
La force de la passion encore vierge
Dans son jeune cœur bouillonnait...
Et la reine a sur lui arrêté
Un regard plein de tendresse.

NOTES

LE NÈGRE DE PIERRE LE GRAND

1. Tiré du poème *Allah* de N. Iazykov (1824).

2. Tiré du poème humoristique d'I.I. Dmitriev, *Voyage de NN à Paris et à Londres* et qui met en scène V.L. Pouchkine, l'oncle du poète.

3. La Guerre d'Espagne (1719-1720), menée par la France et l'Angleterre contre les projets italiens de Philippe V d'Espagne.

4. Citation de Voltaire, *La Pucelle*, chant XIII.

5. Tiré de l'ode de Derjavine, *Sur la mort du prince Mechtcherski* (1779).

6. La future impératrice Catherine Ire, qui devait régner de 1725 à 1727.

7. Il s'agit des deux filles de Pierre le Grand, Élisabeth, future impératrice de 1741 à 1761, et Anne, future duchesse de Holstein-Gottorp et mère de Pierre III, l'époux que la future Catherine II fera étrangler en 1762.

8. Par la victoire de Poltava (1709) sur Charles XII de Suède, Pierre le Grand fit définitivement entrer la Russie en Europe. Pouchkine, en 1829, écrivit un célèbre poème sur le sujet.

9. Alexandre Danilovitch Menchikov (1670 ?-1729), l'un des plus anciens compagnons et amis de Pierre le Grand, premier gouverneur de Saint-Pétersbourg en 1703, feld-maréchal et « prince sérénissime » (1705), président du Collège de la Guerre (1719), exilé en Sibérie sous Pierre II.

10. Citation approximative des *Argiens*, tragédie de V. Küchelbecker (1824), l'ami d'études de Pouchkine, décembriste et romantique.

11. Boris Pétrovitch Cherémetiev (1652-1719), feld-maréchal, comte (1705), collaborateur de Pierre le Grand.

12. Ivan Mikhaïlovitch Golovine (1672-1737), « commissaire général de guerre », amiral (1732).

13. Iakov Fiodorovitch Dolgorouki (1659-1720), prince, boyard rallié à Pierre le Grand, sénateur, resté célèbre pour son franc-parler face au tsar Pierre.

Ivan Ivanovitch Boutourline (1661-1738), prince, ancien « amuseur » (*potešnyj*) de Pierre, sénateur.

14. Théophane Prokopovitch (1681-1736), évêque de Pskov puis archevêque de Novgorod, savant et lettré, principal collaborateur religieux de Pierre le Grand.

Gavrila Boujinski (1680-1731), moine et prédicateur érudit, « protecteur des écoles et de l'imprimerie ».

Élie Fiodorovitch Kopiyévitch, mort en 1720, grammairien et historien, traducteur et éditeur à Amsterdam de livres russes.

15. Long poème plaisant de Pouchkine (1820).

16. Les « préséances » (*mestničestvo*) manifestaient, dans la manière de se placer, les anciennes hiérarchies nobles abolies par Pierre le Grand.

17. Il s'agit de la campagne malheureuse de 1701 contre les Suédois, menée par Chérémétiev.

18. Allusion méprisante aux origines des anciens « amuseurs » de Pierre le Grand, devenus ses principaux collaborateurs, en particulier, ici, Menchikov, qui aurait, dans sa jeunesse, vendu des crêpes et des gâteaux dans la rue. « Mécréants » vise les nombreux étrangers, écossais, français, allemands, suisses, etc. dont Pierre s'entourait, et, en particulier, Pierre Chafirov, conseiller financier et diplomatique de Pierre le Grand, qui était juif.

19. Héros de deux contes populaires russes.

20. La Révolte des Streltsy, ou « archers », fut férocement réprimée par Pierre le Grand en 1698. Le corps des Streltsy, symbole et appui du parti vieux-russe opposé aux réformes, fut supprimé en 1705.

LES RÉCITS DE FEU IVAN PÉTROVITCH BELKINE

1. « *Le Mineur (Nedorosl')*, titre d'une comédie de Denis Fonvizine (1745-1792). Le terme désignait un jeune noble n'ayant pas encore atteint l'âge du service militaire. Madame Prostakova, de *prostoj*, « simple, simple d'esprit, borné », et Skotinine, de *skot*, « bétail », sont deux person-

nages de nobles de province de cette comédie de Fonvizine (1792).

2. « Gorioukhino », de *gore*, « le chagrin ».

3. *Staroste* : paysan nommé par le propriétaire (plus tard, élu), pour servir d'intermédiaire entre lui et les paysans. En général, c'était un paysan influent et riche et qui profitait de ses fonctions pour s'enrichir davantage (v. Arkhippe-le-Chauve). Il était peu aimé.

4. « Nénaradovo », de la négation *ne*, et de *naradovat'sja*, « se réjouir pleinement ». Littéralement : « où ce n'est pas la joie ».

5. A.P. : initiales renvoyant à « Alexandre Pouchkine ». A noter que le marchand de cercueils du troisième récit, Adrian Prokhorov, porte les mêmes initiales.

6. Eugène Abramovitch Baratynski (1800-1844), poète ami de Pouchkine. Cette épigraphe est empruntée à son poème *Le Bal* (1828).

7. *Une soirée au bivouac*, récit d'Alexandre Bestoujev-Marlinski (1797-1837), poète et romancier, décembriste, auteur de romans d'aventures à la Walter Scott. Le modèle de la prose à ne pas suivre, pour Pouchkine : Marlinski fait du Byron en prose.

8. *Sylvio* : nom byronien de héros ténébreux.

9. *Skulani, ou Skuliani* : défaite, le 17 juin 1821, des volontaires de l'hétairie, détachement armé des insurgés grecs contre les Turcs. Cette bataille a surtout montré leur présomption : quelques centaines d'hommes prétendirent battre 15 000 soldats turcs.

10. Extrait de *Svetlana* (1812) de V. Joukovski, adaptation de la célèbre ballade de Burger, *Lenore* (1774), qui évoquait la chevauchée nocturne du mort et de sa fiancée. Vladimir va bientôt mourir, mais malgré une chevauchée dérisoire il n'aura pas réussi à enlever sa « fiancée ».

11. Enseigne de carrière : en Russie, on servait dans la ligne, comme Vladimir, ou dans la Garde, ce qui était beaucoup plus prestigieux.

12. *Assesseur de collège* : le huitième grade du Tchin, ou Table des Rangs, et le premier qui confère la noblesse personnelle. Connote l'insignifiance.

13. *Joconde ou le Chercheur d'aventures*, opéra-comique de Nicolas Isoir qui avait eu un grand succès à Paris, occupé par les Alliés, en 1814.

14. Citation du poème *La Cascade* (1794) de Derjavine, le grand poète de l'époque de Catherine II, et qui bénit le jeune Pouchkine juste avant de mourir en 1816.

15. « Basmannaïa, Nikitskaïa » : vieilles rues de Moscou où habitaient Pouchkine et sa future belle-famille, les Gontcharov.

16. A. Pogorélski, écrivain de l'époque de Pouchkine (*La Pâtissière de Lefortovo*). A. Pogorélski est l'inventeur du mot *dvojnik*, qui sert à traduire en russe le terme allemand *Doppelgänger*, « le double ».

17. Depuis 1715, Moscou avait cédé le titre de capitale de la Russie à Saint-Pétersbourg, fondé en 1703.

18. Citation du conte d'Alexandre Izmaïlov (1778-1831), *Pakhomovna la folle.*

19. Le prince Pierre Andréiévitch Viazemski (1792-1878), l'un des plus intimes amis de Pouchkine, poète lui-même, et surtout grand critique.

Régistrateur de collège : le grade le plus bas de la Table des Rangs.

20. Une « troïka » était un ensemble de trois chevaux d'attelage.

« Courrier » : en fait « courrier de cabinet » (*Feldjäger*), messager officiel à qui on devait donner des chevaux, réservés à cet effet, en priorité absolue.

21. Bonnet en poil de mouton astrakhan noir, porté par les Tcherkesses (Circassiens), montagnards musulmans du Caucase révoltés contre les envahisseurs russes.

22. Pouchkine lui-même s'arrêtait à l'Hôtel Demout quand il venait à Saint-Pétersbourg.

23. Référence au *Maréchal des logis en retraite* (1791), poème humoristique d'I.I. Dmitriev (1760-1837).

24. Depuis la réforme monétaire de 1826, le rouble-argent valait 3 à 3,5 roubles-papier ou assignats.

25. Citation de *Douchenka* (« Petite âme », 1799), poème d'I.F. Bogdanovitch (1743-1803), inspiré de la *Psyché* de La Fontaine, et qui place cette héroïne plaisamment dans un cadre populaire russe.

26. Méthode d'« enseignement mutuel », où les meilleurs se chargent d'enseigner les moins doués. Systématiquement appliquée dans l'armée russe, pour apprendre à lire aux soldats illettrés.

27. Roman sentimental de N. M. Karamzine (1792).

28. Voir la note 1.

HISTOIRE DU VILLAGE DE GORIOUKHINO

1. Voir la note 2 des *Récits de Belkine*.

2. Manuel très répandu en Russie à l'époque, par le professeur N.G. Kourganov, *Grammaire russe universelle ou traité général d'écriture, présentant le moyen le plus facile d'étude de la langue russe, avec sept suppléments instructifs, agréables et utiles* (récits, anecdotes, proverbes, etc.). Très souvent réédité.

3. Niebuhr (1733-1815), auteur d'une *Histoire romaine* (1811-1812), très admiré comme modèle de critique des légendes et des traditions. Moqué par Pouchkine comme exemple d'étroitesse positiviste avant la lettre.

4. *« L'armée des douze nations »* : la Grande Armée de Napoléon, qui entra en Russie jusqu'à Moscou en 1812.

5. *Junker* : élève-officier noble.

6. *Misanthropie et Repentir* (1789), mélodrame d'A. Kotzebue.

7. *Konditerskaja* : café-pâtisserie où l'on se réunissait pour lire les journaux.

8. *Le Bien-Pensant (Blagonamerennyj)*, revue philistine, comme son nom l'indique, publiée depuis 1818 par Alexandre Izmaïlov.

9. *La Gazette de Hambourg*, l'un des plus anciens journaux allemands et le plus répandu dans le monde à l'époque.

10. « B... le littérateur » : en fait Thaddée Boulgarine, l'éditeur de *L'Abeille du Nord*, le journal officieux du régime, espion payé par la police politique pour surveiller et régenter le monde des lettres, fort ennemi de Pouchkine qui le tenait en grand mépris. Ici, il s'amuse à le faire prendre pour un rond-de-cuir, car Boulgarine avait la mine fort basse.

11. Rurik, le fondateur varègue (viking) légendaire de l'État russe en 862. Il aurait été appelé par les tribus russes, incapables de s'entendre, pour établir l'ordre.

12. *Un voisin dangereux*, poème humoristique de V.L. Pouchkine, l'oncle du poète (1813).

13. Ce sont les *Récits de feu Ivan Pétrovitch Belkine* : son *Histoire du bourg de Gorioukhino* est censée être le couronnement de ses exercices littéraires et l'apogée de son œuvre.

14. Le *Cours d'histoire de France* de l'abbé Claude Millot (1769), traduit en russe en 1819.

15. V.N. Tatichtchev (1686-1750), auteur de la première *Histoire de la Russie* (1768).

I.N. Boltine (1735-1792), historien du temps de Catherine II.

I.I. Golikov (1735-1801), auteur des trente volumes des *Actes de Pierre le Grand* (1790-1797), très lu après 1830 par Pouchkine, qui songeait à écrire une *Histoire de Pierre le Grand.*

16. La numération slavonne, employée dans les livres d'église, utilise comme chiffres les lettres de l'alphabet cyrillique.

17. Edward Gibbon (1737-1794), dans la préface de son *Histoire de la décadence et de la chute de l'Empire romain* (1776), développe *maestoso* les mêmes pensées mélancoliques et grandes.

18. Le propriétaire de serfs pouvait faire donner le fouet à ses paysans pour des fautes mineures, afin de les éduquer, dans un esprit « patriarcal ».

19. Environ deux hectolitres. La pittoresque *Chronique du diacre de Gorioukhino* est une allusion ironique à la fameuse *Chronique de Nestor*, qui raconte la fondation de l'État russe par les Vikings de Rurik.

20. La déciatine était un peu supérieure à un hectare.

21. *Dérioukhovo* : *deri*, « tire ! », de *drat'*, plus *uxo*, « oreille ». « Où l'on arrache les oreilles. »

22. Les serfs cultivent les terres du village, le terroir du *mir* (v. note 29), ainsi que les terres du maître en régie directe, dans le cadre de la corvée en nature (*barščina*) : ils cultivent les unes et les autres plutôt mal, réservant tous leurs soins au lopin personnel qui entoure leur izba. A la corvée due au maître, s'ajoutent les corvées demandées par l'État, la réfection des routes notamment : là encore, les routes russes témoignent, par leur état effroyable, du manque de zèle des paysans russes asservis. Exactement le même phénomène a pu être observé à l'époque soviétique lors du Deuxième Grand Servage (la collectivisation) : les kolkhoziens n'avaient de soin que pour leur lopin personnel, dont ils pouvaient vendre le produit sur le marché, ce qui a longtemps permis au système soviétique de survivre, le reste du kolkhose étant horriblement mal tenu.

23. Jeu de mots intraduisible, èt douteux, sur *kop'io*, « lance, épieu », et *kopejka*, « le kopeck » (le centième d'un

rouble) : les « Filles-à-la-lance » ou les « Filles-à-un-sou ». A éviter en face d'une *kopejščica*, car elle ne frappe pas deux fois.

24. Un passeport était nécessaire au paysan pour se déplacer, sinon il risquait d'être arrêté comme serf fugitif.

25. L'aigle à deux têtes signalait le débit de boissons, monopole d'État affermé, la principale source de revenus du fisc russe, pour le plus grand désastre de la population.

26. A.P. Soumarokov (1718-1777), le père du théâtre classique russe, « le Racine du Nord ». Peu estimé de Pouchkine.

27. Les *birki* étaient des planchettes de bois sur lesquelles on notait au moyen d'une encoche les journées de travail du paysan, preuve que ce dernier s'était acquitté en travail de sa redevance.

28. Les *starchiny*, ou « anciens », formaient le conseil qui décidait des affaires de la commune.

29. Le *mir*, l'ancienne paroisse à l'origine, fut consacré circonscription fiscale avant d'être assimilé à la commune paysanne (*obščina*) qui possédait les terres et les redistribuait périodiquement entre ses membres, selon la taille de leurs familles. Le *mir* ne fut aboli qu'avec les lois de Stolypine en 1906 et en 1910.

30. Que les simples bergers portent des bottes de cuir pour garder les troupeaux est un luxe inouï, possible seulement à l'Age d'Or. Les bergers réels couraient pieds nus derrière leurs troupeaux.

31. De la même famille que l'auteur des *Récits de Belkine*, sa lignée connaît le même sort que celle des Pouchkine, encore très puissants et riches au XVIIe siècle, tout à fait tombés au XVIIIe siècle ; Alexandre Pouchkine continue cette évolution en « tombant » dans les lettres.

32. Pouchkine emploie le vieux mot de *veče*, qui renvoie aux assemblées des anciennes villes libres comme Novgorod ou Pskov, et fait partie du mythe démocratique russe.

33. La *sxodka* est l'assemblée du *mir*. Elle se réunit sur convocation du staroste, parfois à la demande du propriétaire, lorsqu'il veut faire une communication aux paysans.

DOUBROVSKY

1. « Général en chef » (*general-anšef*), terme qui regroupait les grades de « général-de-l'infanterie », « général-de-cavalerie », « général-de-l'artillerie », équivalait à « général de

corps d'armée », et constituait le second grade militaire après celui de feld-maréchal dans la Table des Rangs.

Troiékourov a donc fait une très belle carrière, pendant que son ami Doubrovsky a été arrêté dans son essor par le mauvais choix qu'il a fait en 1762, quand il est resté fidèle au tsar Pierre III détrôné et étranglé par son épouse Catherine, la future Catherine II.

2. Ce document serait authentique. Pouchkine reproduit, en changeant seulement les noms, la décision du tribunal d'arrondissement de Kozlov, en octobre 1832, dans l'affaire opposant le lieutenant-colonel Krioukov et le lieutenant Mouratov. Une anecdote semblable avait été racontée à Pouchkine par son ami Pavel Nachtchokine : un noble pauvre de Bélorussie, ou Russie blanche, du nom d'Ostrovski, avait été spolié dans les formes, comme Doubrovsky, par son puissant voisin. Ses paysans lui étant demeurés fidèles, il était resté sur ses terres pour piller d'abord les fonctionnaires, puis d'autres, avant d'être capturé. Nachtchokine lui avait rendu visite en prison dans une forteresse. A noter que « Ostrovski » était le premier nom du héros du roman.

3. « Orina Iégorovna Bouzyriova » : le nom de la bonne et haute en couleur nounou femme de charge de Vladimir Doubrovsky est à lui seul tout un savoureux programme. « Bouzyriova » (*Buzyreva*) vient de *buza*, sorte de bière campagnarde, et connote aussi le scandale, le bruit : la bonne dame, future nounou des brigands après avoir bercé l'enfance du chef, n'est pas de « la dizaine des timides » (*ne iz robkogo desjatka*), comme on dit en russe.

« Iégorovna », comme on l'appelle couramment, ou « fille de Iégor », déformation populaire de Georges (*Georgij*), est nommée ainsi par déférence affectueuse.

« Orina » rappelle la fameuse nounou Arina Rodionovna que Pouchkine retrouva quand il fut assigné à résidence à « Mikhaïlovskoié », près de Pskov en 1824. Arina Rodionovna lui racontait force contes populaires, elle tenait les clés de la maison et haïssait le fromage de Limbourg que Pouchkine faisait venir à la campagne et dont elle n'eut pas de souci plus pressé que de se débarrasser, à peine Pouchkine parti, en septembre 1826, rappelé par le tsar Nicolas Ier à Moscou.

4. Citation de l'ode de Derjavine, *Sur la mort du prince Mechtcherski*, 1779.

5. « Retentis, tonnerre de la victoire, — Réjouis-toi, Russe vaillant ! » : ode triomphale de Derjavine sur la prise d'Izmaïl (1791), mise en musique par Kozlovski, et devenue ensuite une cantate officielle.

6. 1797 est l'année de l'avènement de Paul Ier qui, dans son parti pris d'opposition à toute la politique de sa mère, persécuta la Garde, ce qui fut une des raisons de sa mort en mars 1801, étranglé par des officiers de celle-ci.

7. La coutume russe était d'exposer le défunt dans son cercueil ouvert, sur une table, dans la plus belle pièce d'apparat de la demeure.

8. La campagne contre les Turcs de 1787-1791 s'acheva sur la prise d'Izmaïl, et assura à la Russie la possession de la côte septentrionale de la mer Noire, du Dniestr au Kouban (traité de Iassy).

9. I.P. Koulniov, général russe, tué en juin 1812 à la bataille de Kliasnitsy. Son portrait, peint par George Daw, était très populaire sous forme de gravures.

10. Ann Radcliffe (1764-1823), auteur très connue de « romans noirs » (*Les Mystères d'Udolphe*, 1794 ; *L'Italien ou le Confessionnal des Pénitents Noirs*, 1797), riches en événements mystérieux, enlèvements, crimes, horreurs sanglantes et/ou sexuelles en tout genre, mais au terme desquelles le vice et la vertu recevaient une juste rétribution. Très lue par les jeunes filles et les jeunes femmes, en particulier par les charmantes héroïnes pouchkiniennes...

11. Pour un Russe du peuple, tout étranger était un « Allemand », l'espèce la plus répandue en Russie à cette époque. De plus, « allemand », *nemec* en russe, vient de *nemoj*, « muet » : l'étranger, pour un Russe, est celui qui ne peut parler, parler le russe, évidemment.

12. Dans le poème *Conrad Wallenrod* de Mickiewicz (1828), l'amante de Conrad, distraite, brode des roses vertes avec un feuillage rose.

13. « Ataman » : chef élu des unités cosaques et, par extension, chef de brigands.

14. Dans l'usage orthodoxe ancien, les parents n'assistaient pas au mariage et se faisaient remplacer par des pères et mères de substitution (*posažennye*).

15. Le sanctuaire où se trouvait l'autel était fermé par l'iconostase, seuls y avaient accès le prêtre, éventuellement les hommes. Il était interdit aux femmes.

16. « Ne bruis pas, ma chênaie... », « *Ne šumi, mati zelenaja dubravuška...* » est une très belle et poignante chanson populaire où un jeune brigand qui va être pendu chante ses fiançailles avec sa promise, la potence. Cette chanson est magnifiquement entonnée par Pougatchov et les siens, dans *La Fille du capitaine* : ils se savent condamnés, et ils le chantent. A remarquer que Doubrovsky (*Dubrovskij*) porte un nom apparenté à la chênaie (*dubrava*) : homme des forêts, il porte un nom de brigand.

LA DAME DE PIQUE

1. Ces vers plaisants sont repris d'une lettre de Pouchkine à P.A. Viazemski du 1er septembre 1828. Par leur rythme, ils renvoient aussi aux chansons de propagande décembristes : clin d'œil subversif, ou dérision de ses anciens entraînements par Pouchkine ?

2. *routé* : comme un peu plus haut, jouer sur deux cartes et ne doubler sa mise qu'en cas de gain (*jouer la mirandole*), terme de jeu de cartes, signifiant miser toujours sur la même carte.

3. Le duc de Richelieu était un célèbre roué et grand homme à femmes de la cour de Louis XV.

4. Le comte de Saint-Germain, mort en 1784, était un aventurier qui sévit dans le grand monde français dans les années 1750. Assimilé au Juif errant, on lui prêtait l'invention et l'usage de l'élixir de longue vie, il laissait croire qu'il possédait le don d'ubiquité temporelle.

5. Simon Gavrilovitch Zoritch, officier d'origine serbe, gros joueur, amant et favori de Catherine II en 1777-1778.

6. Cet épigraphe est un bon mot, d'une insolence gaillarde, une réplique osée à M.A. Narychkina, de la part du poète hussard Denis Davydov, le célèbre partisan de la guerre de 1812. Il écrivit à Pouchkine, le 4 avril 1834, pour le féliciter de sa mémoire, lui-même avait oublié son mot d'autrefois.

7. « Il est amer le pain de l'étranger... » : citation de *La Divine Comédie* de Dante (*Paradis*, ch. 17).

8. *Mme Lebrun* : la célèbre portraitiste française Mme Vigée-Lebrun (1755-1842).

9. *Leroy* : Julien Leroy (1686-1759), fameux horloger français, auquel succéda aussi glorieusement son fils Pierre (1717-1785).

10. *Roulettes* : notre moderne yo-yo, très à la mode un

temps au XVIIIe siècle chez les dames, permettait de mettre en valeur son bras et la grâce de ses mouvements.

11. *Oubli et regret* : les dames proposant cette alternative décidaient à l'avance entre elles qui des deux était « oubli » ou « regret » et le cavalier devait danser avec la dame dont il avait prononcé le mot. Oubli ou regret résume bien le choix auquel est confronté par sa faute Hermann, qui « oublie » Lisavéta Ivanovna, et choisit le « regret », le remords qui le poursuit pour avoir tué la comtesse, et surtout le regret d'avoir perdu le secret des trois cartes.

12. *Swédenborg :* fameux mystique rationaliste suédois (1688-1772), inventeur de la théorie des correspondances, très influent chez les romantiques, en particulier Balzac. Pouchkine, qui est un homme des Lumières, se moque : c'est bien la peine de revenir de l'autre monde pour proférer de pareilles platitudes, cela suggère ce qu'il faut penser de l'apparition à Hermann.

13. « *Dans l'attente du fiancé de minuit* » : allégorie empruntée à la parabole des vierges sages et des vierges folles (Matthieu, 25, 1-13), et représentant l'attente du messie par l'humanité. L'ironie dans le cas de la comtesse est cinglante : cette vieille coquine est une « vierge folle », si l'on peut dire, qui n'a jamais attendu, en fait de fiancés mystiques, que des galants faufilés à minuit par l'escalier secret.

14 « *Attendez* » : terme de jeu signifiant « arrêtez de miser », par lequel les pontes (les joueurs) s'adressaient à celui qui tenait la banque. Il ne plaisait pas à certains qu'un simple lieutenant puisse ainsi s'adresser à leur importante personne à l'impératif. Ici, le fautif rectifie sa conduite en prétendant avoir ajouté à *atende* l'enclitique obséquieux *-s (atende-s)*, ce qui est une manière de parler de domestique, plutôt comique en l'occurrence.

KIRDJALI

1. *Kirdjali* : mot turc, *kyrdžali*, originaire de la wilaya d'Adrianopol, du nom d'un chef militaire turc du XIVe siècle, Kyrdja Ali. Au XVIIIe siècle, apparaissent dans la région des bandes de brigands s'appelant eux-mêmes « kirdjali », dont l'activité prenait parfois un tour politique, toujours aux côtés des paysans en cas de soulèvement. Georges Kirdjali était un « klephte » bulgare, au service un temps de l'hétairie grecque.

2. La bataille de Skuliani, sur le Prout, eu lieu de 17 juin

1821, entre un ramassis de quelques centaines de Grecs et de gens de catégories variées, totalement inexpérimentés dans l'art de la guerre, face à quinze mille cavaliers turcs. Pouchkine fait périr dans cette boucherie Sylvio, le héros du *Coup de feu*.

3. Le chef russe de la quarantaine s'appelait Stépan Gavrilovitch Navrotski.

4. Les « délibaches » (en turc, « tête brûlée ») formaient la cavalerie de reconnaissance et de coup de main des Turcs.

5. *Kortchevsky* : en fait Kartchevski.

6. *Cosaques de Nekrassa* : descendants de Cosaques vieux-croyants qui, persécutés par les autorités russes, étaient partis s'établir en Turquie sous la direction de leur ataman Ignat Nékrassa (soulèvement de Boulavine, en 1708).

7. Il s'agit de Michel I. Leks, alors fonctionnaire du cabinet du général Inzov, en 1834 chef du cabinet du ministre de l'Intérieur, quand il raconta à Saint-Pétersbourg l'aventure de Kirdjali à Pouchkine.

8. Kirdjali semble avoir fini par être attrapé par le pacha de Iassy et pendu le 24 septembre 1834, au moment même où M.I. Leks racontait son histoire à Pouchkine et où celui-ci envisageait d'en faire un roman.

LES NUITS ÉGYPTIENNES

1. L'épigraphe vient de l'*Almanach des calembours* du marquis de Bièvres (1771).

2. Pouchkine s'intéressait beaucoup au talent d'improvisateur, qu'il prisait en particulier chez son ami Adam Mickiewicz.

3. Citation de l'ode fameuse de Derjavine, *Dieu*, 1784.

4. Pouchkine reprend ici une strophe de *Iézerski*, un nouveau « roman en vers », après *Eugène Onéguine* (1823-1830), commencé en 1832 et resté inachevé.

5. L'Italien paraphrase ici librement un sonnet de Michel-Ange.

6. Angelica Catalani (1780-1844), célèbre cantatrice italienne, s'était produite à Saint-Pétersbourg en 1820.

7. *Tancrède*, opéra de Rossini (1813) tiré de la tragédie de Voltaire, représenté à Saint-Pétersbourg sur la scène de l'opéra allemand en 1833-1834.

8. Les thèmes proposés par l'assistance sont tirés d'œuvres alors à la mode et liées au romantisme.

« La famiglia dei Cenci » : *Béatrice Cenci* était une tragédie d'Astolphe de Custine qui venait d'être représentée, en 1833, à Paris. Le meurtre du débauché monstrueux Francesco Cenci à Rome en 1798 par ses enfants Beatrice et Giacomo, avec la complicité de leur belle-mère, avait soulevé un grand scandale. Le pape Clément VIII avait obtenu leur exécution après des tortures d'un autre âge. Cette histoire avait inspiré une tragédie à Shelley et une nouvelle à Stendhal.

« L'ultimo giorno di Pompeia » est le sujet du tableau de Charles Brullov (1799-1852), exposé avec un immense succès à Saint-Pétersbourg en 1834.

« La primavera veduta da una prigione » vient de Silvio Pellico, *Mes prisons* (1833), ch. 78, sur des vers de Maroncelli, compagnon de cellule de Silvio Pellico, dans le Spielberg de Moravie.

« Il trionfo di Tasso » : Le Tasse mourant quelques jours avant de recevoir au Capitole une couronne de lauriers était le sujet d'un poème de Batiouchkov (1817) et d'un drame de Koukolnik (1833).

BIBLIOGRAPHIE

La bibliographie sur la prose pouchkinienne est considérable. Voici un choix, limité aux productions les plus récentes et les plus remarquables.

— Sur toute l'œuvre en prose de Pouchkine :

Volpert, Larissa I., *Puskin i psixologičeskaja tradicija vo francuzskoj literature*, Tallinn, 1980.

Debreczeny, Paul, *The Other Pushkin : A Study of Alexander Pushkin's Prose Fiction*, Stanford, 1983.

Petrunina, N.N., *Proza Puškina (puti évoljucii)*, Leningrad, 1987.

Schmid, Wolf, « Prose and Poetry in *Povesti Belkina* », *Canadian Slavonic Papers*, 1987, June-Sept., 29, 2-3, p. 210-227. Repris et développé en russe : Šmid, Vol'f & Čudakov, Aleksandr P., « Proza i poézija v *Povestijax Belkina* », *Izvestija AN SSSR. Ser. Lit. i Jaz.*, 1989, ijul'-avg., 48, 4, s. 316-327.

— Pouchkine et Stendhal :

Gibian, George, « Love by the Book : Pushkin, Stendhal, Flaubert », *Comparative Literature*, VIII, 1956, p. 97-109.

Prioult, Albert, « Les désillusions de Julien Sorel et d'Hermann en quête de la fortune », *Stendhal Club*, 1972, 15, 57, p. 32-48.

Volpert, Larissa I., « Puškin i Stendal'. (K probleme tvorčeskogo povedenija pisatelja) », *Boldinskie čtenija*, 1979, s. 114-130.

Volpert, Larissa I., « Psixologizm v rannej proze Stendalja i Puškina (*Armance* i *Arap Petra Velikogo*) », *Uč. zap. Tartus. gos. un-ta*, 1983, 646, p. 32-42.

Volpert, Larissa I., « Puškin i Stendal'. (K probleme tipologičeskoj obščnosti) », *Puškin. Issledovanija i Materialy*, XII, 1986, s. 200-223.

Volpert, Larissa I., « Tema bezumija v proze Puškina i Stendalja » (*Dubrovskij* i *Krasnoe i černoe*), *Boldinskie čtenija*, 1985, s. 134-143.

— *Le Nègre de Pierre le Grand :*

Debreczeny, Paul, « The Blackamoor of Peter the Great, Puškin's Experiment with a Detached Mode of Narration », *Slavic and East European Journal*, 1974, 2, p. 119-131.

Volpert 1983.

Xarlap, M.G., « O zamysle *Arapa Petra Velikogo* », *Izvestija AN SSSR. Ser. Lit. i Jaz.*, 1989, Maj-ijun', 48, 3, s. 270-275.

— *Les Récits de feu Ivan Petrovitch Belkine :*

Bethea, David M. & Davydov, Sergej, « Puškin's Saturnine Cupid : The Poetics of Parody in *The Tales of Belkin* », *PMLA*, 96, 1980, p. 8-21.

Davydov, Sergej, « The Sound and Theme in The Prose of A.S. Puškin : A Logo-Semantic Study of Paranomasia », *Slavic and East European Journal*, 1983, 27, p. 1-18.

Shaw, Joseph T., « Pushkin's *The Shot* », *Indiana Slavic Studies*, 3, 1963, p. 112-129.

Davydov, Sergej, « *The Shot* by Alexandr Pushkin and Its Trajectories », *Selected Papers on the Third World Congress for Soviet and East European Studies*, in : Clayton, J.D. & Elwood, R.C., *Issues in Russian Literature Before 1917*, Columbus, Ohio, Slavica, 1989.

Davydov, Sergej, « Pushkin's Merry Undertaking and *The Coffin-maker* », *Slavic Review*, 1985, 44.

Shaw, Joseph T., « Puškin's *The Stationmaster* and the New Testament Parable », *Slavic and East European Journal*, 1977, 21, p. 3-29.

— *Histoire du village de Gorioukhino :*

Timmer, Charles E., « The History of a History : A.S. Puškin and *The History of the Village of Gorjuchino* », *Russian Literature*, 1, 1971, p. 113-131.

Bethea, David. M. & Davydov, Sergej, « *The History of The Village of Gorioukhino* : In Praise of Puškin's Folly »,

Slavic and East European Journal, 1984, Fall, 28, 3, p. 291-309.

— *Doubrovsky :*

Debreczeny 1983; Volpert 1985; Petrunina 1987.

— *La Dame de pique :*

Shaw, Joseph T., « The Conclusion of Pushkin's *Queen of Spades* », *Studies in Russian and Polish Literature in Honour of Waclaw Lednicki*, The Hague, 1962, p. 114-126.

Labriolle, François de, « Le "secret des trois cartes" dans *La Dame de pique* de Pouchkine », *Canadian Slavonic Papers*, 1969, 14, 2, p. 261-271.

Rosen, Nathan, « The Magic Cards in *The Queen of Spades* », *Slavic and East European Journal*, 19, 3, Fall 1975, p. 255-275; « The Magic Cards : A Correction », *Slavic and East European Journal*, 21, 2, Summer 1977.

Schwartz, M.M. & Schwartz, A., « *The Queen of Spades*. A Psycho-Analytic Interpretation », *Texas Studies in Literature and Language*, 17, 1975.

Leighton, Lauren G., « Numbers and Numerology in *The Queen of Spades* », *Canadian Slavonic Papers*, 1977, 19, 4, p. 417-443.

Leighton, Lauren G., « Puškin and Freemasonry : *The Queen of Spades* », in : Gutsche, ed., *New Perspectives on Nineteenth Century Russian Prose*, Columbus, Ohio, Slavica, 1982, p. 15-25.

Barker, Adele, « Pushkin's *Queen of Spades* : A Displaced Mother Figure », *American Imago*, 1984, Summer, 41, 2, p. 201-209.

Williams, Garreth, « Convention and Play in *Pikovaja dama* », *Russian Literature*, 1989, 15 Nov., 26, 4, p. 523-538.

— *Les Nuits égyptiennes :*

Matlaw, Ralph E., « Poetry and the Poet in Romantic Society as Reflected in Pushkin's *Egyptian Nights* », *Slavonic and East European Review*, XXXIII, 1954, p. 102-119.

Tracy, Lewis, « Decoding Puškin : Resurrecting some Reader's Responses to *Egyptian Nights* », *Slavic and East European Journal*, 1993, Winter, 37, 4, p. 456-471.

CHRONOLOGIE

1799 (26 mai) : Naissance d'Alexandre Serguéiévitch Pouchkine à Moscou. Par son père, il descend d'une famille illustre et très puissante au XVIIe siècle. Le règne de Pierre le Grand et surtout celui des impératrices du XVIIIe siècle consacre le déclin des Pouchkine. Par sa mère, il descend du « Nègre de Pierre le Grand », Abram Pétrovitch Hannibal (1697?-1781), enfant-otage d'un prince abyssin détenu au Sérail de Constantinople et donné en cadeau au tsar Pierre qui le convertit et s'en fit le parrain.

1808-1811 : Confié à des précepteurs français, dont le frère de Marat, allemands, anglais ou russes divers, Pouchkine est élevé à Moscou. Très jeune, il dévore les livres français de la superbe bibliothèque paternelle, de Crébillon fils à Voltaire et Parny, qu'il connaît tous par cœur. Sa connaissance du français est parfaite. Chez son père et grâce à son oncle Vassili Lvovitch, il rencontre les plus beaux esprits du temps, Karamzine, Joukovski.

1811-1817 : Boursier au Lycée impérial de Tsarskoïé-Sélo nouvellement créé pour donner à l'Empire une élite noble moderne et contigu au palais d'Alexandre Ier, il reçoit une éducation d'élite. C'est le temps de la vocation et celui des amitiés (Delvig, Küchelbecker, Pouchtchine). Pouchkine célébrera toute sa vie le 19 octobre, date de son entrée au Lycée, avec ses camarades de promotion.

1814 : *A un ami poète*, premier poème publié dans le *Vestnik Evropy* de Karamzine.

1815 (janvier) : Lit, à la fête du Lycée, en présence de l'Empereur, son poème *Souvenirs de Tsarskoïé-Sélo*. Remarqué par le grand poète de Catherine II, Derjavine, qui lui aurait accordé sa bénédiction.

1817 (mai) : Quitte le Lycée, avec le grade infime de secrétaire de collège. Commence une vie fort dissipée (Vénus et Bacchus). Fréquente des « jacobins » (N. Tourguéniev), écrit des « vers de liberté » (l'ode *Liberté*), commence le poème *Rouslan et Lioudmila*; depuis 1815, membre de la société « secrète » d'*Arzamas*, qui, sous la direction de Karamzine et de Joukovski, avec P.A. Viazemski, rompt en visière à la *Causerie* officielle de l'amiral Chichkov, néo-classique et vieux-russe : les gens de l'*Arzamas*, dont Pouchkine, noir « Grillon » mélodieux (« *Sverčok* »), sont romantiques et plutôt libéraux. Ce sont eux qui donneront le ton à la littérature russe.

1819 : Adhère au cercle politico-littéraire de *La Lampe verte*, où il rencontre de nombreux membres des sociétés secrètes. Écrit l'ode *La campagne* (*Derevnja*). Mais les futurs décembristes se méfieront toujours de lui, il est « snob » et mondain, pas sûr à cause de son enthousiasme même, et ils protégeront malgré lui Pouchkine, leur étendard poétique, en le tenant à l'écart de leurs conspirations.

1820 (juillet) : Parution de *Rouslan et Lioudmila*. Entretemps, Pouchkine, interrogé sur ses poésies satiriques et séditieuses, est envoyé, le 6 mai, servir auprès du bon général Inzov à Ekatérinoslav en Bessarabie. Août-septembre : l'exilé voyage au Caucase et en Crimée avec le général Raïevski et ses deux filles, dont la future princesse décembriste Volkonski.

1820-1821 : A Kichiniov, toujours attaché au général Inzov; se rend en Ukraine à Kamenka, chez les Davydov, nid de futurs décembristes. En mars 1821, fait la connaissance du fondateur de l'Hétairie grecque Ipsilanti, et du futur décembriste Pestel.

1821 : *La Gabriéliade*, long poème libertin et licencieux imité de Parny. *Le Prisonnier du Caucase*. Voyage à Odessa et en Bessarabie avec Liprandi.

1822 (août) : Publication du *Prisonnier du Caucase*.

1823 : Commence *Eugène Onéguine*, roman en vers, qu'il achèvera à l'automne 1830. Nommé en juillet auprès du comte Vorontzov à Odessa.

1824 : S'entend très mal avec le comte Vorontzov, qui envoie le « grillon » d'Arzamas enquêter sur les sauterelles de Crimée, songe à se sauver à Constantinople. Mars : la publication de *La Fontaine de Bakhtchisaraï* lui rapporte 3 000 roubles. Liaisons avec Amalia Riznitch, avec Elisa Vorontzov, la femme du gouverneur. Duels. Une lettre de Pouchkine faisant profession d'athéisme est interceptée par la police. Il est assigné à résidence à « Mikhaïlovskoïé », près de Pskov.

1825 : Publication du chapitre I d'*Eugène Onéguine*. Achève en novembre *Boris Godounov*, drame national et « tragédie vraiment romantique ». 14/26 décembre : insurrection manquée à la faveur de la mort d'Alexandre Ier, à Saint-Pétersbourg, sur la place du Sénat. Pouchkine a failli quitter « Mikhaïlovskoïé » pour rejoindre ses amis.

1826 : Exécution en juillet par pendaison de cinq chefs des décembristes, cent vingt autres sont envoyés au Caucase ou en Sibérie. Convoqué en septembre au Kremlin par le tsar Nicolas, qui exerce sur lui sa clémence : il sera son censeur personnel, et Pouchkine sera soumis à la surveillance du chef de la IIIe section, la police politique, le comte Benkendorf. Parution en octobre du chapitre II d'*Eugène Onéguine*.

1827 : Autorisé à vivre à Saint-Pétersbourg. Publication des *Tziganes*, du *Comte Nouline*, du chapitre III d'*Eugène Onéguine*.

1828 : Publication des chapitres IV, V et VI d'*Eugène Onéguine*, du poème *Poltava*.

1829 : Première demande en mariage, ni acceptée ni refusée, de Nathalie Gontcharova, rencontrée l'année précédente. Voyage non autorisé au Caucase et en Arménie.

1830 (janvier) : Lancement de *La Gazette littéraire* de Delvig, avec la collaboration de Pouchkine, Viazemski, Baratynski, Katénine, Plétniov. Mars : publication du chapitre VII d'*Eugène Onéguine* et de deux chapitres du *Nègre de Pierre le Grand* dans *La Gazette littéraire*. Avril : nouvelle demande en mariage de Nathalie Gontcharova, acceptée : elle est extraordinairement belle, mais sans dot, que Pouchkine devra fournir. La publication de *Boris Godounov* est autorisée. Septembre-décembre : Pouchkine est bloqué par la quarantaine du choléra à Boldino, province de Nijni-Novgorod. Automne fécond : il écrit les chapitres terminaux d'*Eugène Onéguine*, les *Petites Tragédies*, les *Récits de feu Ivan Pétrovitch Belkine.*

1831 : Mariage à Moscou avec Nathalie Gontcharova, le 18 février. Difficultés d'argent, départ pour Tsarskoïé-Sélo. Fait la connaissance du jeune Gogol. Réintégré aux Affaires étrangères avec un traitement de 5 000 roubles par an. Octobre : publication des *Poésies d'Alexandre Pouchkine.*

1832 : Commence *Doubrovksi.* Travaille sur les archives concernant Pierre le Grand. Obtient l'accès à la bibliothèque de Voltaire à l'Ermitage.

1833 (janvier) : Publication intégrale d'*Eugène Onéguine.* Obtient l'accès à des documents sur le général Souvorov et ainsi sur le révolté Pougatchov. Juillet-octobre : voyage d'études à Orenbourg et Kazan. Octobre : écrit ou achève *Le Cavalier de bronze, La Dame de pique*, l'*Histoire de Pougatchov.* 30 décembre : Nicolas Ier le nomme Kammerjunker, ce qui est une mesquine plaisanterie du tsar, car c'est à seize ans qu'on occupe cette fonction...

1834 : Publication de l'*Histoire de la révolte de Pougatchov*, titre imposé par Nicolas Ier, de *La Dame de pique*, des *Nouvelles (Récits de Belkine, Nègre de Pierre le Grand, Dame de pique)*.

1836 (14 janvier) : Pouchkine obtient l'autorisation de publier sa revue *Le Contemporain (Sovremennik)*. Le premier numéro paraît le 11 avril avec *Le Festin de Pierre premier* et le *Voyage à Erzeroum*. Pouchkine ignoblement persécuté par la rumeur pour les assiduités du Français George Dantès auprès de son épouse. 11 novembre : publication dans *Le Contemporain*, n° 4, de *La Fille du capitaine.*

1837 (10 janvier) : Dantès épouse Catherine Gontcharova, la sœur de Nathalie Pouchkine. 27 janvier : duel avec Dantès que Pouchkine accuse de continuer à courtiser sa femme. Pouchkine est blessé au ventre, transporté chez lui, défilé d'amis et d'inconnus. Il meurt le

29 janvier. Il est inhumé le 6 février au monastère de Trigorskoïé, près de « Mikhaïlovskoïé ». Lermontov écrit un poème vengeur, il est exclu de la Garde et envoyé au Caucase, où il mourra lui aussi en duel en 1841.

TABLE

GF – TEXTE INTÉGRAL – GF

96/11/55676-XI-1996 – Impr. MAURY Eurolivres SA, 45300 Manchecourt.
N° d'édition FG088601. – novembre 1996. – Printed in France.